W0372345

Zu diesem Buch

Zunächst war es ein ökonomisches, dann ein soziales und nun wird es zum politischen Problem: die ständige Anwesenheit von über zwei Millionen ausländischer Arbeiter in der Bundesrepublik. Sie sind hier Wirtschaftsbürger mit allen Pflichten, aber keine Staatsbürger mit Rechten. Der vorliegende Band des Wirtschaftswissenschaftlers Marios Nikolinakos stellt den ersten Versuch einer politischen Ökonomie der Gastarbeiterfrage dar. Arbeiter-Migrationen von gigantischem Ausmaß sind der entscheidende Faktor für die rasche Einbeziehung der unterentwickelten peripheren Staaten in das kapitalistische System der europäischen Industriezentren. So werden aus Spanien, Griechenland, Jugoslawien und der Türkei Arbeiter-Reservoire. Der Autor weist nach, daß die Gastarbeiter als industrielle Reservearmee dem kapitalistischen System einen Großteil seiner Strukturprobleme scheinbar abnimmt, da ohne sie entweder auf weiteres Wachstum verzichtet oder aber vom Staat neue Planungsinstrumente geschaffen werden müßten. Damit stabilisieren die Arbeiterströme von Süden nach Norden nicht nur die bestehende Wirtschaftsordnung in den Zentren, sondern auch in den Herkunftsländern.

Nikolinakos legt mit diesem Band die politökonomischen Grundlagen vor, auf denen später eine allgemeine Theorie des Phänomens der europäischen Arbeiter-Migration versucht werden soll.

Marios Nikolinakos, geb. 1935 in Athen, studierte Jura, Politische Wissenschaften und Volkswirtschaft, seit 1962 Studium der Volkswirtschaft, Soziologie und Philosophie in Köln und Bonn; seit 1967 Dr. rer. pol. Seit 1971 ist er Ass.-Professor für Volkswirtschaftslehre an der FU Berlin. Während des Amsterdamer Kongresses im Sommer 1971 wurde er zum Vorsitzenden des Internationalen Komitees zur Vorbereitung eines paneuropäischen Gastarbeiter-Kongresses gewählt.

Veröff.: Die verhinderte Demokratie, Modell Griechenland, Frankfurt/Main 1969, und Ist die Epoche des Faschismus beendet?, Frankfurt/Main 1970.

Marios Nikolinakos

Politische Ökonomie der Gastarbeiterfrage

Migration und Kapitalismus

rororo

Rowohlt

rororo aktuell – Herausgegeben von Freimut Duve

ERSTAUSGABE

Veröffentlicht im Rowohlt Taschenbuch Verlag GmbH,
Reinbek bei Hamburg, Januar 1973
© Rowohlt Taschenbuch Verlag GmbH, Reinbek bei Hamburg, 1973
Redaktion: Johannes Feil
Umschlagentwurf Werner Rebhuhn (Foto: Süddeutscher Verlag)
Alle Rechte vorbehalten
Gesamtherstellung Clausen & Bosse, Leck/Schleswig
Gesetzt aus der Baskerville
IBM Composersatz Herbert Kröger, Hamburg
Printed in Germany
ISBN 3 499 11581 6

Inhalt

Vorwort

Der Titel der vorliegenden Schrift mag manchem Leser unbequem erscheinen. Nachdem man versucht hat, die Diskussion zu „versachlichen“ und die „Vorurteile“ auszuräumen, indem man sogar über das Fernsehen die Öffentlichkeit aufforderte, einen besseren Namen als „Gastarbeiter“ für die „Gäste“ aus dem Süden vorzuschlagen, mag es als Böswilligkeit erscheinen, daß man sogar von einer *Gastarbeiterfrage* spricht. Nun haben die Entwicklungen nach den Ereignissen während der Olympiade in München das Problem der Ausländer schlechthin in den Vordergrund gestellt. Nach einer Wähleranalyse des „Spiegel“ (Nr. 44 vom 23. 10. 1972, S. 60) sind immerhin 71 % der Bundesbürger dafür, daß die Zahl der Gastarbeiter vermindert werden soll! In diesem Sinne haben sich sowohl der Bundeskanzler als auch der Bundesinnenminister während des Wahlkampfes für eine Plafondierung der Gastarbeiterzahl eingesetzt. Demgegenüber liegen Feststellungen der Bundesanstalt für Arbeit in Nürnberg vor, wonach die Gastarbeiter „unersetzlich“ bleiben und unersetzlich auch für die Zukunft bleiben werden, weshalb der Präsident der Bundesanstalt für eine „europäische Lösung“ plädierte („Frankfurter Rundschau“ vom 4. 11. 1972).

Interessanterweise fand Anfang November eine geheimgehaltene Konferenz von Ministerialbeamten in Bonn statt, an der sich Vertreter aus allen europäischen, sowohl Aufnahme- wie auch Abgabeländern beteiligt haben sollen, um „gemeinsam“ das Gastarbeiterproblem zu diskutieren. Kein Ergebnis aus dieser Tagung gelangte in die Presse. Wie widersprüchlich die Interessen zwischen Aufnahme- und Abgabeländern sind, läßt sich aus den Äußerungen des Präsidenten der Bundesanstalt für Arbeit erkennen, der Anfang Oktober seine Bedenken gegen eine Massenzuwanderung türkischer Gastarbeiter zum Ausdruck brachte, als er auf die Folgen der geplanten schrittweisen Verwirklichung der Freizügigkeit nach dem Assoziierungsabkommen zwischen der EWG und der Türkei in den Jahren 1976 bis 1986 verwies (Tagesspiegel vom 11. 10. 1972).

Dieses Buch wurde geschrieben, um die oben angedeutete Widersprüchlichkeit aufzudecken. Die verlangte Sachlichkeit bei der Diskussion der Gastarbeiterfrage kann nicht erfolgen, solange man die verschiedenen Interessen, welche dabei im Spiel sind, nicht entdeckt und entlarvt hat. Die erwähnte Einstellung der Bundesbürger gegenüber den Ausländern läßt eindeutig erkennen, wie uninformiert, wie fatal uninformiert die deutsche Bevölkerung über die Bedeutung der Gastarbeiterbeschäftigung für den eigenen Wohlstand ist. In diesem Rahmen ist es klar, warum der Diskussion über die „Integration der Gastarbeiter“ eine Alibi-Funktion zukommt. Der Name Gastarbeiter ist trotz Erklärungen über die Notwendigkeit der Ausländerbeschäftigung mit Schmutz, Brutalität, Antipathie usw. verbunden. Trotz der im Begriff Gastarbeiter versteckten Verschönerungsabsichten bekam dieser

Name die Bedeutung alles dessen, was ablehnbar ist und mit Menschen zweiter Kategorie zusammenhängt. Gegenstand dieser Schrift ist deshalb die Aufdeckung der Interessen und die Erforschung der ökonomischen Grundlagen, welche hinter dieser Fassade stecken. Denn dieser Zustand spiegelt eine Interessenkonstellation wider, die er sozusagen legitimiert. Dabei gelten als Ausgangspunkt der Untersuchungen die Interessen des Gastarbeiterproletariats im Spätkapitalismus. Sollten die Ergebnisse dieser Analyse zu der Einsicht in die Notwendigkeit der Befreiung der Gastarbeiter beitragen, die allein eine Vermenschlichung ihrer Existenz bedeutet und aus ihrem eigenen Kampf erfolgen kann, wird dieser Versuch seinen Zweck erreicht haben. In diesem Sinne ist dieses Buch den Gastarbeitern gewidmet!

Berlin, November 1972 Marios Nikolinakos

Kapitel I
Über die Notwendigkeit einer politischen Ökonomie der Gastarbeiterfrage

Diese Arbeit wird geschrieben in einer Zeit, in der die deutsche Gesellschaft „den Gastarbeiter entdeckt" hat! Das rege Interesse an dem Mitmenschen, der „aus dem Süden kam", findet in einer Vielzahl von Publikationen Ausdruck, die in der letzten Zeit veröffentlicht wurden. Fast ausschließlich werden in ihnen die sozialen und soziologischen Aspekte der Ausländerbeschäftigung behandelt. Das Thema der „Integration" der Ausländer rückt in den Vordergrund der Diskussion. Behörden, Gewerkschaften, Kirchen, soziale Einrichtungen und Institute haben sich in einen Wettlauf von „Integrationsplänen" begeben, die darauf zielen, dem Gastarbeiter eine menschenwürdige und angemessene Stellung in der deutschen Gesellschaft zu verschaffen.

Sucht man nach den Gründen dieser Spätzündung des Interesses, findet man zwei Standpunkte, die diesbezüglich relevant und voneinander abhängig sind: Erstens scheint es, als ob die deutsche Gesellschaft von Gewissensbissen geplagt wird, weil etwa 12–15 Jahre nach der Einleitung des Zuwanderungsstromes von Gastarbeitern eine Diskriminierung hohen Ausmaßes zu ihren Ungunsten getrieben wird und skandalöse Zustände auf dem Wohnungs-, Ausbildungs-, Schulsektor usw. herrschen, wie sie aus Aktionen vereinzelter Gruppen in vielen Städten der Bundesrepublik durch die Presse in der letzten Zeit ans Licht gebracht wurden. Zweitens scheint es, daß die Einsicht Boden gewonnen hat, wonach die Ausländerbeschäftigung kein vorläufiges Problem, sondern von den Entwicklungen und den Strukturänderungen der deutschen Wirtschaft abhängig ist. Es wurde auf diese Weise bewußt, daß die Bundesrepublik praktisch – trotz Beteuerung der Bundesregierungen – ein Einwanderungsland geworden ist und daß man sich früher oder später mit der Dauerhaftigkeit des Problems abfinden muß.

Wenn nun obiges zutrifft, muß man trotzdem feststellen, daß eine politökonomische Analyse der Gastarbeiterfrage bisher fehlt, die das Problem in seiner Ganzheit untersucht und die ökonomischen Grundlagen der Ausländerbeschäftigung erforscht. Zwar vertritt man nicht mehr die bewußt einseitigen und von den Annahmen her falschen Ansichten der Professoren Rüstow und Föhl, bei denen die Rede von einer „Belastung" der deutschen Volkswirtschaft durch die Gastarbeiter ist.[1] Fast jeder spricht heute von der Notwendigkeit der Ausländerbeschäftigung, ohne sich jedoch der dafür sprechenden Gründe bewußt zu sein. Vielmehr vertieft man sich heutzutage in eine Euphorie, die unkritisch darauf hinausläuft, daß die Beschäftigung von Gastarbeitern etwas „Gutes" sowohl für die Bundesrepublik als auch für die Entsendeländer ist. Am deutlichsten kommt diese Auffassung im ersten Grundsatz der vom Koordinierungskreis beim Bundesministerium für Arbeit und Sozialordnung „Ausländische Arbeitnehmer" am 2. 2. 1970 verabschiedeten „Grundsätze zur Eingliederung ausländischer Arbeitnehmer" zum Ausdruck, in dem es heißt: „Die Beschäftigung ausländischer Arbeitnehmer in der Bundesrepublik Deutschland ist arbeitsmarkt- und wirtschaftspolitisch notwendig. (...) Sie ist zugleich für die Abgabeländer politisch, sozial und wirtschaftlich von großem Nutzen."[2] Interessant ist, daß die Verfasser der Grundsätze durch die Gastarbeiterbeschäftigung den Abgabeländern auch politische Hilfe leisten wollen! Es sei nebenbei — um Mißverständnisse auszuräumen — darauf hingewiesen, daß dem Koordinierungskreis Vertreter von Behörden und Institutionen angehören und keine Gastarbeiter. Die Art und der Prozeß der Eingliederung der Gastarbeiter wird nun in Abwesenheit der Betroffenen bestimmt. Abgesehen aber davon muß man bemerken, daß solche Auffassungen dazu dienen, einmal von den die Gastarbeiterbeschäftigung begleitenden sozialen Mißständen abzulenken und darüber hinaus das oben angedeutete moralische Unbehagen in Selbstgefälligkeit umzusetzen. Wenn nun die Arbeitgeberseite die Ansicht vertritt, daß es sich bei der Ausländerbeschäftigung „um die bedeutendste Entwicklungshilfe handelt, die von der Bundesrepublik Deutschland bisher geleistet wurde"[3], deckt es sich mit der von allen offiziellen Seiten vertretenen Meinung. Das Fazit ist dann eindeutig: „Sich überhaupt als Gastarbeiter in der Bundesrepublik aufhalten zu dürfen, ist ‚dicht an de(m) Rand eines Gnadenaktes'."[4]

Nun ist eine politökonomische Analyse nicht nur deshalb notwendig, um zu entlarven, welche Interessen hinter solchen unkritischen und wenig analytischen Auffassungen stecken. Ein eingehender Überblick der bisher veröffentlichten Arbeiten zeigt vielmehr auf, daß sich auch aus rein ökonomischer Sicht die Argumente entweder auf unbegründete und, wenigstens empirisch, nicht getestete oder nachweisbare Annahmen stützen, wie etwa, daß die Ausländerbeschäftigung die Rationalisierung der deutschen Wirtschaft verhindert hat oder daß die Gastarbeiter die Löhne nach unten herabgedrückt haben, oder von einer modelltheoretischen Betrachtung ausgehen, die von der Wirklichkeit entfernt ist und deshalb zu falschen Ergebnissen führt. Die oben erwähnten Arbeiten von Rüstow und Föhl sind typische Beispiele dafür. Darüber hinaus werden beide Auffassungen, sowohl des letzteren Typs, wobei die Ausländerbeschäftigung ablehnend behandelt wird, wie auch diejenigen, die die Gastarbeiterbeschäftigung als ein segensreiches Ereignis sowohl für die Bundesrepublik als auch für die Abgabeländer bejahen, weitgehend unkritisch vertreten. Auf diese Weise bleiben nicht nur die wahren Gründe, warum die Bundesrepublik ausländische Arbeitskräfte einführen muß, verkannt, sondern werden vielmehr auch die Gründe der Auswanderung und die Situation in den Abgabeländern außer acht gelassen. Man beschränkt sich auf vordergründige Geschehnisse in der Bundesrepublik, als ob es keinen Hintergrund, keine Absendeländer gäbe, woher die Gastarbeiter kommen. Gerade dieser Hintergrund gibt aber die Perspektive für das Drama, das im Vordergrund gespielt wird. Die Gastarbeiterfrage in der Bundesrepublik kann deshalb nicht richtig angepackt werden, wenn man sie nicht gleichzeitig im Lichte der ökonomischen Probleme der Emigrationsländer betrachtet. Der Fehler, der häufig gemacht wird, liegt darin, daß man die Auswanderung aus den peripheren Ländern Europas als ein quasi „natürliches" Problem betrachtet, das eine „natürliche" Lösung in der Beschäftigung der Auswanderer in der Bundesrepublik findet. Eine politökonomische Analyse der Emigrationsländer zeigt jedoch, daß die Arbeitsreserven in ihnen auf ökonomische Fehlentwicklungen und auf politische Verhältnisse zurückgehen, deren Zustand durch die Auswanderung erhalten bleibt.

Abgesehen jedoch davon erscheint die politökonomische Analyse der Gastarbeiterfrage in den Entsendeländern auch aus dem Grund notwendig, daß ihre Arbeitsreserven graduell abnehmen und sich die Nachfrage der Bundesrepublik nach Arbeitskräften mit der Zeit nach anderen peripheren Ländern zweiten Grades verlagert. Auf der anderen Seite ist das Gastarbeiterproblem kein Problem der Bundesrepublik allein, sondern aller Industrieländer Europas, die nach ausländischen Arbeitskräften in den südeuropäischen Ländern und in den Ländern Nordafrikas suchen. Wenn nun die Knappheit der Arbeitskräfte ein strukturelles Problem der spätkapitalistischen Entwicklung ist, braucht nicht besonders nachgewiesen zu werden, welches Ausmaß das Problem im Rahmen der Integrationsbestrebungen einnimmt und wie sich das Problem zu einer Polarisierung zwischen Norden und Süden zuspitzt, wobei dann die hochentwickelten kapitalistischen Länder Europas miteinander auf den Arbeitsmärkten der Länder Südeuropas und Nordafrikas konkurrieren und sich letztere dem Gefälle zwischen Norden und Süden einfügen und die Rolle übernehmen, Arbeitskräfte für die Arbeitsmärkte Europas zu produzieren. Die letzteren Entwicklungen, wonach viele Länder, wie Italien, Tunesien, die Türkei usw., nicht nur ihre arbeitslosen Kräfte, sondern auch ihre Einrichtungen für berufliche Ausbildung der Bundesrepublik zur Verfügung stellen, sind sehr eindeutig.[5]

Schließlich brauchen wir eine politökonomische Analyse der Gastarbeiterfrage, um hinter die in der letzten Zeit aufgedeckten und untersuchten sozialen Mißstände zu kommen, die bei den Gastarbeitern herrschen. Die katastrophalen Wohnverhältnisse, die Diskriminierungserscheinungen und die Ghettoisierung der Gastarbeiter, das Chaos des Schulwesens für die Gastarbeiterkinder, die Fachausbildungsmisere usw. sind nur im Rahmen des Spannungsfeldes der am Spiel beteiligten ökonomischen Interessen zu sehen; sie erfüllen eine ökonomische Funktion, die bisher nur zum Teil erforscht worden ist. Das Verkennen der ökonomischen Grundlagen und der politökonomischen Zusammenhänge der Ausländerbeschäftigung führt dazu, daß bei den eingangs erwähnten neuesten Bestrebungen zur „Integration" der Gastarbeiter die Gefahr besteht, durch Scheinlösungen die Diskriminierung der Gastarbeiter zu verewigen und den Ausbeutungsmechanismus, dem sie ausgesetzt sind, aufrechtzuerhalten. Wenn man die Interessenlage der Gastarbeiter nicht richtig erkennt und sie nicht im Rahmen der Interessengegensätze und -verhältnisse sowohl in der Bundesrepublik als auch in ihren Heimatländern sieht, kann man leicht übersehen, daß durch die z. Z. diskutierten „Gastarbeiterparlamente" oder „Gastarbeiterbeiräte" auf kommunaler Ebene u. ä. nur Alibis geschaffen werden, die Probleme aber tatsächlich ungelöst bleiben. Es wäre nicht übertrieben, zu behaupten, daß das Gastarbeiterproblem im Keim das Problem ist, das zukünftig soziale Spannungen in der Bundesrepublik und in den anderen europäischen Ländern hervorrufen wird. Ich habe anderenorts[6] von der „Verniggerung" der Gastarbeiterfrage gesprochen, im Sinne, daß die Bundesrepublik eines Tages genötigt sein wird, Gastarbeiter aus Schwarzafrika zu importieren, wenn die Arbeitsreserven auch in den übrigen Ländern, auf die die Bundesrepublik allmählich zugreift, erschöpft sein werden. Dieser Gedanke wurde auch anders, und zwar richtig, interpretiert, nämlich, daß die Bundesrepublik durch die Einführung von Gastarbeitern, wie die USA, ihr eigenes Negerproblem der nächsten Jahre schafft. Die Schweiz hat schon diesen Zustand erreicht. Wie die Arbeiterfrage im 19. Jahrhundert spitzt sich die Gastarbeiterfrage zum sozialen Problem Nr. 1 der Industrienationen Europas in der zweiten Hälfte des 20. Jahrhunderts zu. Die revolutionären Perspektiven des Gastarbeiterproblems sind kaum zu verkennen. Darüber hinaus sind die revolutionären Rückwirkungen unter den heutigen Verhältnissen potentiell schneller zu erwarten, als es im 19. Jahrhundert der Fall war. Das Gastarbeiterproblem bringt die wegen des technologischen Fortschritts stattfindende Umstrukturierung der Wirtschaft in den spätkapitalistischen Ländern Europas und die daraus entstandene Deformierung der traditionellen Klassenverhältnisse ans Licht. Die Internationalisierung des Kapitals und sein Bedürfnis, wegen der Verwertungsschwierigkeiten in größeren – im Gegensatz zu bisher nur nationalen – Räumen tätig zu werden, internationalisieren erst jetzt richtig auch die Arbeitsmärkte und verschärfen die Gegensätze zwischen Kapital und Arbeit, die innerhalb der nationalen Grenzen bisher zeitweise wegen des gehobenen Lebensstandards der arbeitenden Bevölkerung und der zum Teil erfolgreichen Bestrebungen des Kapitals durch Maßnahmen, wie Volksaktien, Mitbestimmung, Vermögensbildung usw., die Arbeiterklasse zu integrieren, vertuscht wurden. Dies verursacht auch objektiv Spannungen innerhalb der Arbeiterklasse, die vom Kapital geschickt hochgespielt werden und von den eigentlichen Gegensätzen ablenken.[7] Durch das Gastarbeiterproblem nehmen die Klassengegensätze und die Klassenkämpfe eine neue Dimension an; sie verlagern sich nämlich aus dem Herzen Europas auf die Achse Norden-Süden und werden dadurch internationalisiert, indem sie gleichzeitig eine zentrale Rolle in der Spanne zwischen ökonomischen Interessen der kapitalistischen Industrienationen Europas und den Entwicklungsbestrebungen der

Länder Südeuropas und Nordafrikas einnehmen.

Es ist nun ersichtlich, warum ich nicht bloß von einer ökonomischen, sondern von einer politökonomischen Analyse der Gastarbeiterfrage spreche. In der letzten Zeit hat die Auffassung bei den Nationalökonomen an Boden gewonnen, wonach „die Schreinerei von Modellen", nach der zutreffenden Formulierung von Edgar Salin, eine „Flucht aus der politischen Ökonomie in eine wirklichkeitsferne Abstraktion" ist[8] und „daß es in der Ökonomie um politische Fragen geht"[9]. Die ökonomischen Zusammenhänge sind nicht autonom. Sie realisieren sich im Rahmen der Gruppeninteressen und der Klassengegensätze in der Gesellschaft und werden von diesen bestimmt. Man kann deshalb keine abstrakte ökonomische Analyse der Ausländerbeschäftigung betreiben, ohne dabei die Wirklichkeit zu vertuschen und stillschweigend eine bestimmte Interessenkonstellation zu akzeptieren.

Diese Schrift beansprucht für sich keine Vollständigkeit in der Untersuchung der ökonomischen Grundlagen der Gastarbeiterfrage. Sie ist nur Beitrag zur politökonomischen Analyse des Gastarbeiterproblems auf Grund des vorhandenen Materials. Darüber hinaus beschränkt sich diese Arbeit auf die Untersuchung der Ausländerbeschäftigung von der Nachfrage her allein, d.h. nur in den Gastarbeiter beschäftigenden Ländern Europas und insbesondere der Bundesrepublik.[9a] Einer anderen, ihr in gewissem Abstand folgenden Arbeit ist vorenthalten, die politökonomischen Grundlagen der Auswanderung zu behandeln und Ansätze einer allgemeinen Theorie der Gastarbeiterbeschäftigung im Spätkapitalismus herauszuarbeiten.

Die Hauptstandpunkte, von denen die nachfolgende Analyse ausgeht, könnten folgendermaßen zusammengefaßt werden:

Erstens: Die Ausländerbeschäftigung ist ein strukturelles Problem der spätkapitalistischen Entwicklung. Man kann sich demzufolge dem Problem nicht mit der Frage nähern, ob die Ausländerbeschäftigung „Gewinn oder Belastung" der deutschen Wirtschaft ist, sondern indem man nach den Gründen fragt, daß Gastarbeiter importiert werden mußten.

Zweitens: Die Ausländerbeschäftigung in der Bundesrepublik bedeutet gleichzeitig eine Auswanderung von Arbeitskräften für die Abgabeländer. Will man nun die Dimensionen des Problems richtig erfassen und die zukünftigen Perspektiven in Aussicht stellen, muß man die Ausländerbeschäftigung in der Bundesrepublik auch in Zusammenhang mit den Gründen untersuchen, warum nämlich die Gastarbeiter aus ihren Ländern auswandern.

Drittens: Es ist falsch, von einer anzustrebenden Integration bzw. Eingliederung der Gastarbeiter zu sprechen, zumal die Gastarbeiter schon wirtschaftlich und sozial objektiv in der deutschen Wirtschaft und Gesellschaft integriert sind, nämlich als Hilfsarbeiter und als eine soziale Schicht, die die Funktion des Proletariats und Subproletariats des 19. Jahrhunderts erfüllen muß. Das geschaffene juristische System der Diskriminierung der Gastarbeiter auf allen Ebenen und das Rotationsprinzip, das angeblich als Grundlage der Zu- und Auswanderungspolitik der Regierung gilt, weisen die Gastarbeiter in die Rolle einer Reservearmee, die ständig mobil bleibt. Durch diese Bewegung erfüllen die Gastarbeiter zum einen eine „Pufferfunktion“ in ihren Heimatländern, indem sie durch die Auswanderung die potentiellen sozialen und politischen Spannungen in ihren Ländern exportieren, und zum anderen eine „Pufferfunktion“ im Land ihrer Einwanderung in Krisenzeiten oder in Zeiten der Rezession.[10]

Viertens: Die südeuropäischen Länder werden allmählich in das im europäischen Wirtschaftsraum bestehende kapitalistische System integriert und werden potentiell als Arbeitsreserven-Länder ausscheiden. Die Verwertungsschwierigkeiten des Kapitals zwingen es, sich in den Westeuropa benachbarten Räumen niederzulassen. Die Rolle der Arbeitsreserven-Länder wird von peripheren Ländern zweiten Grades übernommen, etwa Jugoslawien, der Türkei und den nordafrikanischen Ländern. Die Polarisierung Norden – Süden verlagert sich auf diese Weise nach und nach in den Süden. Die Reservearmee-Funktion der Gastarbeiter, die von den Proletariern Südeuropas bisher erfüllt wurde, wird nunmehr mit der Zeit von den arbeitslosen Massen in den peripheren Ländern zweiten Grades erfüllt. Diese Prozesse sind erst in Ansätzen vorhanden, ihre weitere Entwicklung und Vollendung ist aber zwangsläufig, zumal die Integration der Märkte und ihre Erweiterung im europäischen Raum strukturelle Änderungen und dadurch eine Steigerung der Nachfrage nach Arbeitskräften bedingt, die nunmehr nur außerhalb des europäischen Raumes zu bekommen sind. Westeuropa entwickelt sich allmählich, wie die Vereinigten Staaten, Kanada oder Australien, zu einem Einwanderungsgebiet.

Kapitel II
Die Widersprüche und die Fehler des traditionellen nationalökonomischen Denkens oder Der Gastarbeiter als Retter des Systems

Wie schon bereits erwähnt, wird nun heute die Notwendigkeit der Ausländerbeschäftigung nicht bestritten. Daß diese Auffassung auch unkritisch und ohne eingehende Analyse der wahren Gründe und der ökonomischen Zusammenhänge erfolgt, erweist sich daraus, daß man plant, die Ausländerbeschäftigung zahlenmäßig zu begrenzen. Man spricht in diesem Zusammenhang von der Plafondierung der Ausländerzahl, und als höchste Grenze wird etwa willkürlich die Zahl von 2 Millionen gesetzt.[11] Man meint damit anscheinend, daß dadurch die höchste Grenze erreicht wird, bei der der aus der Ausländerbeschäftigung resultierende „Gewinn" für die deutsche Wirtschaft den aus ihr entstehenden Infrastrukturkosten gleichkommt und damit Null sei. Zu den Kosten werden in diesem Zusammenhang auch außerökonomische Momente zugerechnet, wie etwa die Überfremdung.[12] Zum Kreis solcher Überlegungen gehört auch die oft gemachte Trennung zwischen mikro- und makroökonomischer Betrachtung, zwischen betriebs- und volkswirtschaftlicher Problemstellung, wobei man versucht, die „Schuld" auf die Unternehmer zu bürden, indem man behauptet, was betriebswirtschaftlich gut sei, brauche nicht unbedingt auch gut für die Volkswirtschaft zu sein.[13] Diejenigen, die so argumentieren, argumentieren nicht ökonomisch, denn sie verkennen das Grundgesetz der herrschenden Wirtschafts- und Gesellschaftsordnung, welches darin besteht, daß die Privatinitiative und der Privatbesitz die Grundlagen des Wirtschaftsmechanismus sind.

Hier erkennt man einen wichtigen Widerspruch des Systems und die Ausweglosigkeit der Nationalökonomie. Einerseits werden der Profit und die führende Rolle des einzelnen Kapitalisten als die Faktoren anerkannt, die über die Investitionsbetätigung das ständige Wachstum und die Erhöhung des Lebensstandards der Bevölkerung sichern. Die Nationalökonomie lehrt doch gerade, daß die Profiterwartungen das Verhalten der Unternehmer bestimmen und daß nur dieses Verhalten die unter den gegebenen Verhältnissen erforderliche Maximierung des Sozialprodukts bedingt, wobei dann der Gedanke der Optimalisierung dieses Prozesses in den Vordergrund rückt, so daß dadurch keine Rückschläge und kein Ungleichgewicht durch Inflation oder Rezession entstehen. Die Rolle des Staates im Kapitalismus besteht gerade darin, dafür zu sorgen, daß dieser Mechanismus möglichst reibungslos funktioniert. Die sogenannte soziale Funktion des Staates, durch Umverteilung des Einkommens angeblich gerechtere Verhältnisse zugunsten der ärmeren Schichten zu schaffen, ist nichts anderes als die Schaffung der Bedingungen, die die Unternehmer dazu veranlassen, Investitionen durchzuführen, gerade deshalb, weil sie sich davon die Realisierung von Profiten versprechen. Darauf hinaus läuft letzten Endes die ganze Keynessche Theorie.[14] Die Anhebung der Lebensbedingungen der arbeitenden Bevölkerung ist kein Akt der Barmherzigkeit der Unternehmer oder des Staates, sondern eine unabdingbare Voraussetzung für das Funktionieren des kapitalistischen Systems, weil nur dadurch die Profite der Kapitalisten realisiert werden können.[15] Wenn Krupp Stahl und Eisen erzeugt, aus denen u. a. auch Autos von Mercedes-Benz produziert werden, muß es Leute geben, die diese Autos kaufen, damit Mercedes-Benz und Krupp ihren Profit realisieren können. Mit anderen Worten bedeutet die Hebung des Lebensstandards der unteren Einkommensschichten durch die Steigerung ihrer Kaufkraft eine Erweiterung des Marktes, der wiederum die Profiterwartungen der Unternehmen steigert. Auch die ökonomische Funktion des Staates, die sich hauptsächlich in der Durchführung von Infrastrukturinvestitionen erschöpft, dient dazu, durch die Schaffung von external economies den Rahmen der privaten ökonomischen Tätigkeit zu sichern und deren Grundlagen zu erweitern. Die Finanzierung dieser Investitionen erfolgt durch Steuergelder, wird also von der ganzen Bevölkerung getragen, was letzten Endes bedeutet, daß alle durch ihre Steuern dafür zahlen, daß diese external economies, die notwendig für die Investitionstätigkeit der Unternehmer und also für das Funktionieren des Systems sind, geschaffen werden.

Andererseits meint man, daß gerade diese Kosten für die Infrastrukturinvestitionen, die wegen der Ausländerbeschäftigung benötigt werden, etwa mehr Schulen, Krankenhäuser, Straßen, Wohnungen usw., zu hoch für die Volkswirtschaft sind. Deshalb das Postulat, keine Gastarbeiter mehr zu importieren. Statt dessen soll „das Vorprellen der Investitionen (...) durch eine Einkommensverschiebung von den Profiten zu den Löhnen und Gehältern gezügelt werden“[16]. Sollte jedoch so etwas geschehen, würde es einerseits kurzfristig die Einschränkung der Investitionen zur Folge haben, andererseits langfristig dadurch nivelliert, daß nämlich durch die Steigerung der Löhne und Gehälter eine Steigerung der Nachfrage und dadurch wiederum der Profiterwartungen der Unternehmer erfolgen würde. Tatsächlich würde die Investitionstätigkeit angeregt und die Profitrealisierung dadurch ermöglicht. Der Effekt wäre also letzten Endes der gleiche, d. h. eine Steigerung der Investitionen und damit eine Steigerung der Nachfrage nach Arbeitskräften und also auch nach Gastarbeitern. Konsequent wäre es, wenn die durch die Gastarbeiterbeschäftigung verursachte Steigerung der Infrastrukturinvestitionen die Unternehmen selbst tragen würden. Dies würde jedoch die Produktionskosten erheblich belasten und die Profiterwartungen und -möglichkeiten so stark reduzieren, daß der Endeffekt die Minderung der Investitionen und folglich eine Rezession sein würde. Dies hätte nur dadurch vermieden werden können, daß es den Unternehmern möglich wäre, diese Kosten auf die Konsumenten abzuwälzen. Dies würde jedoch zu inflationistischen Tendenzen führen, die um so stärker wären, je vollständiger die Abwälzung der Kosten gelingen könnte. Das Endergebnis wäre nun wiederum entweder eine weitere Anregung der Investitionstätigkeit, solange die Preiserhöhungen ein Maß behielten, oder eine Rezession, sobald sie sich in eine Inflation entwickeln würden. Solange also die freie Marktwirtschaft als System gilt, gibt es kein Mittel, womit man die Investitionstätigkeit der Unternehmer ohne Gefahr und Verluste drosseln kann. Tut man es trotzdem in diesem Rahmen, dann wird man genötigt sein, dirigistische Mechanismen einzuführen. Die Trennung zwischen betriebs- und volkswirtschaftlicher Betrachtungsweise ist deshalb inkonsequent, weil die Anerkennung der Gewinnmaximierung des Unternehmers als Hauptmotivation, die den ökonomischen Mechanismus in Bewegung setzt und hält, auch die Anerkennung impliziert, daß dadurch die Probleme der Volkswirtschaft optimal gelöst werden. Findet das nicht statt, dann bedeutet es, daß die anerkannte Hauptmotivation für die Lösung der Probleme nicht angemessen ist. Allein die Ersetzung des bestehenden ökonomischen Mechanismus durch einen anderen, effizienteren scheint aus dieser Sackgasse herauszuführen. Dies aber würde das Ende der „freiheitlichen" Wirtschafts- und Gesellschaftsordnung und die Einführung einer Planwirtschaft bedeuten, was nicht akzeptiert wird.

Weil die Apologeten des Systems diese einfachen Wahrheiten nicht einsehen wollen und weil sie den Widerspruch nicht erkennen, schlagen sie Maßnahmen vor, wie zum Beispiel die Plafondierung der Gastarbeiterzahl oder die Lenkung der Investitionen durch die Besteuerung der Profite. Diese Maßnahmen gehen aber an den Problemen vorbei und führen das System letzten Endes in eine Sackgasse. Merkwürdigerweise begehen auch namhafte Nationalökonomen, wie etwa Kurt W. Rothschild oder die schon vorher erwähnten Professoren Föhl und Rüstow solche, für den Stand der westlichen Nationalökonomie fatale Fehler. Denn nicht anders sind vorurteilbeladene Argumentationen zu erklären, wie etwa, daß „die Beschäftigung ausländischer Arbeiter als Hilfeleistung gegenüber überbevölkerten Auswanderungsländern" aufzufassen sei,[17] eine Art Flucht aus dem oben geschilderten Widerspruch, indem man die Situation moralisch rechtfertigt. Man verschleiert auf diese Weise die Tatsache, daß nicht nur das Funktionieren des Systems und das Wachstum durch die Einführung von Gastarbeitern gesichert werden, sondern auch daß dadurch verhindert wird, daß das System in die Sackgasse gerät und die Notwendigkeit aktuell wird, das System durch die Einführung von Planungsmechanismen aufzuheben. So wird der Gastarbeiter letzten Endes zum Retter des Systems!

Es wird dagegen argumentiert, daß die Inanspruchnahme von Gastarbeitern durch eine stärkere Rationalisierung der Produktion hinfällig wird. D. h., daß in der Produktionsfunktion der Produktionsfaktor Arbeit durch den Produktionsfaktor Kapital ersetzt wird. Dies ist der zweite Fehler des bürgerlichen nationalökonomischen Denkens, der von modelltheoretischen Annahmen ausgeht, ohne die Realität grundsätzlich zu analysieren. Abgesehen davon, daß derartige Umsetzungsprozesse, wie Rosenmöller bemerkt, schwierig sind und sich nur langsam vollziehen lassen,[18] kommt es dazu, daß die Gastarbeiter zu einem großen Teil in der Industriegüterproduktion tätig werden,[19] so daß letzten Endes eine Faktorsubstitution im oben angedeuteten Sinne nicht ohne sie stattfinden kann. Auch der technologische Fortschritt, nach Hansen[20] einer der drei Faktoren – neben dem Bevölkerungswachstum und der Einbeziehung neuer Territorien –, die die Investitionshöhe bestimmen, kann das Problem nicht lösen, zumal der limitationale Faktor die menschliche Arbeitskraft ist. Vielmehr ist die Arbeit die eigentliche Quelle der Kapitalakkumulation, ohne die kein Wachstum stattfinden kann. Darüber hinaus braucht der Akkumulationsprozeß im Kapitalismus die Existenz einer flexiblen Arbeitskraft, die durch ihren in der Zeit der Rezession brachliegenden Teil, von Marx als Reservearmee bezeichnet,[21] die Voraussetzung für die Expansion in dem Aufschwung und der Hochkonjunktur schafft. Schon Malthus hatte bemerkt, daß ein Land dem ausgesetzt ist, „daß sein Arbeitsfonds rascher wächst als die Bevölkerung“[22]. Die Ausschöpfung der Arbeitsreserven in der Bundesrepublik und in den anderen kapitalistischen Ländern macht es daher notwendig, daß man zu Arbeitskräften außerhalb der nationalen Grenzen greift, die nun die Funktion der industriellen Reserve-Armee übernehmen.[23] Der Akkumulationsprozeß zwingt also dazu, nicht eine bestimmte Zahl, sondern eine immer steigende Zahl von Gastarbeitern zu importieren. Sollte man die Zuwanderung von Gastarbeitern einstellen, würde es über den oben geschilderten Mechanismus der Abnahme der Investitionen zu einer Stagnation und einer Senkung des Lebensstandards kommen. Das würde letzten Endes – wie oben dargelegt – dazu führen, daß der Staat notwendigerweise die Rolle des Systemregulators übernimmt. Nur durch eine Planung des Wirtschaftsprozesses wäre es möglich gewesen, den Bedarf an Gastarbeitern zu lenken und gegebenenfalls zu beschränken. Da ein Planungssystem noch abgelehnt wird, ist das System und mit ihm verbunden das Wachstum der Wirtschaft auf den Gastarbeiter angewiesen. In diesem Sinne rettet der Gastarbeiter das kapitalistische System. Er rettet es, weil er in seinem Land keine Arbeitsmöglichkeit findet und seine Existenz nur durch Verkauf seiner Arbeitskraft außerhalb seines Landes sichern kann. Denn sein Heimatland hat auf Grund der politischen Herrschaft von Oligarchien und seiner Integration im System des internationalen und in diesem Falle des europäischen Kapitalismus nur den Entwicklungsstand erreicht, den diese bestimmen. Nun geht dieser Prozeß anarchisch vor, dem Mechanismus der kapitalistischen Akkumulation überlassen, den manche Ökonomen verkennen wollen. In den Staaten, die eine Planwirtschaft eingeführt haben, wie die sozialistischen Länder Osteuropas, existiert zwar ebenso das Problem der Knappheit der Arbeitskräfte, weil der Produktionsfaktor Arbeit der limitationale Produktionsfaktor ist, eine Wahrheit, die bei den bürgerlichen Nationalökonomen leicht in Vergessenheit gerät. Nur sorgt die Planung für ein optimales Wachstum, das unter den gegebenen Bedingungen und nicht auf Lasten anderer Volkswirtschaften stattfindet oder zu Fehlentwicklungen führt.[24] Man hat auch in den sozialistischen Ländern, wie etwa in der DDR oder der Tschechoslowakei, die Knappheit an Fachkräften gespürt. Es haben jedoch keine großen Wanderungsbewegungen stattgefunden, so daß auch kein Gastarbeiterproblem entstanden ist.[25]

Der dritte Fehler der traditionellen Nationalökonomie liegt darin, daß sie von den konjunktursteigenden oder konjunkturdämpfenden Wirkungen der Ausländerbeschäftigung und nicht von den konjunkturellen Entwicklungen selbst und dem Wachstumsprozeß der deutschen Wirtschaft ausgeht. Der logische und methodologische Fehler einer solchen Betrachtungsweise besteht darin, daß sie zwar die sich aus dem Phänomen der Ausländerbeschäftigung resultierenden möglichen Effekte untersucht, ohne jedoch das Phänomen selbst analysiert zu haben. Diese Ökonomen spannen eigentlich den Karren vor das Pferd. Daß diese Betrachtungsweise einer Interessenkonstellation dient, die die Gastarbeiterbeschäftigung als eine „Belastung" der deutschen Wirtschaft, also als eine Art „Entwicklungshilfe" sehen will, um dadurch den Ausbeutungsmechanismus, die herrschende Misere, die Diskriminierung und die bestehenden Vorurteile rechtfertigen zu können, liegt auf der Hand. Denn es ist eine alte und einfache Wahrheit, daß die Formulierung des Problems implizit auch seine Lösung mitbestimmt. In krassester Form artikulieren sich diese Interessen in einem nationalistischen Denken und in einer Überfremdungsangst, die in der Schweiz zu der Schwarzenbach-Initiative geführt hat.[26] Nicht nur Haß und Spannungen treten als Folgeerscheinungen auf, sondern dadurch wird auch ein latent vorhandenes faschistisches Potential dynamisiert.

Gerade in der Schweiz, die eine längere Erfahrung mit Gastarbeitern in der Nachkriegszeit hat, ist man im Laufe der Zeit zu differenzierten Auffassungen – ähnlich der hier vertretenen – gekommen, die die Gastarbeiterbeschäftigung im Rahmen der Konjunktur und des Wachstumsprozesses erfassen. Erwähnenswert ist die Untersuchung von W. A. Jöhr und R. Huber, die die Ausländerbeschäftigung als eine abhängige Variable behandelt, zumal „der Wunsch, ausländische Arbeitskräfte in Anspruch zu nehmen, (...) ja das Resultat der wirtschaftlichen Entwicklung und ihrer Beurteilung durch die Unternehmer ist"[27]. Diese Autoren sehen nun die Wirkungen der Ausländerbeschäftigung auf Konjunktur und Wachstum im Kräftespiel voneinander abhängiger Faktoren und kommen deshalb zu sehr differenzierten Ergebnissen. Eines davon ist, daß bei einer durch Vollauslastung der Produktionsfaktoren verursachten Erweiterung der Volkswirtschaft infolge einer Steigerung der Nachfrage nicht nur ausländische Arbeitskräfte, sondern auch ausländische Ersparnisse erforderlich sind. Darüber hinaus führt eine Steigerung des auf die einheimischen

Produktionsfaktoren einmal ausgeübten Drucks exogener Natur zu einem für die Dauer von vielen Jahren hinausgehenden zusätzlichen Bedarf an Arbeitskräften, worauf sich dann die Wirtschaft umstellt. Dieser zusätzliche Bedarf an Arbeitskräften über das Maß hinaus, „das sich im Gleichgewichtswachstum" „aus der natürlichen Zunahme der einheimischen Erwerbsbevölkerung ergibt", bedeutet einen Druck gegen „den Plafond der Vollbeschäftigung" in der Ausdrucksweise der Autoren, der sich „in einem überdurchschnittlichen Bestand der Aufträge sowie der nicht ausgeführten Produktions- und Investitionspläne der Produzenten" äußert. Betrachtet man diesen Zustand als Ungleichgewichtssituation, erfolgt durch die Ausländerbeschäftigung eine Gesamtentwicklung, die „sich damit einem Gleichgewichtspfad" nähert. Wenn nach einer Periode der Stabilität der in Gastarbeitern gemessene exogene Druck abnimmt, folgt auch eine Abnahme des endogenen Drucks, also der Nachfrage im Inland und verschwindet auf diese Weise die Überhitzung der Konjunktur. Die Autoren untersuchen an Hand eines Modells auch die Wirkungen, die eine Einschränkung des Zustroms von Gastarbeitern auf die Konjunktur haben könnte und die darin bestehen, daß der endogene Druck in der Wirtschaft steigt.[28]

Zu ähnlichen Ergebnissen für die Bundesrepublik kommt auch Alfred Kruse, der die Ausländerbeschäftigung als „ein Ergebnis eines unvergleichlichen Wachstumsprozesses" bzeichnet. Kruse führt die Steigerung der Nachfrage auf eine „schleichende Inflation" zurück, wogegen auch die kostensenkende Wirkung des technischen Fortschritts nicht ausreichte. Er betont sogar, daß die Ausländerbeschäftigung trotz Rationalisierung in der deutschen Wirtschaft stattgefunden habe. Sollte nun die wirtschaftliche Entwicklung keine ernsten Rückschläge erleiden oder die Löhne nicht spektakulär ansteigen, muß man mit einer anhaltenden Knappheit am Arbeitsmarkt rechnen.[29]

Bezeichnet man die Phase der „Belastungs-Betrachtung" der Gastarbeiterbeschäftigung als die Angriffsphase im diesbezüglichen nationalökonomischen Denken, so bahnt sich mit der „Gewinn-Betrachtung" sozusagen eine Verteidigungsphase an. Diese neuesten Ansätze bezeugen zum einen den Versuch der Nationalökonomen, aus der Sackgasse ihres Denkens herauszukommen und neue Theorien an Hand der Wirklichkeit zu entwickeln. Zum anderen bezeugen sie aber auch einen Gegensatz von Interessen innerhalb der hochkapitalistischen Industriegesellschaften Europas, einen Gegensatz zwischen Unternehmern einerseits und Arbeitnehmern andererseits, denen Teile des Kleinbürgertums aus unterschiedlichen Gründen zu Hilfe kommen. Denn es sind gerade die einheimischen Arbeitnehmer und das Kleinbürgertum, die mehr dazu tendieren, die Gastarbeiterbeschäftigung abzulehnen. Es ist z. B. nicht von ungefähr, daß das Wirtschaftswissenschaftliche Institut der Gewerkschaften zum Thema der Gastarbeiterbeschäftigung über zehn Jahre geschwiegen hat und daß das theoretische Organ der Gewerkschaften, die „Gewerkschaftlichen Monatshefte", Aufsätze, wie den schon zitierten Beitrag von Rothschild, veröffentlichen.[30] Wenn nun die gegen die Gastarbeiterbeschäftigung Stellung nehmenden Theorien praktisch durch ihre Ergebnisse, wonach die Gastarbeiterbeschäftigung eine „Belastung" für die deutsche Wirtschaft sei, die stattfindende Ausbeutung decken, erkennen die neuen Theorien und Untersuchungen, indem sie den Beitrag der Gastarbeiter zum Wachstum der deutschen Wirtschaft einsehen, praktisch die Rettung des Systems durch sie an. In der letzten Zeit kam dies auch von Arbeitgeberseite her in der kürzlich veröffentlichten Studie des Deutschen Industrieinstituts klar zum Ausdruck, wo tatsächlich betont wird, daß nur durch die zusätzliche Beschäftigung von Gastarbeitern das Wachstum der deutschen Wirtschaft ermöglicht wurde und daß „ohne zusätzliche ausländische Arbeitnehmer (...) die deutsche Produktion geringer, der Export niedriger und der Handelsbilanzüberschuß folglich kleiner" wäre.[31] Damit setzen sich die Interessen der Kapitalisten auch im nationalökonomischen Denken durch. Und es ist auch richtig so, weil nur sie wissen, welche Profite sie durch die Gastarbeiterbeschäftigung gemacht haben und weil durch eine eventuelle Einschränkung der Einfuhr von Gastarbeitern ihre eigene Existenz bedroht wird. Um den „Gewinn" aus der Gastarbeiterbeschäftigung jetzt zu rechtfertigen, verweist man auf die positiven Rückwirkungen der Ausländerbeschäftigung für die Entsendeländer, wie etwa die Geldüberweisungen und die Devisenbeschaffung, die Fachausbildung der Gastarbeiter usw. Ich habe andernorts die Beweise dafür gebracht, daß diese angeblich positiven Rückwirkungen nicht existieren.[32] Es sei hier erwähnt, daß die wirtschaftspolitischen Konsequenzen dieser Betrachtungsweise nicht bis zu ihrem Ende geführt werden und daher wiederum zu einem Widerspruch führen.

Der Widerspruch besteht darin, daß, wenn die Gastarbeiterbeschäftigung ein Gewinn für die deutsche Wirtschaft ist, dies ein unmittelbarer Verlust für die Wirtschaft der Entsendeländer sein muß. Auch wenn dies nicht unbedingt so ist, dann muß man sich jedoch fragen, warum dieser „Gewinn" nicht zugunsten der Entsendeländer entsteht, die auf diese Weise mittelbar einen Verlust erleiden. Denn die in der Arbeitskraft der Gastarbeiter objektiv enthaltenen „Gewinn"möglichkeiten, die durch ihren Einsatz in der deutschen Wirtschaft realisiert werden, gehen für ihr Heimatland tatsächlich oder potentiell verloren. Daß hier auch ein Interessengegensatz zwischen Industrieländern und sich entwickelnden Randländern Südeuropas besteht, ist kaum zu leugnen. Dieser schon immer latent vorhandene Gegensatz tritt erst dann in akuter Form in Erscheinung, wenn im Laufe des Entwicklungsprozesses in den Emigrationsländern Südeuropas Arbeitsknappheit spürbar wird. Ansätze dafür sind schon in Griechenland vorhanden, das die Einfuhr von Gastarbeitern aus Afrika in Erwägung zieht. Die traditionelle Nationalökonomie sieht aber und untersucht das Problem nur im Rahmen des Systems, in dem sie existiert und als dessen Apologet fungiert. Ihr Beitrag zielt sogar darauf, dieses System zu retten. Der Grund dieser Kurzsichtigkeit der traditionellen Nationalökonomie muß in der objektiven Interessenkonstellation, die sie vertritt, liegen. Die bisherige Stellung des Problems in der Form: „Gastarbeiter – Gewinn oder Belastung?" enthüllt gerade diese werturteilsbeladene Position des nationalökonomischen Denkens. Wenn man tiefer sucht, entdeckt man Egozentrismus und Einseitigkeit in der wissenschaftlichen Betrachtung, die nur das wirtschaftliche Geschehen und den Wohlstand in der Gastarbeiter beschäftigenden Volkswirtschaft in den Vordergrund stellt, nicht aber das gesellschaftliche Geschehen in dem Emigrationsländern oder den Wohlstand der Gastarbeiter selbst. Die Ausländerbeschäftigung wird in einem Kosten-Nutzen-Ausgleich allein für die aufnehmende Volkswirtschaft, nicht im Gefälle zwischen aufnehmender und abgebender Volkswirtschaft betrachtet. Auch die „Gewinn-Version" der bürgerlichen Nationalökonomie wagt nicht den Schritt, das Problem in seiner Ganzheit zu stellen, sondern beharrt auf der Einseitigkeit ihrer Betrachtungsweise, obwohl sie anerkennt, daß auf diese Weise das Problem nicht richtig angegangen wird. Aus Angst davor, daß sie dieses zwischen „Gewinn" und „Belastung" polarisierte Denken mit Sicherheit aufgeben müßte, wenn sie das Problem in seiner Komplexität betrachtete und Ausbeutungsmechanismen entdecken würde, erwähnt sie, weil das letztere gegen die von ihr vertretenen Interessen verstößt, nebenbei unkritisch die positiven Seiten der Emigration für die Entsendeländer, ohne sie jedoch gründlich zu untersuchen.

Die angedeutete wirtschaftspolitische Inkonsequenz erscheint in der Anerkennung der Gastarbeiterbeschäftigung als unabdingbare Voraussetzung des Wachstums der deutschen Wirtschaft einerseits und der Verweigerung andererseits, die Bundesrepublik als ein Einwanderungsland anzuerkennen. Auch offiziell wurde es im Juli 1971 bekanntgegeben.[33] Diese Inkonsequenz im wirtschaftspolitischen Bereich zeigt die Interessenkonstellation, die sich in dem Interessengegensatz zwischen deutscher Wirtschaft einerseits und Gastarbeitern andererseits zuspitzt. Das nationalökonomische Denken paßt in den Rahmen dieses Interessengegensatzes und versucht, die einheimischen Interessen, unter einem „wissenschaftlichen" Mantel verborgen, zu vertreten. Durch das Prinzip, „die Bundesrepublik ist kein Einwanderungsland" und das verwandte Prinzip der Rotation als Grundlage der Gastarbeiterpolitik, rechtfertigt man die Mißstände der Gastarbeiterbeschäftigung und das Ausmaß der Ausbeutung. Die Verneinung der Tatsache, daß die Bundesrepublik Einwanderungsland ist, schafft das Alibi für fehlende Infrastrukturausgaben für Wohnungen, Schulen usw. Die Nationalökonomie eilt zu Hilfe, indem sie das Pseudoproblem der Infrastruktur zu einem zentralen Problem macht. Die Frage ist jedoch nicht eine Bilanz zwischen Gastarbeiterbeschäftigung und ihren Kosten, sondern die Knappheit der Arbeitskräfte. Stellt man sich vor, daß nun durch einen Zauber die benötigten Arbeitskräfte aus Einheimischen herbeigeschafft werden könnten, würde man das Problem der Infrastrukturinvestitionen zumindest nicht in seiner jetzigen Form formulieren, solange es sich um Arbeiter fremder Nationalität handelt. Man würde auch das Problem nicht stellen, wenn sich die bundesrepublikanischen Bürger dafür entschieden, mehr Kinder zu zeugen, so daß man nach zwanzig Jahren mit einer vorteilhaften Bevölkerungsstruktur rechnen könnte, die theoretisch – nehmen wir an – die deutsche Wirtschaft in die Lage versetzen würde, auf die Dienste der Gastarbeiter zu verzichten. Gerade in diesem Fall kommt es klar zum Ausdruck, daß diese Infrastrukturkosten nicht erst durch die Gastarbeiter geschaffen werden, sondern daß sie zum Produktionsprozeß gehören und davon untrennbar sind. Es ist wirklich erstaunlich, wie die traditionelle Nationalökonomie eine künstliche Trennung macht, indem sie diese berühmten Kosten für die Infrastruktur als etwa „natürlich" betrachtet, wenn sie für die Beschäftigung der einheimischen Bevölkerung nötig sind, und sie quasi als „unnatürlich" und problematisch behandelt, sobald sie im Zusammenhang mit der Gastarbeiterbeschäftigung zur Sprache kommen. Dies zeigt, wie die bürgerliche Nationalökonomie, die sich rühmt, eine „positive", werturteilsfreie Wissenschaft zu sein, eng nationalistisch denkt und ihre Annahmen und Ergebnisse von konkret definierbaren Interessen bestimmen läßt. Denn ist der Produktionsfaktor Arbeit knapp und läßt er sich doch nicht durch Kapital ersetzen, bleibt es für die ökonomische Betrachtung irrelevant, welche Nationalität dieser Produktionsfaktor besitzt. Sobald aber die Infrastrukturkosten als von der Nationalität abhängig scheinen, werden die Schlußfolgerungen nicht allein durch ökonomische Überlegungen bestimmt. Das Problem ist eben politökonomisch, und es gibt keinen rein ökonomischen Aspekt mehr, den es tatsächlich nie gegeben hatte. Die traditionelle Nationalökonomie bekennt aber keine Farbe. Sie versucht, das Problem zu vertuschen und flüchtet in ihre „Wissenschaftlichkeit" zurück, wo sie sich in ihrer Modellwelt sicher fühlt. Die „Unwissenschaftlichkeit" der traditionellen Nationalökonomie wird damit klar. Und dies muß man immer vor Augen haben, wenn man an das Problem der Gastarbeiterbeschäftigung herangeht.

Daß es bisher keine politökonomische Analyse des Gastarbeiterproblems in seiner Ganzheit gegeben hat, sondern nur Untersuchungen, die die sozialen, soziologischen und sozialpsychologischen Aspekte des Problems beleuchten und nur sporadische Aufsätze aus dem Bereich der „positiven" Ökonomie, mag daran liegen, daß die traditionellen Nationalökonomen keinen Mut gezeigt haben, über ihren Interessen-Schatten zu springen. Die schon in der Kapitel I angedeutete Auffassung, daß es sich bei der Gastarbeiterbeschäftigung um ein strukturelles Problem handelt, eine Auffassung, die anscheinend in immer weiteren Kreisen an Boden gewinnt, erklärt vielleicht, warum erst kürzlich von offizieller Seite her eine Vielzahl von Studien der volkswirtschaftlichen Problematik der Ausländerbeschäftigung in Auftrag gegeben wurde. Es besteht berechtigter Anlaß für die Annahme, daß die meisten dieser Untersuchungen auf den oben geschilderten traditionellen Denkmustern durchgeführt werden.[34] Vorliegende Ausführungen werden daher weiterhin aktuell bleiben. Es wird sich im Gegenteil zeigen, daß jegliche andere Untersuchung ohne eine grundlegende politökonomische Analyse nur Teilaspekte des Problems berührt.

Kapitel III
Die Gastarbeiterbeschäftigung in den kapitalistischen Ländern Westeuropas

Stellt man nun das Problem richtig, indem man nicht nach den Effekten, Vor- oder Nachteilen, sondern nach den Gründen der Gastarbeiterbeschäftigung fragt, stößt man auf ein sehr wichtiges Phänomen: nämlich, daß die Arbeitskräfte-Knappheit – wenn auch jeweils aus verschiedenen Gründen – ein allgemeines Phänomen der kapitalistischen Entwicklung der Industrieländer Europas ist und daß demzufolge die Gastarbeiterbeschäftigung eine unabdingbare Voraussetzung für das wirtschaftliche Wachstum in diesen Ländern geworden ist.[35] Eine zweite Bemerkung ist in diesem Zusammenhang wichtig: die Gastarbeiterbeschäftigung nimmt einerseits in den meisten westeuropäischen Ländern tendenziell zu; diese Zunahme wird auch in den volkswirtschaftlichen Prognosen als eine gegebene Größe für die Zukunft berücksichtigt. Andererseits werden immer mehr Länder von dieser Arbeitskräfteknappheit erfaßt. Welche Bedeutung und welche Konsequenzen diese Tendenzen haben, werden wir im Kapitel V untersuchen. Wir wollen in diesem Kapitel kurz einen Blick in die Entwicklung der wichtigsten Länder Europas werfen. Erst in diesem Rahmen werden die Größe, die Dimensionen und die Zusammenhänge des Gastarbeiterproblems auch in der Bundesrepublik signifikant.

1. Das allgemeine Bild

Jeweils mit einer Verschiebung des Hauptgewichts wurden die Gastarbeiter in den europäischen Industrieländern in den Zweigen Industrie, Bauwirtschaft und Dienstleistungen eingesetzt.[36] Eine dynamische Entwicklung der verschiedenen Wirtschaftssektoren – dank einer Steigerung der Nachfrage wegen der Erweiterung der Märkte – hat dazu geführt, daß die vorhandenen Arbeitsreserven in jedem Land nicht ausgereicht haben, um den Bedarf an Arbeitskräften, und zwar an qualifizierten Arbeitskräften, zu decken. Trotz Abwanderung aus der Landwirtschaft und trotz der schnellen Entwicklung des technischen Fortschritts, die arbeitssparende und produktivitätssteigernde Wirkungen hatte, entstanden Lücken auf dem Arbeitsmarkt, die nur durch den Import von Gastarbeitern ausgefüllt werden konnten.[37] Nur so konnte in diesen Ländern das Sozialprodukt wachsen und damit der Lebensstandard der einheimischen Bevölkerungen angehoben werden.[38] Kindleberger führt eigentlich das einmalige Wachstum der europäischen Industrieländer in der Nachkriegszeit gerade auf das vorhandene große Angebot an Arbeitskräften zurück.[39] Folgende Tabellen geben Angaben über das Ausmaß der Einwanderung in den Industrieländern Europas.

Tabelle III – 1
Gastarbeiter in europäischen Ländern aus Südeuropa

	Insgesamt	Italiener	Spanier	Griechen	Türken	Portugiesen	Jugoslawen	Sonstige*
Bundesrepublik (1970)	1 964 000	360 000	170 000	251 000	373 000	47 000	415 000	448 000
Schweiz (1970)	983 000	527 000	102 000	9 000	12 000	2 000	23 000	308 000
Frankreich (1968)	3 009 000	632 000	668 000	11 000	7 000	367 000	43 000	1 281 000
Niederlande (1969)	66 600	9 500	11 500	1 500	15 400	2 200	3 000	23 500
Belgien (1969)	456 000	176 000	48 000	14 000	11500	4 500	3 500	198 500
Schweden (Juli 1970)	218 649	4 804	2 700	7 550	2 217	–	20 013	181 365
Großbritannien (1968)	1 913 000	21 000	21 500	4 000	3 000	4 500	2 500	1 856 500
Österreich (1967)	60 500	1 500	500	500	6 500	–	45 500	6 000

Quelle: Für Schweden: Statistisches Material, das von Statens Invandrarverk, Stockholm, dem Verfasser zur Verfügung gestellt wurde, die übrigen Zahlen aus: Europa-Rat, in: L. Winter: Fabriken exportieren ist besser, in: „Business“, Okt. 1971, S. 64.

* Für die Schweiz und die Bundesrepublik auch Grenzgänger, für Frankreich Nordafrikaner, für die Niederlande auch Indonesier, für Schweden hauptsächlich Finnen, für Großbritannien New Commonwealth-Einwanderer.

Tabelle III – 2
Gastarbeiter in Prozent der Gesamtbevölkerung und der Erwerbstätigen

		Gesamtbevölkerung	Erwerbstätige
Bundesrepublik Deutschland	1969	3,8	10,00 (1971)*
Schweiz	1969	15,8	28,00
Frankreich	1970	6,3	6,27
Niederlande	1969	1,6	2,20
Belgien	1968	7,0	5,00
Schweden	1969	4,6	5,00
Großbritannien	1966	4,7	6,00
Luxemburg	1967	24,0	21,00

Quelle: Ten Years of Intra-European Migration, in Statistical Supplement to „Migration News", Nov.-Dec. 1970, No. 77, Tab. 5.

* Aus H. Salowsky: Gesamtwirtschaftliche Aspekte der Ausländerbeschäftigung, Beiträge des Deutschen Industrieinstituts, 9. Jg., 1971, Heft 10/11, Köln, S. 9.

Tabelle III – 2 gibt ein Bild der Größenordnung der Ausländerbeschäftigung in den wichtigsten Industrienationen Westeuropas. Tabelle III – 3 belegt eine schon bekannte Tatsache, d. h. daß die Wanderungsbilanz für die Industrieländer Europas positiv, für die südeuropäischen Länder jedoch negativ in den letzten Jahrzehnten gewesen ist. Es ist ersichtlich, daß die Bundesrepublik am meisten davon profitiert hat. Der Gewinn von Frankreich und der Schweiz ist kleiner gewesen wegen des großen Teils der Saison- und Grenzarbeiter an der Gesamtzahl der ausländischen Arbeitskräfte.[40] Tabelle III – 1 gibt Auskunft über den Anteil der Gastarbeiter aus südeuropäischen Ländern in den Industrieländern Europas. Wichtig ist für manche Länder, wie Frankreich, Schweden oder Großbritannien, die Spalte „Sonstige". In Frankreich sind darunter Algerier, Marokkaner und Schwarzafrikaner enthalten. So kommt z. B. die Zahl der Algerier in Frankreich auf knapp 300 000,[41] die Zahl der skandinavischen Arbeiter in Schweden auf 140 228, wovon 107 494 aus Finnland kommen.[42] Das Bild in Großbritannien ist vielseitiger. Sucht man nun nach den Gründen dieser Entwicklung in den einzelnen Ländern, so stellt man folgendes fest:

2. Die Schweiz

In der Schweiz wird die rapide Zunahme der Ausländerbeschäftigung auf demographische und ökonomische Faktoren zurückgeführt. Hagmann bemerkt dazu, daß die Nachfrage nach Arbeitskräften primär auf die Zunahme der Exporte zurückgeht, die einen inflationistischen Prozeß eingeleitet hat. So stieg zwischen 1950 und 1964 die Zahl der Erwerbstätigen um 2,1 % pro Jahr – die Zahl der Ausländer stieg um 1,6 % pro Jahr – und gleichzeitig die Produktivität um 3,8 % pro Jahr. Dies bedeutet zu konstanten Preisen von 1950 eine Steigerung der Produktionskapazität um 5,9 % jährlich, während die monetäre Nachfrage in derselben Zeit um 7,9 % jährlich zunahm. Gliedert man die Nachfrage nach ihren Bestandteilen, so stellt man fest, daß die Nachfrage nach Investitionen eine Steigerung von 12,8 % jährlich in der gleichen Periode aufweist, während die entsprechende Steigerung pro Jahr 8,1 % für die Nachfrage nach Konsumgütern aus dem Ausland und 13,8 % für die Nachfrage des Inlandes war (7,7 % des öffentlichen und 6,1 % des privaten Sektors). Hervorgehoben werden muß der Beitrag des Bundes an der Konjunktur nach 1961 (Zuwachsraten der öffentlichen Ausgaben für Konsum 3 % für 1953–1960 und 9 % für 1961–1964), der darauf zurückgeht, daß die Regierung in der ersten Nachkriegszeit eine antizyklische Politik getrieben hat.[43] Wenn nun nach Hagmann die Zunahme der privaten Investitionen der Hauptgrund der Steigerung der Nachfrage nach ausländischen Arbeitskräften ist,[44] so müssen auch die demographischen Faktoren mitberücksichtigt werden. Zuerst hat der Fruchtbarkeitsrückgang in der Schweiz schon seit dem Anfang des 20. Jahrhunderts und seit 1925 in zunehmender Form dazu beigetragen, daß sich die Bevölkerungsstruktur zuungunsten der produktiven Altersgruppen (20 bis 64 Jahre) in Richtung einer sogenannten Veralterung der Bevölkerung geändert hat. Darüber hinaus haben die Verminderung der Arbeitszeit und ein Rückgang des Prozentanteils der erwerbstätigen Frauen die Wirkung gehabt, daß eine Lücke auf dem Arbeitsmarkt entstand, die trotz Abwanderung aus der Landwirtschaft, Steigerung der Produktivität und der Fruchtbarkeit zwischen 1940 und 1950 nicht aus einheimischen Kräften gedeckt werden konnte.[45] Es muß betont werden, daß die Zuwanderung ausländischer Arbeitskräfte für die Schweiz kein neues Phänomen ist. Schon 1895 machten die Gastarbeiter 12,7 % der Gesamtzahl der Beschäftigten und 1911 sogar 22,3 % aus.[46] In der Nachkriegszeit ist jedoch eine Strukturänderung zu bemerken, die in die Richtung geht, daß die Schweizer die Landwirtschaft, den Bau- und den Bergbausektor, die Textilindustrie und den Dienstleistungssektor verlassen, während ihre Plätze von Ausländern besetzt werden. Tabelle III – 4 zeigt, wie sich der Trend artikuliert. Kindleberger nennt auch Zahlen, wonach im Jahre 1960 nur 44 % der männlichen und 44 % der weiblichen einheimischen Erwerbstätigen Arbeiter waren, während die entsprechenden Zahlen für die Gastarbeiter 85 %

Tabelle III – 3
Netto-Effekt der Wanderungsbewegungen in Europa

	1960	1961	1962	1963	1964	1965	1966	1967	1968	1969
Bundesrepublik	336	419	283	237	302	343	132	–177	279	579
Schweiz	76	101	88	57	48	–1	19	31	5	20
Frankreich	140	180	860	175	145	70	85	52	100	150
Niederlande	–13	6	17	8	12	18	19	–13	5	20
Belgien	7	–1	19	35	49	31	21	19	6	7
Schweden	8	13	9	10	21	33	25	8	18	44
Großbritannien	67	124	71	28	–22	–45	–40	–52	–11	–
Luxemburg	0,6	2,4	2,8	1,6	3,1	1,8	0,7	–0,5	0,7	1,7
Italien	–93	–144	51	164	80	–13	–109	–125	–130	–57
Spanien	–138	–133	–120	–127	–159	–86	49	–71	–53	–
Griechenland	–26	–19	–49	–56	–43	–32	–5	6	–1	–
Portugal	–68	–32	–55	–49	–47	–3	–13	–39	–2	–

Quelle: Ten Years of Intra-European Migration (1960–69), in Statistical Supplement to „Migration News", Nov.-Dec. 1970, No. 77, Tab. 6.

und 84 % waren. Die Prozentanteile für die Kategorie „Angestellte" waren 23 % (Männer) und 34 % (Frauen) für die Schweizer und 11 % (Männer) und 13 % (Frauen) für die Ausländer.[47] Der Endeffekt dieser strukturellen Veränderungen besteht nun in dem Aufsteigen der einheimischen Arbeiter in höhere Posten und Berufe, was sich dann auch in veränderten Einkommensverhältnissen ausdrückt.[48]

Tabelle III – 4
Prozentualer Anteil der Gastarbeiter an der Gesamtzahl der Beschäftigten nach Wirtschaftszweig in der Schweiz, 1950–1961

	1950	1961
Lebensmittel	7,1	24,9
Textilien	12,1	41,3
Bekleidung	12,3	49,2
Zubehör	2,7	26,0
Holz	4,6	31,8
Papier	5,4	24,9
Druck	4,9	16,4
Leder und Gummi	7,3	39,3
Chemikalien	3,9	12,8
Ton, Erde	10,5	43,6
Metallbearbeitung	4,8	35,0
Maschinenbau und Ausrüstung	4,7	29,3
Uhren und Juwelen	3,3	13,6
Musikinstrumente	6,9	29,6
Elektrizität, Gas, Wasser	0,6	1,2
Insgesamt:	6,7	30,3

Quelle: Lutz: Foreign Workers and Domestic Wage Levels, a.a.O., S. 58

3. Frankreich

In Frankreich erklären die demographischen Faktoren die durch den technologischen Fortschritt herbeigeführten strukturellen Änderungen und das Wachstum der Wirtschaft die Zunahme der Ausländerbeschäftigung in der Nachkriegszeit.[49] Auch in Frankreich ist die Zuwanderung von Arbeitskräften kein neues Phänomen.[50] Das Merkmal der neuen Einwanderungsquelle ist jedoch das Ausmaß der Einwanderung und der Herkunftsort der Einwanderer, nämlich die südeuropäischen Länder. Wie aus Tabelle III – 5 ersichtlich ist, ist das Jahr 1956 der Wendepunkt des Einwanderungszustroms in Frankreich, wobei nach 1960 eine Abnahme der Gastarbeiter aus Spanien und Italien und eine Zunahme derjenigen aus Marokko, Portugal, Tunesien und Jugosla-

Tabelle III – 5
Zahl der Einwanderer (travailleurs permanents) nach Jahr und Nationalitäten in Frankreich

Jahr	Spanier	Italiener	Marokkaner	Portugiesen	Tunesier	Jugoslawen	Insgesamt
1946	–	27 831	1 439	–	–	–	30 171
1949	–	36 889	–	–	–	–	58 782
1950	650	6 083	–	72	–	–	10 925
1951	804	15 919	1 308	260	–	–	20 996
1955	2 204	14 246	–	949	–	–	19 029
1956	8 823	52 782	–	1 432	–	–	65 428
1957	23 096	80 385	–	4 160	–	–	111 693
1961	39 623	23 808	3 924	6 716	–	–	78 927
1962	63 535	21 516	8 626	12 916	–	490	113 069
1964	66 269	11 393	17 502	43 751	2 730	3 947	153 731
1965	49 865	18 043	15 494	47 330	5 776	6 656	152 063
1966	33 448	13 379	14 331	44 916	6 631	10 035	131 725
1969	23 847	6 498	19 335	80 829	14 925	11 270	167 802
Insges.	475 580	576 980	123 872	347 513	42 705	52 066	1 792 038

Quelle: Material von Herrn G. Rocheau während des Seminars in der Thomas-Morus-Akademie in Bensberg vom 4.–6. 6. 1970 zur Verfügung gestellt.[55]

wien zu beobachten ist.[51] Die Immigrationspolitik der französischen Regierungen in der Nachkriegszeit hat dazu beigetragen, daß die Fruchtbarkeitsrate, die vor dem Krieg niedrig war, stieg. Dadurch wurde jedoch die Tendenz zur Veralterung der Bevölkerung nicht abgeschwächt.[52] Cinanni bemerkt mit Recht,[53] daß sich die demographischen Gründe von den ökonomischen Gründen nicht trennen lassen. Wenn es zutrifft, daß die Immigrationspolitik Frankreichs darauf gerichtet war, durch Begünstigung der Einwanderung die Fruchtbarkeitsrate positiv zu beeinflussen und die Bevölkerung zukünftig zu verjüngen,[54] so ist gleichzeitig eine enge Korrelation zwischen konjunkturellem Aufschwung und Zunahme der Ausländerbeschäftigung zu beobachten.

Aus Tabelle III – 5 sieht man eindeutig, daß jedesmal, wenn die Konjunktur in der französischen Wirtschaft nachgab, wie nach 1949, 1956, 1965, die Nachfrage nach Gastarbeitern abnahm.[56] Wie in der Schweiz füllen die Gastarbeiter auch in Frankreich die Lücken, die die einheimischen Arbeiter durch eine vertikale und horizontale Mobilität nach höheren und besser bezahlten Posten und Arbeiten offen lassen. So gingen 42,5 % der im Jahre 1964 zugewanderten Ausländer in den Zweig Bau und öffentliche Arbeiten, 11,5 % in den Zweig „Mechanik" und 8,5 % in die Haushaltsbeschäftigung.[57] Der größte Teil der Einwanderer besteht aus Hilfsarbeitern. So waren am 30. 9. 1968 53,6 % der Nordafrikaner in Frankreich Hilfsarbeiter und 32,9 % angelernte Arbeiter.[58] 54 % der Algerier im selben Jahre waren Hilfsarbeiter und 33,6 % angelernte Arbeiter.[59] Auch in Frankreich läuft der Einwanderungsstrom gleichzeitig mit der Abwanderung von Arbeitskräften aus der Landwirtschaft, Steigerung der Produktivität und Steigerung der Löhne.[60]

4. Die Niederlande

Der Fall der Niederlande ist um so interessanter, als die Niederlande nach dem Zweiten Weltkrieg die Emigration förderten.[61] Erst 1960, nachdem der von den traditionellen Industriezentren ausgehende Industrialisierungsprozeß bisher nicht entwickelte Regionen erfaßt hatte, wurde eine Spannung zwischen Angebot und Nachfrage in bezug auf Arbeitskräfte auf dem Arbeitsmarkt spürbar, die die einheimischen Arbeiter in die Lage versetzte, die 45-Stunden- und Fünf-Tage-Woche durchzusetzen. Ab 1961 mußte man auch in den Niederlanden ausländische Arbeitskräfte importieren.[62] Es muß an dieser Stelle betont werden, daß die Niederlande eine der größten Wachstumsraten der Bevölkerung in Europa aufweisen.[63] So ist es auf die seit 1959 mit kleinen Schwankungen anhaltende Hochkonjunktur zurückzuführen, daß die einheimischen Arbeitsreserven ausgeschöpft wurden und daß die Zahl der Gastarbeiter aus Italien, Spanien, Portugal, Griechenland und der Türkei, mit denen die Niederlande Anwerbungsabkommen abschloß, rasch stieg. Wie aus den Tabellen III – 2 und III – 3 hervorgeht, ist noch der Prozentanteil der Ausländer an der Gesamtbevölkerung und an der Zahl der Erwerbstätigen im Vergleich zu anderen Ländern klein. Die niederländische Regierung hat in ihrer am 14. 1. 1970 abgegebenen Erklärung die Zuwanderung von Gastarbeitern als strukturell notwendig für die niederländische Wirtschaft bezeichnet und die Ansicht vertreten, daß man auf die ausländischen Arbeitskräfte auch in einer wirtschaftlichen Stagnation nicht verzichten kann, ohne die Beschäftigung der inländischen Arbeitnehmer zu gefährden. Merkwürdigerweise betrachten sie aber gleichzeitig die Ausländerbeschäftigung vielmehr als eine kurzfristige Lösung der Arbeitsknappheit.[64] Der wirtschaftliche Schwung der niederländischen Wirtschaft jedoch und die Begrenztheit der noch vorhandenen Arbeitsreserven in der Landwirtschaft und in der weiblichen Bevölkerung sprechen dafür, daß die Ausländerbeschäftigung kein vorübergehendes Problem ist.[65] Erst jetzt wird man sich dessen auch in den Niederlanden bewußt.

5. Belgien

Belgien war schon vor 1960 gezwungen, Gastarbeiter aus Italien (1954), Griechenland (1957) und Spanien (1958) für die Kohlengruben zu importieren. Später jedoch wuchsen die Bedürfnisse nach Arbeitskräften auch anderer Industriezweige, wie Metall, Bau, die Dienstleistungen, Textil oder Chemie, so daß mehrere Gastarbeiter aus südeuropäischen Ländern und aus Nordafrika importiert werden mußten, damit man den auf dem Arbeitsmarkt wegen eines langsamen Bevölkerungswachstums entstandenen Spannungen entgegentreten konnte. Kindleberger führt die kleinen Wachstumsraten der belgischen Wirtschaft in der Nachkriegszeit auf das begrenzte Arbeitsangebot zurück.[66] Die vorhandenen Angaben sprechen jedoch vielmehr dafür, daß andere Gründe, die mit der Konjunktur und den Strukturänderungen der belgischen Wirtschaft zu tun haben, für die Verminderung der Einwanderung ausländischer Arbeitskräfte in den letzten Jahren verantwortlich sind.[67] Immerhin und trotz der Abnahme des jährlichen Zuwachses der Gastarbeiter und einer relativen Stabilität der Arbeitslosenquote auch nach dem seit 1968 erfolgten Aufschwung, Phänomene, welche auf Rationalisierungsmaßnahmen zurückgehen, betonen die OECD-Experten, daß in Anbetracht der Bevölkerungsentwicklung in Belgien und in den benachbarten Ländern die Perspektiven für eine Gastarbeiterbeschäftigung langfristig positiv zu beurteilen sind, ferner, daß es notwendig sein wird, die Einwanderung zu organisieren.[68]

6. Schweden

Der Fall Schweden ist auch ein eindeutiges Beispiel dafür, daß die Ausländerbeschäftigung mit den strukturellen Veränderungen der Wirtschaft im Spätkapitalismus in Zusammenhang steht. Bekanntlich hat Schweden immer einen großen Quotient von ausländischen Arbeitnehmern aus den übrigen skandinavischen Ländern gehabt, wobei zahlenmäßig die Finnen überwiegen. Das Arbeitsangebot wurde auch nach dem letzten Weltkrieg durch die Aufnahme zahlreicher Flüchtlinge aus europäischen Ländern erweitert.[69] Die strukturellen Änderungen in der Wirtschaft haben in den letzten zwei Jahrzehnten dazu geführt, daß die Arbeitslosigkeit sehr niedrig gewesen ist und daß sich Schweden genötigt sah, wie auch die anderen europäischen Länder, auf die Arbeitsreserven der südeuropäischen Länder zurückzugreifen. So stieg die Zahl der Gastarbeiter aus diesen Ländern von 10 400 im Jahre 1964 auf knapp 31 000 im Jahre 1968, wobei die größten Wachstumsraten die Griechen, Jugoslawen und Türken aufweisen (6-mal oder 7mal soviel wie 1964).[70] Wie aus den Tabellen III – 1, III – 2 und III – 3 ersichtlich ist, hat Schweden schon die Ausländerquote anderer europäischer Länder erreicht, wie z. B. Belgien und Frankreich. Auch in Schweden werden diese südeuropäischen Arbeitskräfte in der Industrie und im Dienstleistungssektor als Hilfskräfte beschäftigt.[71] Je nach Konjunkturablauf ging die Zahl der ausländischen Arbeitnehmer temporär zurück, wie etwa nach 1953, 1957/58, 1967; der Trend ist aber aufwärtsgehend, und der Prozentanteil der Südeuropäer und der Nordafrikaner steigt ständig. Olsson bemerkt, daß in Zukunft der Mangel an Fachkräften das Problem sein wird, das wegen der zu erwartenden Abnahme des Arbeitsüberschusses in Finnland infolge der wirtschaftlichen Entwicklung des Landes in den nächsten Jahren allmählich akut wird.[72] Wohlgemerkt ist die Tendenz auch in Dänemark und in Norwegen die gleiche, obwohl die Größenordnung der Inanspruchnahme von südeuropäischen Gastarbeitern bisher nur in Ansätzen vorhanden ist.[73]

7. Großbritannien

Auch in England, das nach den Angaben der Tabelle III – 3 ab 1964 eine negative Bilanz in der Wanderungsbewegung aufweist, sind die Entwicklungen nicht anders verlaufen. In der Nachkriegszeit hat auch in England Vollbeschäftigung geherrscht, mit zeitweisem Nachlassen der Konjunktur und Steigerung der Arbeitslosigkeit. Auch in England jedoch ist der Mangel an Fachkräften akut geworden, obwohl das Bild regional sehr unterschiedlich aussieht. In Nordengland, Schottland und Wales z. B. sind die Arbeitslosenraten höher als in anderen Gebieten gewesen, was mit der Wirtschaftsstruktur dieser Regionen zusammenhängt.[74] War nun früher England ein Emigrationsland, so hat sich die Situation in der Nachkriegszeit geändert. Durch eine vertikale Mobilität wurden Plätze in den unteren Stufen frei gemacht, die durch Farbige aus dem Commonwealth besetzt wurden.[75] Obwohl durch das Race Relations Act von 1968 die Einwanderung weitgehend begrenzt wurde, rechnet die OECD-Studie in Zukunft mit Mangel auf dem Arbeitsmarkt und nur mit beschränkten Reserven, bestehend aus Frauen und älteren Männern.[76] Der Eintritt Großbritanniens in die EWG stellt es vor neue Probleme in bezug auf die Einwanderung, die ich hier nicht zu diskutieren brauche.[77]

8. Österreich

Schließlich begann auch Österreich nach dem Boom von 1965–66, ausländische Arbeitskräfte in größerem Maße zu importieren. Nach einem Rückgang während der Flaute von 1967–68 nahm die Zahl der Gastarbeiter rapide zu und erreichte im September 1970 den Stand von 87 000. Davon waren 66 400 Jugoslawen und 12 300 Türken. Die Ausländer werden hauptsächlich in der Industrie beschäftigt.[78]

Dieser kurze Überblick hat die eingangs erwähnten Beobachtungen bestätigt. Darüber hinaus kann aber auch festgestellt werden: erstens, daß die Gastarbeiterbeschäftigung – obwohl strukturell bedingt – weitgehend konjunkturabhängig ist (Frankreich, Belgien, Schweden); zweitens, daß in den meisten Ländern, mit auffallender Ausnahme der Niederlande, auch die demographischen Entwicklungen eine große Rolle für die Arbeitsknappheit gespielt haben; drittens, daß die vorhandenen und potentiellen Arbeitsreserven in den Industrieländern Europas, bestehend aus Hausfrauen, Bauern und älteren Personen, minimal sind. Die Ergebnisse dieses Kapitels sind aber sehr wichtig. Sie bestätigen die Auffassung, daß die Gastarbeiterbeschäftigung kein Problem der Wirtschaftsentwicklung eines Landes ist, sondern daß es nur im Rahmen der Entwicklung des Kapitalismus zu erfassen und zu erklären ist. Ich werde versuchen, die Feststellungen dieses Kapitels an Hand der Ergebnisse aus der Untersuchung der Entwicklungen in der Bundesrepublik im nächsten Kapitel zu prüfen. Die detailliertere Diskussion des nächsten Kapitels soll uns jedoch nur dazu verhelfen, die einzelnen Probleme zu begreifen. Daß sie keine bundesrepublikanischen Probleme allein sind, werde ich durch Hinweise auf ähnliche Probleme in den anderen Ländern zu beweisen versuchen.

Kapitel IV
Die Gastarbeiterbeschäftigung in der Bundesrepublik

1. Historische Einführung

Bekanntlich sind die Gastarbeiter in der Bundesrepublik kein neues Phänomen. Schon 1907 betrug die Ausländerquote 3,4 % der Gesamtzahl der Erwerbspersonen.[79] Waren nun diese Arbeiter hauptsächlich Saisonarbeiter aus den benachbarten Ländern, die in der Industrie, aber auch weitgehend in der Landwirtschaft die entstehenden Lücken auf dem Arbeitsmarkt deckten, so wurden die Fremdarbeiter im nationalsozialistischen Deutschland unter dem Zwangsarbeitssystem ein integrierter Teil der deutschen Wirtschaft. Die Bedeutung der Fremdarbeiter für die Kriegswirtschaft Nazi-Deutschlands ist nicht hinreichend bekannt. Ich möchte diesbezüglich auf eine ältere, schon in Vergessenheit geratene Studie des Internationalen Arbeitsamtes,[80] wie auch auf die gründliche Untersuchung von Eva Seeber hinweisen, die die Deportation polnischer Bürger behandelt und die Beziehung zwischen deutschem Monopolkapital und dem Zwangsarbeitssystem verdeutlicht.[81]

In der Nachkriegszeit war zuerst eine Emigrationswelle zu beobachten,[82] die sich kurz danach in der Rekonstruktionsperiode in eine Immigrationswelle umwandelte. Bis Anfang der sechziger Jahre waren diese Einwanderer Heimatvertriebene aus den Ostgebieten und Flüchtlinge aus der DDR. Es war dieser Zustrom von Arbeitskräften, der das Wachstum der deutschen Wirtschaft förderte und den Wiederaufbau ermöglichte.

Die Schließung der Grenze durch die Errichtung der Mauer in Berlin im August 1961 stoppte die Arbeitskräftezuwanderung und führte dazu, daß die Bundesrepublik auf die Arbeitskräfte der südeuropäischen Länder zurückgriff. Der Aufbau einer eigenen Wehrmacht verstärkte noch die Arbeitskräfteknappheit. Wenn es auch Gastarbeiter aus Italien, Spanien und Griechenland schon vor 1960 in der Bundesrepublik gab, so war ihre Zahl jedoch sehr begrenzt. Die Ausländerquote lag noch im Juli 1959 unter 1 %. Nach der Unterzeichnung der Römischen Verträge, der Gründung der EWG, nahm die Zahl der italienischen Gastarbeiter in der Bundesrepublik rapide zu, obwohl ein Regierungsabkommen mit Italien schon am 20. 12. 1955 unterzeichnet worden war. Im Juli 1958 betrug ihre Zahl noch 25 609, im Juli 1959 stieg sie auf 48 809 und im Juli 1960 auf 121 685. Im September 1960, innerhalb von zwei Monaten also, nahm sie um weitere 23 000 zu.[83] Die Verträge mit Spanien (29. 3. 1960) und Griechenland (30. 3. 1960), mit der Türkei (30. 10. 1961), Marokko (21. 5. 1963), Tunesien (18. 10. 1965), Portugal (17. 3. 1964) und später mit Jugoslawien (12. 10. 1968) haben den Zugang zu den vorhandenen Arbeitsreserven in diesen Ländern ermöglicht und die

Deckung des Bedarfs an Arbeitskräften gesichert. Die Tabelle IV – 1 ist so zusammengestellt, daß man daraus das sprunghafte Ansteigen der Gastarbeiterzahl aus den verschiedenen Ländern in dem dem jeweiligen Abkommen folgenden Jahr ablesen kann. In der Abb. IV – 1 ist das Jahr der Abkommensunterzeichnung mit dem betreffenden Land mit einem Pfeil gekennzeichnet. Man sieht, wie flach die Kurven bis zur Zeit des Vertragsabschlusses verlaufen und wie steil sie danach ansteigen. Bemerkenswert ist auch die relative Abflachung der Kurven nach der Rezession von 1967/68, stärker bei Italienern und Portugiesen und weniger stark bei Griechen und Spaniern. Im Gegensatz dazu steigen die Kurven der Jugoslawen und der Türken fast vertikal, was praktisch auf die Verlagerung des Angebots an Arbeitskräften auf diese zwei letztgenannten Länder hinweist. Erst seit 1969 wird in den Statistiken der Bundesanstalt für Arbeit auch Tunesien getrennt angeführt. 1969 wird die Zahl der vermittelten tunesischen Arbeitnehmer mit 956 angegeben. 1970 (September) ist deren Zahl auf 6218 gestiegen.[84] Ende März 1972 betrug die Zahl der Tunesier schon 10 378, diejenige der Marokkaner 12 458.[85] Das in der Tabelle Eingerahmte zeigt den obersten Punkt des Zyklus im Juni 1966, als die Ausländerquote ihren höchsten Wert erreichte (6,1 %), und den tiefsten Punkt der Rezession, die „Talsohle" (Januar 1968), als die Ausländerquote mit 4,3 % auf den niedrigsten Punkt fiel. Danach folgte ein Aufwärts-Trend. Die Zahl der Gastarbeiter erreichte im Juni 1971 2,16 Mio. und die Ausländerquote damit 10 %. Ende März 1972 war die Zahl der in der Bundesrepublik beschäftigten Ausländer auf 2,2 Mio. gestiegen.[86]

Um die Frage beantworten zu können, warum sich auch die Bundesrepublik genötigt sah, ausländische Arbeitskräfte einzuführen, muß man einmal die Ausländerbeschäftigung in Hinblick auf die erfolgten strukturellen Änderungen und in Zusammenhang mit dem Wachstum der Wirtschaft untersuchen und darüber hinaus die demographischen Faktoren berücksichtigen. Weiterhin soll man die Ausländerbeschäftigung unter konjunkturellem Aspekt untersuchen, um festzustellen, wieweit sie vom Konjunkturverlauf abhängig ist. Erst die Klärung dieser Fragen wird es ermöglichen, das Problem des Einflusses der Gastarbeiter auf Produktivität und Rationalisierung, auf Löhne und auf Infrastruktur anzugehen.

2. Das Wachstum bis 1960

Während einige Forscher aus dem Studium der Einwanderung in die Vereinigten Staaten zum Ergebnis kommen, daß in diesem Lande die ökonomischen Entwicklungen bestimmend für die Wanderungsbewegung des 19. Jahrhunderts von Europa nach Amerika waren (pull-Faktoren), stellt Thomas in einer detaillierten Analyse fest, daß sich die pull- und push-Faktoren abgewechselt haben.[87] Interessant ist jedoch

Tabelle IV – 1
Zahl der Gastarbeiter in der Bundesrepublik in Tausend

		Italiener	Griechen	Spanier	Türken	Portug.	Jugosl.	Insges.
1957	Juli	19,0	1,8	0,9	–	–	2,7	108,1
1958	Juli	25,6	2,8	1,4	–	–	4,8	127,0
1959	Juli	48,8	4,0	2,1	–	–	7,3	166,8
1960	Juli	121,6	13,0	9,4	2,4	0,2	8,8	279,3
1961	Juni	218,0	43,9	50,9	– (10,1 Jan.)	–	–	507,4
1962	Juni	265,9	69,1	87,3	15,3	1,4	23,6	655,4
1963	Juni	299,2	106,1	117,4	27,1	2,2	44,4	811,2
1964	Juni	289,2	143,8	144,2	69,2	3,4	53,0	932,9
1965	Juni	359,7	181,6	180,5	121,1	10,5	64,0	1 164,3
1966	Juni	399,1	196,2	185,3	157,9	19,8	96,6	1 314,0
1968	Januar	227,6	132,6	106,4	123,3	16,7	84,8	903,5
1969	Juni	340,2	174,3	133,5	212,9	26,3	226,2	1 372,0
1970	Juni	374,9	229,3	165,8	327,9	40,2	388,9	1 838,8
1971	Juni	405,0	261,5	183,6	424,3	55,2	469,1	2 168,7

Quelle: Amtliche Nachrichten der Bundesanstalt für Arbeit, Arbeitsstatistik 1971, Sondernummer, August 1972, S. 36.

Abb. IV – 1
Entwicklung der Zahl der Gastarbeiter in der BRD nach Nationalitäten

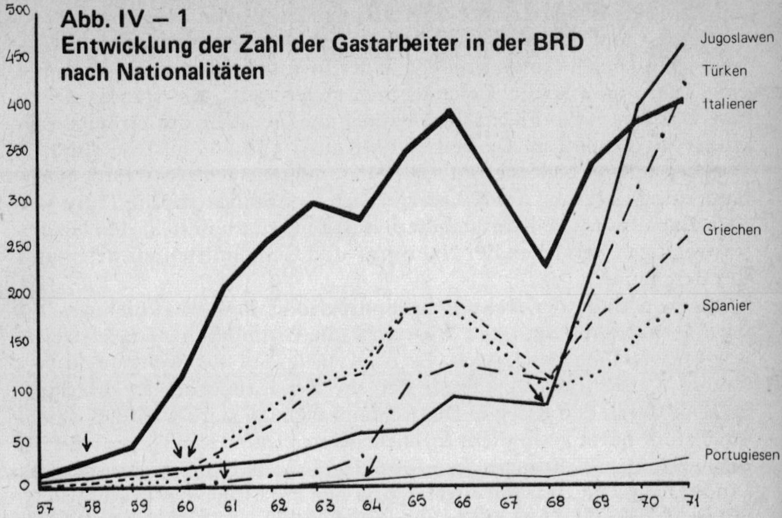

Quelle: Tab. IV – 1

sein Gesamtergebnis, daß es gerade dank der Masseneinwanderung aus Südeuropa um die Jahrhundertwende den Vereinigten Staaten gelang, ihre Kapitalstruktur zu erweitern, den technischen Fortschritt auszunutzen und die Grundlagen für die moderne Entwicklung zu schaffen.[88] Bezüglich Australiens stellt Borrie fest, daß ohne die Einwanderung die industrielle und technische Entwicklung dort in der Nachkriegszeit unmöglich gewesen wäre.[89]

Obwohl sich die Einwanderungsbewegung in den zwei eben genannten Ländern über lange Zeitabschnitte erstreckt und ein Vergleich mit der Nachkriegserfahrung in den europäischen hochindustrialisierten Ländern nicht möglich erscheint, kann man jedoch bei näherer Betrachtung nicht über die Tatsache hinwegsehen, daß die Mechanismen und Verhältnisse, obwohl jeweils modifiziert, die gleichen sind.[90] Wie es Janossy ausdrückt, ist der wahre Träger der wirtschaftlichen Entwicklung die Entwicklung des Menschen selbst, und die ökonomische Entwicklung eines Landes hängt von der Entfaltung der Arbeitskraft ab.[91]

Wenn man die bundesrepublikanische Entwicklung in der Nachkriegszeit genau betrachtet, stößt man auf das vielgepriesene „Wirtschaftswunder". Die Kriegsfolgen wurden durch eine Strategie der ungleichmäßigen Einkommensverteilung auf Kosten der Arbeitnehmer, aber auch zu Lasten „der breiten Schichten von Pensionären, alten Leuten, Vertriebenen und Arbeitslosen", überwunden, wie ein früher Forscher der Nachkriegsentwicklung in der Bundesrepublik, der Amerikaner Henry C. Wallich, feststellt.[92] Die deutschen Monopole, deren Konzentrationsgrad in der Vorkriegszeit den der meisten anderen kapitalistischen Länder übertraf, fanden besonders günstige Verwertungs- und Realisierungsbedingungen vor: gewaltige Kapazitätsreserven einerseits, insbesondere in der Investitionsgüterindustrie, und eine große industrielle Reservearmee andererseits, die ständig durch den Zustrom von Flüchtlingen zunahm. Die Zahl der Arbeitslosen stieg von 760 000 im Dezember 1948 auf 1 538 000 im Juni 1950.[93] Darüber hinaus bedeutete der Bevölkerungszuwachs in Westdeutschland eine Steigerung der Nachfrage nach Konsumgütern; die Folge war eine Expansion der Konsumgüterindustrien, zumindest in den lebensnotwendigen Bereichen der Nahrungs- und Genußmittelindustrien und des Bergbaus.[94]

Bis zum Ende der Rekonstruktionsperiode, das mit 1960 angesetzt wird,[95] hatte die deutsche Wirtschaft die Grundlagen zu ihrer weiteren Entwicklung geschaffen. Es ist wichtig, auf die weitgehend verkannte Tatsache hinzuweisen, daß die Zerstörung der Produktionsanlagen durch den Krieg in Deutschland nicht so stark war, daß sie ein Wachstum hätte verhindern können. Krengel stellte im Gegenteil fest, daß nach der Währungsreform von 1948 77 % der Investitionen die Produktionskapazität erweiterten und nur 23 % die alten Produktionsanlagen ersetzten.[96] Darüber hinaus befanden sich 61 % der Industriekapazität des früheren Deutschen Reichs nach der Teilung im Gebiet der Bundesrepublik. Sehr aufschlußreich sind die weiteren Feststellungen von Krengel, die sich hauptsächlich auf die strukturellen Veränderungen in der deutschen Wirtschaft und auch auf die Entwicklung der Beschäftigung beziehen. So stellt er fest, daß sich in der Zeit zwischen 1950 bis 1955 Beschäftigung und Investitionen mit gleichen Wachstumsraten entwickelten, während gleichzeitig eine Steigerung der Kapazitätsauslastung das Wachstum förderte. Die Abnahme der Kapazitätsauslastung in der Zeit zwischen 1955 und 1960, wie auch eine Lockerung der Wachstumsraten der Beschäftigung beeinflußten das Wachstum, obwohl die negativen Effekte dieser Faktoren durch Rationalisierungsmaßnahmen und Anwendung des technischen Fortschritts überkompensiert wurden.[97] Mit anderen Worten ging die Bundesrepublik in der zweiten Hälfte der sechziger Jahre von expansivem zu intensivem Wachstum über, wodurch die Spannungen auf dem Arbeitsmarkt verschärft wurden. Kindleberger gibt in einer Tabelle Zahlen an, aus denen diese Spannungen eindeutig hervorgehen. So lag der Prozentanteil von befragten Unternehmungen, deren Investitionstätigkeit nach Oktober 1959 durch Arbeitskräftemangel erschwert wurde, über 50 %, während dieser Anteil in der vorangegangenen Periode durchschnittlich unter 20 % gelegen hatte.[98] Aus Vogts Untersuchungen geht hervor, daß Vollbeschäftigung im Herbst 1955 erreicht worden war und daß nunmehr die Beschäftigungsschranke kein höheres Wachstum zuließ.[99] Die Arbeitslosenquote, die 1950 10,7 % der Gesamtzahl der Beschäftigten ausmachte, erreichte 1960 1,2 %.[100]

Betrachtet man nun die in der Industrie erfolgten Umwandlungen, so stellt man fest, daß einige Industriebranchen auf dem Bereich der

Tabelle IV – 2
Entwicklung der Wachstumsindustrien[1] 1950–1959

	1950	1951	1952	1953	1954	1955	1956	1957	1958	1959
1. Anteil der WI an d. ges. Industrieproduktion	18,9	20,2	20,2	20,9	22,5	23,6	24,0	24,8	27,2	29,2
2. Netto-Produktionsindex d. Gesamtindustrie	100,0	118,5	126,1	138,8	151,1	178,5	192,4	202,6	208,9	224,5
3. Netto-Produktionsindex d. Wachstumsindustrien	100,0	126,2	134,5	152,6	183,7	222,1	244,1	265,1	300,2	345,2
4. Jährliche Zuwachsraten d. gesamten Industrie	+24,8	+18,4	+6,4	+10,1	+11,8	+15,2	+7,8	+5,2	+3,1	+7,5
5. Jährliche Zuwachsraten d. Wachstumsindustrien	+34,5	+26,2	+6,6	+13,4	+20,4	+20,9	+9,9	+8,6	+13,2	+15,0
6. Exportquote d. gesamten[2] Industrie	8,3	10,7	11,6	12,1	13,1	13,1	14,0	15,2	15,1	15,1
7. Exportquote d. Wachstumsindustrien[2]	10,1	14,1	14,3	15,8	18,9	19,5	20,7	22,2	22,5	22,2
8. Strukturanteil d. Beschäftigten	16,5	16,8	16,5	16,6	17,4	18,3	18,9	19,3	20,3	21,4
9. Strukturanteil d. Arbeiter	15,3	15,6	15,1	15,2	15,9	16,9	17,4	17,9	18,8	19,9
10. Lohn je Arbeitsstunde										
a) Gesamtindustrie	100,0	115,6	123,4	128,1	132,0	140,6	154,7	169,5	182,8	193,8
b) Wachstumsindustrien	100,0	117,3	124,1	130,1	133,8	142,1	155,6	168,4	180,5	142,5
11. Lohnquote[2]										
a) Gesamtindustrie	18,8	17,6	18,0	18,5	18,1	17,7	18,2	18,3	19,0	18,4
b) Wachstumsindustrien	18,4	16,9	17,1	17,0	16,4	16,2	17,0	16,7	16,9	16,1

Quelle: D. Mertens: Wachstumsindustrien, ein Beitrag zur partiellen Konjunkturbeobachtung, in „Vierteljahreshefte zur Wirtschaftsforschung", Jg. 1960, S. 288, 289.

[1] Erdölgewinnung, chemische Industrie, Mineralölverarbeitung, Fahrzeugbau, Elektroindustrie, Kunststoffverarbeitung.

[2] Auf den Umsatz errechnet.

Tabelle IV – 3
Entwicklung der Brutto-Anlageinvestitionen und der Beschäftigung 1950—1960

A. Absolute Zahlen	Brutto-Anlageinvestitionen			Beschäftigung		
	In Mio. DM zu Preisen von 1950					
			Index 1960	Zahl der Beschäftigten		Index 1960
	1950	1960	1950 = 100	1950	1960	1950 = 100
1. Bergbau	640	1 191	186,1	581 972	560 519	96,3
2. Verarb. Industrie	3 970	10 732	270,3	4 195 548	7 040 564	167,8
a. Grundstoff- und Produktionsgüterindustrie	1 345	4 429	329,3	1 076 393	1 639 120	152,3
b. Investitionsgüterindustrie	1 090	3 687	338,3	1 464 608	3 003 458	205,1
c. Verbrauchsgüterindustrie	885	1 640	185,3	1 316 777	1 924 812	146,2
d. Nahrungs- u. Genußmittelindustrie	650	976	150,2	337 770	473 174	140,1
3. Industrie, insges. (1 + 2)	4 610	11 923	258,6	4 777 520	7 601 083	159,1

(Fortsetzung Tab. IV – 3)

B. Prozente	Brutto-Anlageinvestitionen			Beschäftigung		
	In Mio. DM zu Preisen von 1950					
			Index 1960	Zahl der Beschäftigten		Index 1960
	1950	1960	1950 = 100	1950	1960	1950 = 100
1. Bergbau	13,88	9,99		12,18	7,37	
2. Verarbeitende Industrie	86,12	90,01		87,82	92,63	
a. Grundstoff- und Produktionsgüterindustrie	29,18	37,15		22,53	21,57	
b. Investitionsgüterindustrie	23,64	30,92		30,66	39,51	
c. Verbrauchsgüterindustrie	19,20	13,75		27,56	25,32	
d. Nahrungs- u. Genußmittelindustrie	14,10	8,19		7,07	6,23	
3. Industrie, insges.	100,00	100,00		100,00	100,00	

Quelle: D. Mertens: Die Wandlungen der industriellen Branchenstruktur in der Bundesrepublik Deutschland 1950 bis 1960, Sonderheft Nr. 68, Deutsches Institut für Wirtschaftsforschung, Berlin 1964, S. 41, 47.

Investitionsgüterproduktion die Führung übernahmen. Bei diesen sogenannten Wachstumsindustrien geht es um Zweige wie die Erdölgewinnung, die chemische Industrie, die Mineralölverarbeitung, die Kunststoffverarbeitung, den Maschinenbau, den Fahrzeugbau und die elektrotechnische Industrie, die während der fünfziger Jahre nicht nur ihre Nettoproduktion beträchtlich erhöhen konnten, sondern auch ihren Anteil an der gesamten Industrieproduktion vergrößerten. Mertens stellt fest, daß, während sich die Produktion 1950 innerhalb der verarbeitenden Industrie (ohne Bergbau) ziemlich gleichmäßig auf die Grundstoffindustrien, die Investitionsgüterindustrien, die Verbrauchsgüterindustrien und schließlich die Gruppe Nahrungs- und Genußmittelindustrien plus Bergbau mit einem Anteil von etwa einem Viertel verteilte, die Investitionsgüterindustrien 1960 ihren Anteil auf ein Drittel erhöht hatten.[101] In Tabelle IV – 2 fassen wir einige Daten über die obengenannten Wachstumsindustrien zusammen.

Man sieht, daß die Wachstumsindustrien führend sind. Blickt man auf die Beschäftigungsentwicklung, stellt man eine ständige Steigerung sowohl der Beschäftigten allgemein wie auch der Arbeiter selbst fest, die jedoch mit einem relativen Rückgang der Lohnentwicklung (Zeilen 10 und 11) zusammengeht. Aus der Tabelle IV – 3 sind die Relationen zwischen Investitionstätigkeit und Beschäftigungsentwicklung ersichtlich. Mit Ausnahme der Grundstoff- und Produktionsgüterindustrie ist eine positive Korrelation zwischen Investitions- und Beschäftigungsstruktur festzustellen.[102] Es muß an dieser Stelle noch einmal auf die bereits oben angedeuteten Spannungsverhältnisse auf dem Arbeitsmarkt gegen Ende der Periode hingewiesen werden, die zu einer Zunahme der Erweiterungsinvestitionen führten. Lola Zahn bemerkt, daß bis 1958 jeder neu geschaffene Arbeitsplatz in der verarbeitenden Industrie 20 000 DM kostete. Ab 1958 trat jedoch eine sprunghafte Veränderung ein. Der Kapitaleinsatz je Neubeschäftigten in der verarbeitenden Industrie stieg durchschnittlich auf 56 000 DM. In der Grundstoffindustrie war sogar 1958–60 der Kapitaleinsatz je Neubeschäftigten 117 000 DM (1955–57 48 000 DM), in der Verbrauchsgüterindustrie 228 000 DM (1955–57 16 000 DM). Trotz Zunahme der Investitionen unter Anwendung des technischen Fortschritts in den Jahren 1958–60, der zur Freisetzung von Arbeitskräften führte, erfolgte also nur eine sehr geringe Zunahme der Beschäftigung.[103] Krengel gibt einen Kapitalkoeffizienten von 0,3 für 1950–55 und von 2,9 für 1955–60 aus der Substitution der Arbeit durch Kapital und eine Kapitalintensität aus demselben Grund von 0,45 und 4,5 für beide Zeitabschnitte entsprechend an.[104]

Bevor wir nun zu der nächsten Periode 1960–70 übergehen, in der die starke Zunahme der Gastarbeiterbeschäftigung stattfindet, fassen wir die bisherigen Ergebnisse über die Entwicklungen in den sechziger Jahren kurz zusammen:

Erstens ist eine sehr starke Zunahme der Investitionstätigkeit zu beobachten, die ab 1956 zur Vollbeschäftigung führte, damit aber auch zu niedrigeren Wachstumsraten des Bruttosozialprodukts wegen fehlender Arbeitskräfte.

Zweitens fällt diese Investitionstätigkeit mit einer Änderung der Beschäftigungsstruktur zusammen, die auf eine Strukturänderung der Industrie folgt.[105] Die Industrieproduktion konzentriert sich auf einige führende Wachstumsindustrien aus dem Bereich der Investition und der Rohstoff- und Produktionsgüterproduktion, die weitgehend einen hohen Monopolgrad aufweisen.

Drittens finden diese Entwicklungen gleichzeitig mit einem relativen Rückgang des Lohnniveaus statt (Zeilen 10 und 11 von Tab. IV – 2).[106] Auf diesen Punkt werde ich unten noch einmal zurückkommen; es ist aber wichtig, ihn schon an dieser Stelle hervorzuheben.

Diese Ergebnisse werden in den folgenden Abschnitten weiter ergänzt werden. Wichtig ist es hier außerdem noch, darauf hinzuweisen, daß die notwendigen Arbeitskräfte für dieses Wachstum sich aus dem Zustrom von Flüchtlingen und Heimatvertriebenen rekrutierten. Bis einschließlich 1961 wanderten aus den Ostgebieten und der DDR rund 14,17 Mio. Personen in die Bundesrepublik ein.[107]

3. Das Wachstum zwischen 1960 und 1970

a) Investitionen und sektorale Beschäftigungsstruktur der Gastarbeiter

In dieser Periode ist ein Nachlassen der Wachstumsraten des Sozialproduktes im Vergleich zu der vorangegangenen Periode zu beobachten. So war die durchschnittliche jährliche Wachstumsrate des realen Bruttosozialprodukts 4,8 % in der Zeit 1960–1969 gegenüber 7,6 % für 1950–1960, diejenige des Pro-Kopf-Bruttosozialprodukts 3,8 % und 6,5 % entsprechend. Wohlgemerkt liegt jedoch die durchschnittliche jährliche Wachstumsrate für die ganze Periode 1950–1969 mit 6,3 % für das Bruttosozialprodukt und mit 5,2 % für das Pro-Kopf-Bruttosozialprodukt über den beobachteten Wachstumsraten der übrigen Industrienationen mit Ausnahme von Japan.[108] Wie aus Tab. IV – 1 ersichtlich, stieg die Zahl der ausländischen Arbeitnehmer in dieser Periode steil an. Die Gründe dieser Zunahme basieren auf Investitionstätigkeit, Außenhandel und demographischer Entwicklung in der Bundesrepublik. Wir werden uns in diesem Abschnitt auf die Untersuchung der Investitionen beschränken.

Ursache für die Zunahme der Ausländerbeschäftigung in der Bundesrepublik wie in der Schweiz ist die Investitionsentwicklung gewesen. Hagmann stellt für die Schweiz zwischen 1950 und 1964 diese Relation eindeutig fest. Der Zunahme der Investitionen folgt eine Zunahme der Ausländerbeschäftigung, eine Abnahme der Investitionen hat dagegen, zwar mit einer gewissen Zeitverzögerung (time-lag), einen

Tabelle IV – 4
Investitionstätigkeit und Ausländerbeschäftigung 1960–1970

A. Absolute Zahlen

	Anlage Investition[1] (Mrd. DM)	Ausrüstungs-investitionen (Mrd. DM)	Gastarbeiter-zahl insges.	Bau-investitionen (Mrd. DM)	Gastarbeiter-zahl im Baugewerbe
1960	72,6	32,5	279 390	40,1	71 394
61	84,0	38,3	548 916	45,7	128 123
62	93,7	41,8	771 459	51,8	173 196
63	99,0	43,0	828 743	56,0	196 945
64	113,4	47,2	985 616	66,2	210 904
65	122,2	52,0	1 216 804	70,2	237 843
66	126,3	52,6	1 313 491	73,6	239 460
67	114,4	48,0	991 255	66,4	152 894
68[2]	124,7	52,8	1 089 873	71,9	166 343
69	146,2	66,9	1 501 409	79,3	232 204
70	188,0	82,9	1 948 951	98,1	325 782

(Fortsetzung Tab. IV – 4)

B. Wachstumsraten

	Anlage Investition[1] (Mrd. DM)	Ausrüstungs-investitionen (Mrd. DM)	Gastarbeiter-zahl insges.	Bau-investitionen (Mrd. DM)	Gastarbeiter-zahl im Baugewerbe
1961	+15,7	+17,7	+66,5	+14,0	+79,7
62	+11,6	+ 9,4	+29,2	+13,4	+35,1
63	+ 5,6	+ 2,8	+16,4	+ 7,9	+13,8
64	+14,6	+ 9,7	+18,9	+18,3	+ 6,7
65	+ 7,7	+10,1	+23,4	+ 6,0	+12,3
66	+ 3,3	+ 1,2	+ 8,1	+ 4,9	+ 1,6
67	– 9,4	– 8,7	–24,6	– 9,9	–36,2
68	+ 9,0	+10,1	+10,0	+ 8,3	+ 8,8
69	+17,2	+26,5	+37,7	+10,3	+39,3
70	+23,9	+23,9	+29,7	+23,8	+40,1

Quelle: Stat. Bundesamt – Volkswirtschaftliche Gesamtrechnungen, 1970, S. III (für die Investitionen), Amtliche Nachrichten der Bundesanstalt für Arbeit, Arbeitsstatistik 1971, a.a.O., S. 36, 42 f. (für die Gastarbeiterzahlen).

Anmerkungen: 1. Brutto-Anlageinvestitionen in jeweiligen Preisen.
2. Vorläufige Zahlen.

Rückgang der Ausländerzahl zur Folge.[109] In einer empirischen Untersuchung in der Baumwolleindustrie in West Riding of Yorkshire in England wurde festgestellt, daß die neuen Investitionen die Einstellung von Pakistani erforderten. Weiterhin wäre es ohne die Einwanderer nicht möglich gewesen, neue Investitionen durchzuführen, da die neuen Maschinen sehr kostspielig sind, so daß nur ihre volle Ausnutzung sie rentabel macht.[110]

Ähnliche Korrelationen hat kürzlich das Institut für Angewandte Wirtschaftsforschung in Tübingen für die Bundesrepublik festgestellt. Es gibt eine enge Korrelation zwischen Wachstumsraten der Ausländerbeschäftigung und des Bruttosozialprodukts. In der Rezession von 1966–68 hatte der Rückgang des Wachstums des Sozialprodukts einen starken Rückgang der Ausländerbeschäftigung zur Folge. Diese enge Beziehung wird auch an Hand anderer Größen bestätigt, dem Auftragseingang, der Arbeitsmarktsituation (Differenz der Arbeitslosen und der offenen Stellen), den Industrieumsätzen und dem Nettoproduktionswert. Allerdings reagiert die Ausländerbeschäftigung auf Änderungen dieser wirtschaftlichen Größen mit Zeitverzögerung (time-lag), so bei Änderungen der Auftragseingänge mit einer Verzögerung von 2–4 Quartalen, der Arbeitsmarktlage von 2–3 Quartalen und der Industrieumsätze von 1–2 Quartalen. Die Entwicklung des Nettoproduktionswertes und die der Ausländerbeschäftigung sind relativ gleichläufig. Die Gründe dieser Verzögerungen sind hauptsächlich institutioneller Natur oder von den Entscheidungen der Unternehmer abhängig.[111]

Obwohl die obigen Daten mehr Aufschluß auf die konjunkturelle Abhängigkeit der Ausländerbeschäftigung geben, bestätigen sie mittelbar auch die Kausalität der Ausländerbeschäftigung. Dies ist um so wichtiger, als die vorgebrachten Argumente häufig, wie ich schon im ersten Kapitel ausführte, dahin tendieren, die Zunahme der Gastarbeiterzahl als quasi autonom zu betrachten. Dies geschieht trotz der vorhandenen empirischen Daten und im Gegensatz zum geltenden Keynesschen Gedankengut, vertreten insbesondere in den Theorien von Kaldor und Domar, wonach die Investition der bestimmende Faktor der Beschäftigung ist.

In Tabelle IV – 4 wird die Entwicklung der Investitionen der Entwicklung der Gastarbeiterbeschäftigung gegenübergestellt. Durch Teil B der Tabelle, der auch in den Abbildungen IV – 2 und IV – 3 wiedergegeben ist, werden die vorher erwähnten Ergebnisse anderer Untersuchungen in der Bundesrepublik und in anderen Ländern bestätigt. Die Korrelation zwischen Investitionen und Ausländerbeschäftigung trifft für die Gesamtwirtschaft und auch für den Bausektor zu. Diese Beziehung ergibt sich ebenfalls aus der prozentualen Verteilung der Gastarbeiter, der deutschen Arbeitnehmer und der Anlageinvestitionen nach Wirtschaftsbereichen (Tab. IV – 5). Man beobachtet eine Abnahme des Prozentanteils der Gastarbeiter in der Landwirtschaft, im Bergbau, Steine usw. und im Baugewerbe (Zeilen 1, 2, 5), dagegen

Abb. IV – 2
Wachstumsraten der Investitionen und der Ausländerbeschäftigung

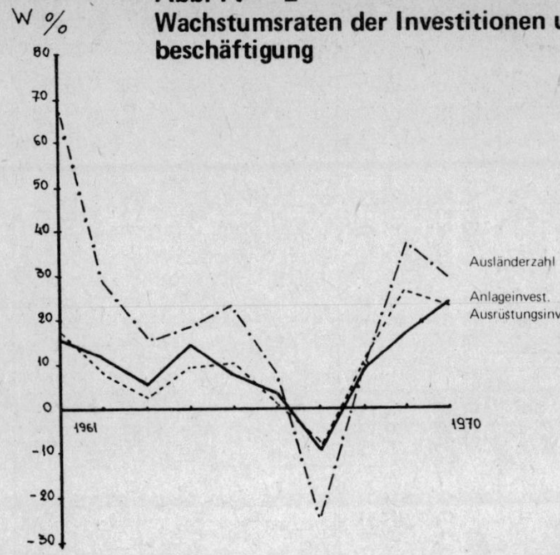

Quelle: Tab. IV – 4

Abb. IV – 3
Wachstumsraten der Bauinvestitionen und der Ausländerbeschäftigung im Baugewerbe

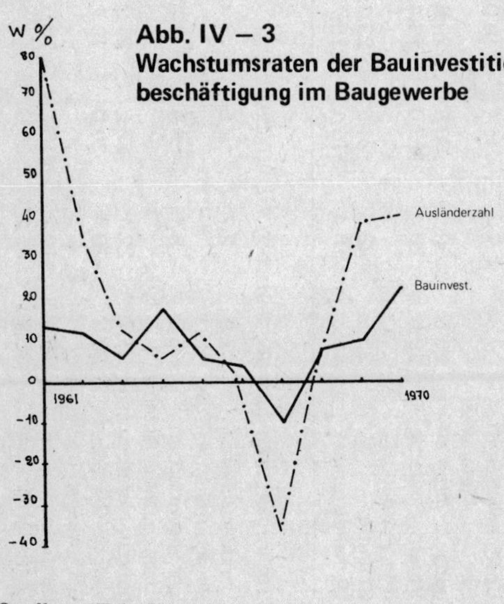

Quelle: Tab. IV – 4

Tabelle IV – 5
Prozentuale Verteilung der Beschäftigten und der Anlageinvestitionen nach Wirtschaftsabteilungen

	1960[1]	1961	1962	1963	1964	1965	1966	1967	1968	1969	1970
A. Prozentuale Verteilung der Gastarbeiter											
1. Landwirtschaft[2]	3,0	1,8	1,4	1,3	1,1	1,0	1,1	1,3	1,1	1,0	0,9
2. Bergbau, Steine, Erde, Energiewirtschaft	7,8	7,2	6,4	6,0	5,9	5,4	4,7	4,3	3,6	3,2	3,3
3. Eisen- u. Metallerzeugung u. -verarbeitung	25,5	30,5	30,5	29,5	32,7	34,3	33,0	31,2	33,9	37,6	38,4
4. Verarb.-Gewerbe[3]	19,6	20,4	22,0	23,4	23,7	24,9	26,6	26,9	26,8	25,8	24,2
5. Bau, Ausbau u. Bauhilfe	25,5	23,3	24,3	23,7	21,3	19,5	18,2	15,4	15,2	15,5	16,7
6. Dienstleistungen[4]	18,3	16,4	15,1	15,7	14,9	14,5	16,2	21,2	19,2	17,0	16,4
B. Prozentuale Verteilung der deutschen Arbeitnehmer											
7. Landwirtschaft	2,9	2,7	2,5	2,3	2,2	2,0	1,6	1,6	1,6	1,5	1,4
8. Bergbau, Steine, Erde, Energiewirtschaft	5,3	5,1	4,9	4,7	4,6	4,4	3,1	2,7	2,7	2,7	2,4
9. Eisen- u. Metallerzeugung u. -verarbeitung	21,7	22,1	22,2	21,9	21,9	22,0	43,9	43,2	43,2	43,9	44,8
10. Verarb.-Gewerbe[3]	20,6	20,4	20,0	19,7	19,5	19,3					
11. Bau, Ausbau u. Bauhilfe	10,4	10,2	10,3	10,5	10,5	10,4	9,4	8,9	8,9	8,8	8,5
12. Dienstleistungen[4]	38,8	39,2	39,8	40,4	41,0	41,7	41,7	43,3	43,3	42,9	42,5

(Fortsetzung Tab. IV – 5)

	1960[1]	1961	1962	1963	1964	1965	1966	1967	1968	1969	1970
C. Prozentuale Verteilung der Anlageinvestitionen											
13. Landwirtschaft	–	–	–	–	–	–	–	–	–	–	–
14. Bergbau, Steine, Erde, Energiewirtschaft	–	–	6,6	–	6,2	5,5	5,2	5,5	4,6	2,5	2,6
15. Eisen- u. Metallerzeugung u. -verarbeitung	–	–	48,1	–	45,1	44,5	42,3	40,5	43,0	45,4	47,6
16. Verarb.-Gewerbe[3]	–	–	41,0	–	44,4	45,2	48,4	50,9	48,2	48,6	46,5
17. Bau, Ausbau u. Bauhilfe	–	–	–	–	–	–	–	–	–	–	–
18. Dienstleistungen[4]	–	–	–	–	–	–	–	–	–	–	–

Quelle: Für A. bis 1965 W. Scholten: Die Beschäftigungsstruktur der ausländischen Arbeitnehmer in der BRD, Diss., Bochum 1968, S. 51, 1966–70, Amtliche Nachrichten der Bundesanstalt für Arbeit, Arbeitsstatistik 1971, a.a.O., S. 42, für B. bis 1965 Scholten ebenda, 1966–70 Statistisches Bundesamt, Reihe 6, Erwerbstätigkeit, I. Entwicklung der Erwerbstätigkeit (verschiedene Hefte), für C. Statistisches Bundesamt, Fachserie D, Investitionen. Vorberichte (verschiedene).

Die Berechnungen für die Jahre 1966–70 und für Teil C. haben Herr A. Geiger und Fräulein A. Brammer angefertigt, denen ich meinen Dank auch an dieser Stelle aussprechen möchte.

Anmerkungen:
1. Für 1960 (Teil A.), Stand am 31. 7., ab 1961 Stand am 30. 9.
2. Auch Tierzucht, Forst- und Jagdwirtschaft, Gärtnerei, Fischerei.
3. Ohne Metallverarbeitung.
4. Darunter sind die Wirtschaftsbereiche Handel, Geld- und Versicherungswesen, Dienstleistungen, Verkehrswesen u. Öff. Dienst und Dienstleistungen im öff. Interesse enthalten.

Abb. IV – 4
Prozentuale Verteilung der ausländischen und deutschen Arbeitnehmer wie auch der Anlageinvestitionen

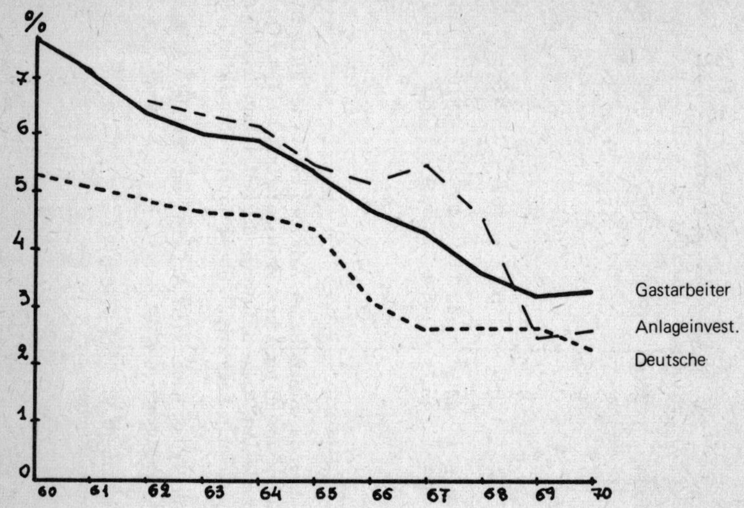

A. im Bergbau

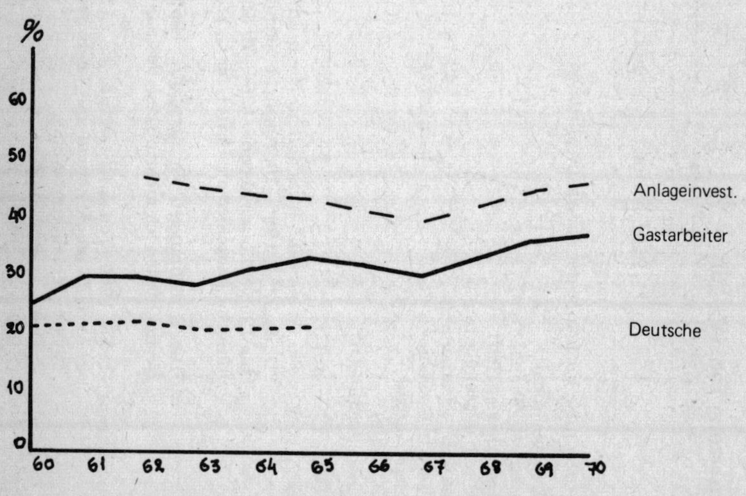

B. in der Metallindustrie

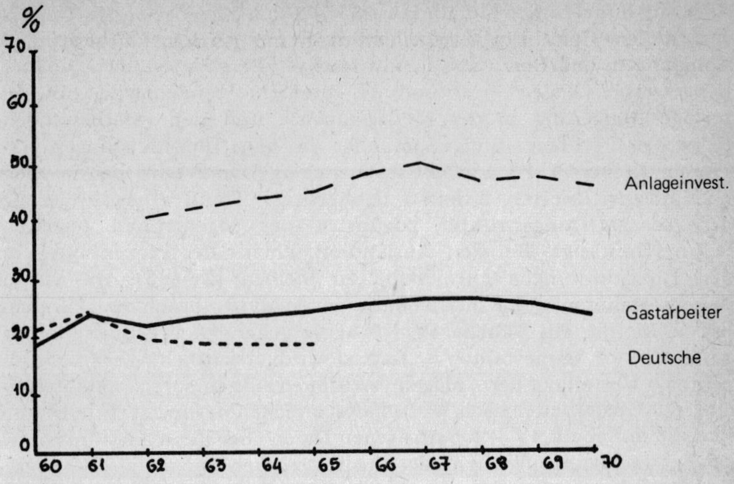

C. in den verarbeitenden Gewerben

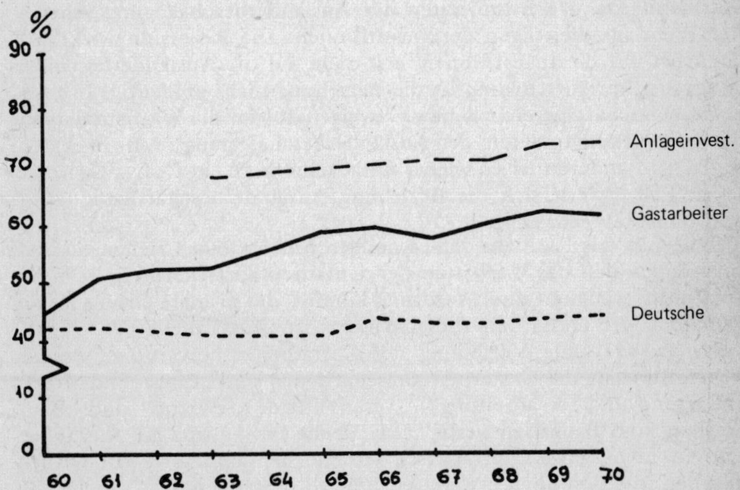

D. in B. und C. zusammen

Quelle: Tab. IV – 5

eine Zunahme in der Metallindustrie und den verarbeitenden Gewerben (Zeilen 3 und 4). Auch bei den deutschen Arbeitnehmern ist eine Abnahme in den Bereichen Landwirtschaft, Bergbau, Steine usw. und Baugewerbe (Zeilen 7, 8 und 11) und eine tendenzielle, obwohl geringe Steigerung in der Metallindustrie und den verarbeitenden Gewerben, größere Steigerung aber in den Dienstleistungen allgemein (Zeilen 9, 10 und 12) festzustellen. Damit wird der in allen hochindustrialisierten Ländern beobachtete Trend einer Änderung der Beschäftigungsstruktur zugunsten des sogenannten tertiären Sektors bestätigt. Bei den Ausländern scheint der Prozentanteil in den Dienstleistungen etwa stabil zu bleiben (Zeile 6). Da wir in diesem Rahmen keine mathematische Analyse vornehmen können, haben wir die aus Tabelle IV – 5 hervorgehenden Ergebnisse in der Abb. IV – 4 dargestellt.[112] Daraus wird ersichtlich, wie die prozentuale Verteilung der Anlageinvestitionen eine entsprechende Verteilung der Gastarbeiter nach Wirtschaftsbereichen bestimmt. Interessant sind die in Tabelle IV – 6 enthaltenen Daten über die Wachstumsraten der Beschäftigung allgemein, der Ausländerbeschäftigung insbesondere und der Investitionen in ausgewählten Wirtschaftsbereichen und -zweigen, die teilweise in Abb. IV – 5 wiedergegeben sind. Zum einen sind die Schwankungen der allgemeinen Beschäftigung in allen Wirtschaftsbereichen und -zweigen sehr gering, mit Ausnahme des Zweiges „Kunststoff-, Gummi- und Asbestverarbeitung". Dagegen sind die Wachstumsraten der Ausländerbeschäftigung und der Investitionen sehr labil. Die Wachstumsraten der Ausländerbeschäftigung schwanken mehr als diejenigen der Investitionen. Die Rezession wirkt sich zunächst auf die Investitionen, erst dann auf die Ausländerbeschäftigung aus. Im Aufschwung ist die Beziehung nicht eindeutig. In manchen Wirtschaftsbereichen bzw. -zweigen folgen die Wachstumsraten der Investitionen auf die der Ausländerbeschäftigung (z. B. in A, A_1, B, B_1), in anderen ist es wieder umgekehrt (z. B. in C, C_1, C_4). Auf jeden Fall erweist sich die Beziehung Ausländerbeschäftigung – Investitionen als sehr eng.

Will man das Fazit aus den bisherigen Ausführungen ziehen, so muß man sagen, daß das Wachstum der deutschen Wirtschaft, wie es in der Investitionstätigkeit zum Ausdruck kommt, der primäre Grund für die Zunahme der Gastarbeiterbeschäftigung ist. Aus Tabelle IV – 5 geht auch die sektorale Verteilung der Gastarbeiter hervor. Die wesentlichen Bereiche der Gastarbeiterbeschäftigung sind „Eisen- und Metallerzeugung und -verarbeitung", „verarbeitende Gewerbe" und „Bau-, Ausbau- und Bauhilfsgewerbe". In Tabelle IV – 7 sind die Ausländerquoten in ausgewählten Wirtschaftsbereichen und -zweigen wiedergegeben, die den oben erwähnten Befund bestätigen. Die Tabelle läßt einen Trend erkennen, der sich schon seit Anfang der sechziger Jahre angebahnt hat.[113] Wichtig ist, zu bemerken, daß die Ausländerquoten auch im Dienstleistungssektor (Zeilen 5a, 5b, 5c) tendenziell steigen. Fragt man nach den Gründen dieser sektoralen Struktur der Auslän-

Tabelle IV – 6
Wachstumsraten der Beschäftigung, der Ausländerbeschäftigung und der Investitionen in ausgewählten Wirtschaftsbereichen und -zweigen

	1962	1963	1964	1965	1966	1967	1968	1969	1970
A. Bergbau									
1. Beschäftigung[1]	−4,0	−0,7	−2,9	−5,8	−5,0	−9,3	−4,3	−0,9	–
2. Ausländerbeschäftigungen	14,0	10,5	17,2	11,6	−5,9	−31,2	−8,2	23,6	32,4
3. Anlageinvestitionen	–	–	4,5	3,5	−6,0	−4,7	−20,9	−26,4	41,7
A_1 Steinkohlenbergbau									
4. Beschäftigung	–	–	–	–	–	–	–	–	–
5. Ausländerbeschäftigungen	7,5	11,8	19,6	7,4	−11,8	−32,2	−23,6	27,4	50,3
6. Anlageinvestitionen	–	–	6,6	1,2	−15,4	0,5	−13,7	−29,8	41,6
B. Eisen- und Metallerzeugung und -verarbeitung									
7. Beschäftigung	–	–	–	–	2,2	−5,1	−0,5	6,2	–
8. Ausländerbeschäftigungen	29,6	12,8	31,6	29,6	3,9	−28,9	19,9	52,3	33,1
9. Anlageinvestitionen	–	–	−4,5	11,1	−2,8	−13,8	1,0	45,7	38,0
B_1 Stahl-, Maschinen- und Fahrzeugbau									
10. Beschäftigung	–	–	–	–	2,5	−2,8	4,0	5,0	–
11. Ausländerbeschäftigungen	36,6	13,8	29,2	28,8	6,2	−30,1	17,9	58,3	33,0
12. Anlageinvestitionen[3]	–	–	−5,7	20,2	−4,7	−16,0	10,9	45,4	35,8
C. Verarbeitende Gewerbe (ohne Bau)									
13. Beschäftigung	–	0,6	−1,0	–	−0,7	−4,0	0,6	0,4	–
14. Ausländerbeschäftigungen	39,6	24,2	20,2	30,0	15,0	−23,7	9,6	32,6	21,7
15. Anlageinvestitionen	–	–	10,4	14,8	9,7	−5,4	27,1	−1,5	25,9
C_1 Chemische Industrie									
16. Beschäftigung	–	–	–	–	2,5	3,1	−3,7	0,8	–
17. Ausländerbeschäftigungen	26,4	20,9	26,7	25,0	9,7	−19,1	5,0	29,4	25,4
18. Anlageinvestitionen	–	–	15,0	33,5	17,8	−21,3	−6,9	48,8	34,6
C_2 Kunststoff-, Gummi- und Asbestverarbeitung									
19. Beschäftigung	–	–	–	–	−2,7	−9,0	13,3	4,2	–
20. Ausländerbeschäftigungen	–	–	–	–	–	–	–	–	–
21. Anlageinvestitionen	–	–	20,6	25,4	3,7	−19,0	30,5	33,1	28,9
C_3 Gewinnung und Verarbeitung von Steinen und Erden, Grob- und Feinkeramik									
22. Beschäftigung[2]	–	–	–	–	−5,6	−1,3	2,2	−0,4	–
23. Ausländerbeschäftigungen	–	–	–	–	–	–	–	–	–
24. Anlageinvestitionen	–	–	0,4	27,9	−10,8	−28,5	5,2	42,5	23,5
C_4 Holz-, Papier- und Druckgewerbe									
25. Beschäftigung	–	–	–	–	2,2	−4,5	1,7	−1,1	–
26. Ausländerbeschäftigungen	30,9	12,0	15,6	30,0	12,1	−27,8	3,8	29,5	27,6
27. Anlageinvestitionen	–	–	−5,3	17,2	3,1	−1,2	10,1	35,8	24,2
C_5 Leder-, Textil- und Druckgewerbe									
28. Beschäftigung	–	–	–	–	−1,7	−8,9	−0,7	1,7	–
29. Ausländerbeschäftigungen	46,3	26,1	18,9	30,0	17,6	−26,0	13,6	33,3	12,7
30. Anlageinvestitionen	–	–	2,8	16,5	−3,7	−20,2	14,6	32,9	10,1

Quelle: Statistisches Bundesamt, Reihe 6, Erwerbstätigkeit, I. Entwicklung der Erwerbstätigkeit, Fachserie D, Investitionen, Vorberichte (verschiedene), Bundesanstalt für Arbeit: Ausländische Arbeitnehmer 1970, August 1971, S. 50 f.

Für die Berechnungen dieser Tabelle bin ich Herrn G. Geiger und Fräulein A. Brammer sehr verpflichtet.

Anmerkungen: 1 auch Energie und Wasserversorgung
2 auch Herstellung von Zement
3 einschließlich Luftfahrzeugbau.

Abb. IV – 5
Wachstumsraten der Beschäftigung, der Ausländerbeschäftigung und der Investitionen

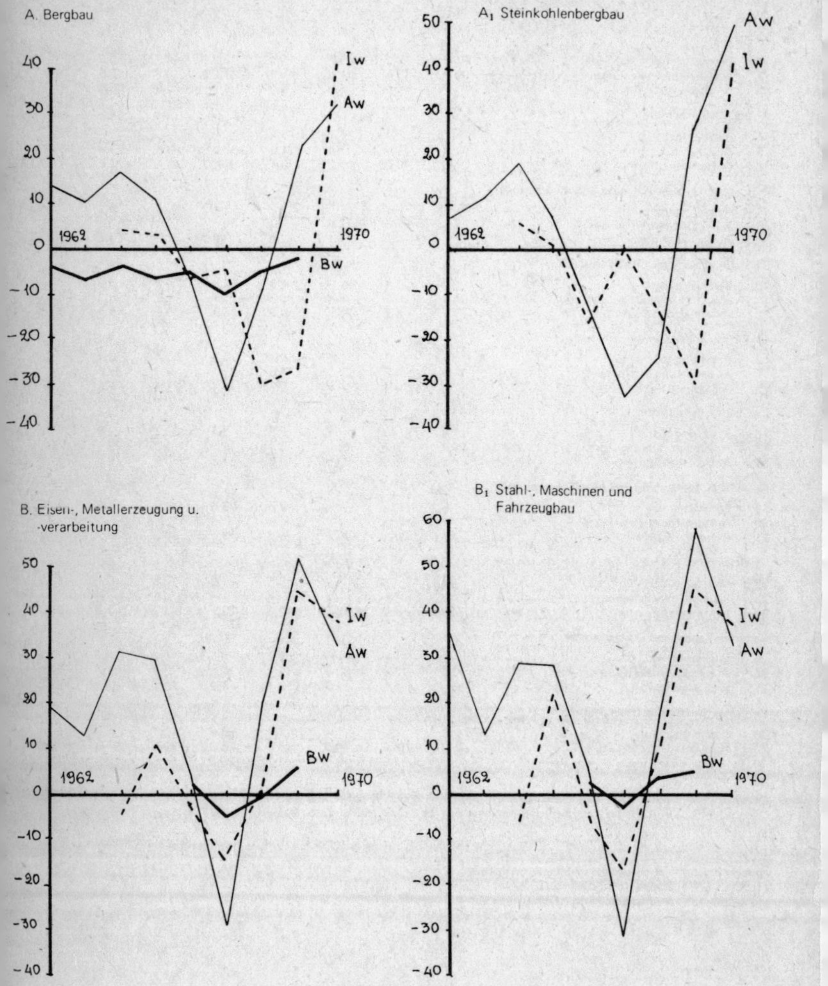

C. Verarb. Gewerbe

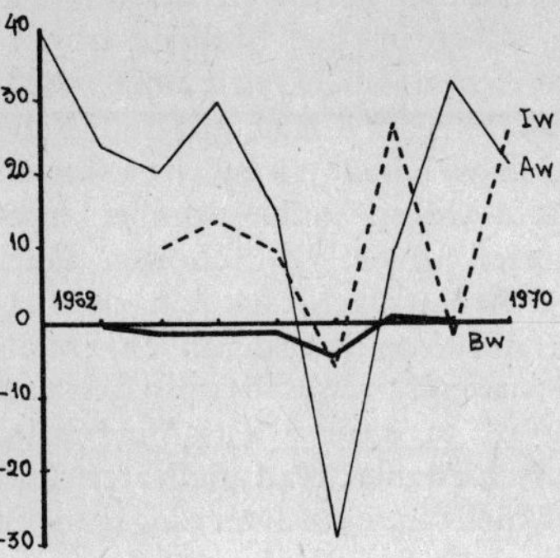

C_1 Chemische Industrie

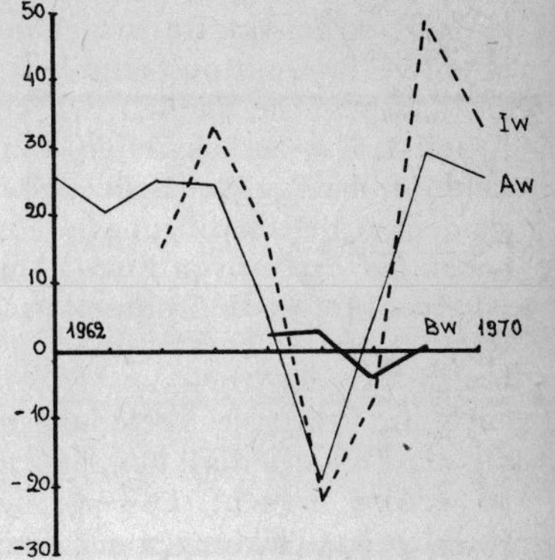

C_4 Holz-, Papier- und Druckgewerbe

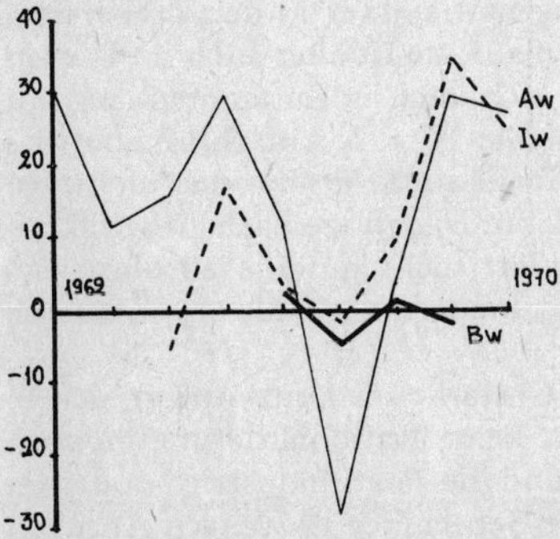

C_5 Leder-, Textil- und Druckgewerbe

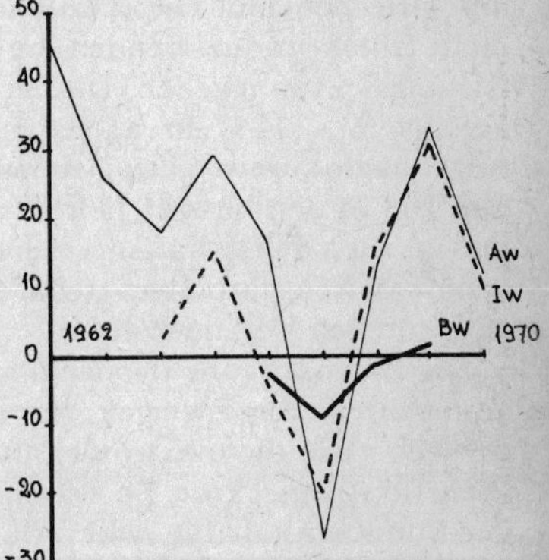

——————— A_W = Ausländerbeschäftigung

——————— B_W = Beschäftigung

- - - - - - - - I_W = Investitionen

Quelle: Tab. IV – 6

derbeschäftigung, so findet man viele Faktoren, die dafür verantwortlich sind. Nach der Bundesanstalt für Arbeit kommt es neben der Auftrags- und Beschäftigungslage in einem Wirtschaftsbereich auch entscheidend darauf an, „ob und inwieweit dieser für ungelernte oder anlernbare Arbeitskräfte aufnahmefähig ist, ob in einer Branche arbeitsintensive Produktionstechniken vorherrschen, ob es sich um Dienstleistungsbereiche handelt, wie lange die Betriebe örtlich auf heimische Arbeitskräfte zurückgreifen konnten, in welchen Wirtschaftszweigen schon frühzeitig deutsche Arbeitskräfte wegen ihnen weniger zusagenden Arbeitsbedingungen abwanderten“ usw.[114] Scholten führt neben der expansiven Entwicklung der Arbeitsnachfrage je nach Wirtschaftssektoren die Lohnunterschiede, die Arbeitsbedingungen, Qualifikationsmerkmale und die Angebotselastizität der einheimischen und ausländischen Arbeit an.[115] Wichtig ist in diesem Zusammenhang auch die sektorale Verteilung der verschiedenen Nationalitäten und die der Gastarbeiterinnen, auf die hier nicht im einzelnen eingegangen zu werden braucht. Es zeigt sich jedoch, daß auch diese Strukturen von den Entwicklungen auf dem Arbeitsmarkt in der Bundesrepublik weitgehend abhängig sind.[116] In vier ausgewählten Wirtschaftsbereichen zwischen 1967–1970 verteilten sich die Gastarbeiter, aufgeschlüsselt nach Nationalitäten, wie Tabelle auf S. 59 zeigt.[117]

Bemerkenswert ist die Verlagerung des Schwergewichts in allen Wirtschaftsbereichen auf Türken und Jugoslawen und der tendenzielle Rückgang der Prozentanteile von Gastarbeitern aus Italien, Spanien und Griechenland. Diese Entwicklung tritt stärker in den drei ersten, meist Güter produzierenden Bereichen auf, sie ist aber auch im Dienstleistungssektor gegeben. Dies erklärt sich auch in Zusammenhang mit Tabelle IV – 1. Während jedoch Tabelle IV – 1 Aufschluß über das Angebot gibt, weisen die Daten der Tabelle auf S. 59 auf die Nachfrage hin. Die in den letzten Jahren verstärkte Nachfrage nach Arbeitskräften in allen Wirtschaftsbereichen erklärt nicht nur die absolute Zunahme der Gastarbeiterbeschäftigung, sondern auch die angedeuteten strukturellen Veränderungen.

Die Beschäftigung der weiblichen Gastarbeiter konzentriert sich in arbeitsintensiven Zweigen, bei denen keine Rationalisierung möglich ist – so etwa die elektrotechnische und die Textilindustrie – oder im Dienstleistungssektor. So waren Ende September 1970 nach Angaben der Bundesanstalt für Arbeit 36,2 % der Gastarbeiterinnen in den verarbeitenden Gewerben (ohne Metallindustrie), 35,3 % in der Eisen- und Metallerzeugung und -verarbeitung (davon die Hälfte in der Elektrotechnik, 20 % im öffentlichen Dienst zusammen mit den öffentlichen und privaten Dienstleistungen (worunter hohe Prozentanteile auf das Gaststätten- und Krankenhauswesen entfallen) tätig.[118]

Diese Entwicklungen müssen im gesamtwirtschaftlichen Rahmen betrachtet werden. Wie eingangs erwähnt, sind seit Anfang der sechziger Jahre niedrigere Wachstumsraten des Sozialprodukts zu beobachten. Bemerkenswert dabei ist die Zunahme der Investitionsquote und

	1967	1968	1969	1970
		(Ende September)		
a. Eisen- und Metallerzeugung und -verarbeitung				
0. Alle Ausländer	100,0	100,0	100,0	100,0
1. Türken	15,7	16,9	18,8	21,0
2. Jugoslawen	–	–	16,0	19,5
3. Italiener	24,3	26,4	22,1	18,6
4. Griechen	20,4	19,1	17,3	16,9
5. Spanier	13,7	12,3	10,9	9,9
b. Verarbeitende Gewerbe (ohne a)				
6. Alle Ausländer	100,0	100,0	100,0	100,0
7. Türken	12,3	13,9	25,3	21,6
8. Jugoslawen	–	–	16,3	18,2
9. Italiener	27,5	28,9	17,5	17,5
10. Griechen	19,9	18,1	11,9	15,0
11. Spanier	15,0	13,2	11,7	11,0
c. Bau-, Ausbau- und Bauhilfsgewerbe				
12. Alle Ausländer	100,0	100,0	100,0	100,0
13. Jugoslawen	18,1	21,8	33,8	40,4
14. Italiener	39,1	38,6	27,8	22,0
15. Türken	14,8	14,3	16,3	16,5
d. Handel, Verkehr und Dienstleistungen				
16. Alle Ausländer	100,0	100,0	100,0	100,0
17. Jugoslawen	13,8	15,2	16,6	19,4
18. Italiener	19,2	18,7	18,4	16,8
19. Türken	–	–	8,0	9,3
20. Spanier	9,0	7,9	8,3	8,0
21. Österreicher*	10,5	10,2	9,2	8,0

* teilweise Schätzungen

des marginalen Kapitalkoeffizienten,[119] welche praktisch die schon am Ende der Rekonstruktionsperiode beobachtete Tendenz einer Zunahme der organischen Zusammensetzung des Kapitals fortführen (siehe Ende des vorigen Abschnitts). Diese Tendenz deutet auf einen wachsenden technologischen Fortschritt und dessen intensivere Anwendung im Produktionsbereich hin, wodurch die Konkurrenz der deutschen Wirtschaft auf dem internationalen Markt gewährleistet wurde. Diese Entwicklungen bezeugen den Substitutionsprozeß von Arbeit durch Kapital, der tatsächlich stattgefunden hat. Darauf werde ich unten im Abschnitt 3 f zurückkommen. Es sei hier nur bemerkt,

Tabelle IV – 7
Ausländerquoten in Wirtschaftsbereichen und -zweigen*

	1965	1966	1967	1968	1969	1970
1. Bergbau und Energie	4,6	4,4	3,4	2,8	3,5	5,4
a) darunter Steinkohlenbergbau	6,7	6,4	5,0	4,4	5,9	9,3
2. Eisen- u. Metallerzeugung und -verarbeitung	8,4	8,6	6,4	7,7	11,0	13,7
darunter						
a) Stahl-, Maschinen- und Fahrzeugbau	8,0	8,4	5,9	6,6	9,8	12,5
3. Verarb. Gewerbe (ohne Bau)	7,7	8,7	6,8	7,4	9,7	11,9
darunter						
a) Chemische Industrie	6,7	7,0	5,3	5,9	7,6	9,2
b) Kunststoff-, Gummi- und Asbestverarbeitung	11,3	12,8	10,5	11,3	16,5	18,4
c) Gewinnung und Verarbeitung von Steinen und Erden, Grob- und Feinkeramik, Glasgewerbe	12,1	12,7	8,8	9,0	11,9	16,1
d) Holz-, Papier- und Druckgewerbe	6,5	7,3	5,7	5,9	7,9	10,1
e) Leder-, Textil- und Bekleidungsgewerbe	8,2	10,0	8,2	9,4	12,1	13,6
4. Baugewerbe	12,0	11,9	8,3	8,9	12,4	17,5
5. Dienstleistungen, Handel und Verkehr	2,0	2,4	2,3	2,3	2,8	3,4
darunter						
a) Gaststättengewerbe	7,6	8,7	8,6	9,4	12,7	14,8
b) Bundesbahn	3,5	3,2	2,3	2,1	3,2	4,7
c) Krankenpflege	3,5	4,7	5,0	4,9	5,2	7,0
6. Ganze Wirtschaft	5,7	6,1	4,7	5,2	7,0	9,0

Quelle: Bundesanstalt für Arbeit: Ausländische Arbeitnehmer, Jahresberichte 1967, S. 10; 1969, S. 12; 1970, S. 9.

* Jeweils Ende September

daß die Substitution der Arbeit durch Kapital nicht Folge der Arbeitskräfteknappheit – wie oft behauptet wird –, sondern eine unabdingbare Voraussetzung des Wachstums und der Konkurrenzfähigkeit der deutschen Wirtschaft ist. Darüber hinaus verursacht dieser Substitutionsprozeß selbst die Arbeitskräfteknappheit, da die Anwendung des technischen Fortschritts nicht allein mit einer Arbeitskräftefreisetzung, sondern auch gleichzeitig mit einer zunehmenden Nachfrage nach Arbeitskräften verbunden ist. Es handelt sich hierbei um einen Ketten-Mechanismus, wobei die durch den technischen Fortschritt freigesetzten Arbeitskräfte rein quantitativ geringer sind als die dadurch geschaffenen neuen Arbeitsplätze. Ich verweise diesbezüglich auf die Ausführungen unten unter 3 g und 3 h.

Hier muß noch auf zwei wichtige Momente hingewiesen werden, die die Periode der Masseneinwanderung von Gastarbeitern kennzeichnen: einmal die zunehmende Tätigkeit des Staates und zum anderen die Konzentrationstendenzen des Kapitals. Es wird mit Recht behauptet, daß die vorher angedeutete Steigerung der Investitionsquote „die verstärkten Anstrengungen des staatsmonopolistischen Systems zur Meisterung der wissenschaftlich-technischen Revolution" widerspiegelt.[120] Wenn nun zwischen 1962–1966 die Investitionsquote 17,8 % erreichte (im Gegensatz zu 13,8 % für 1952–1956 und 16,0 % für 1957–1961), so verläuft diese Entwicklung parallel mit einer Abnahme des Anteils der Privatinvestitionen und einer gleichzeitigen Zunahme der staatlichen Investitionen. Zwischen 1950 und 1963 ist folgende Entwicklung des prozentualen Anteils an den Gesamtinvestitionen zu beobachten.[121]

	Unternehmen	Staat
1950	71,6	8,4
1960	68,4	11,8
1963	62,7	15,9

Zwischen 1960 und 1970 ging der Prozentanteil des privaten Sektors an den Anlageinvestitionen nach Angaben des Statistischen Bundesamtes von 86,9 % auf 83,8 % zurück, dagegen stieg der des Staates von 13,1 % auf 16,2 %. Der staatliche Anteil an den Bauinvestitionen stieg im gleichen Zeitraum von 2,8 % auf 3,9 %.[122] Wichtig ist jedoch in diesem Zusammenhang die Entwicklung der Selbstfinanzierung der Unternehmungen. Einmal ist ein zunehmender Rückgang der Selbstfinanzierungsquote zu bemerken. So betrug die Selbstfinanzierungsquote der Unternehmen 83,9 % im Jahre 1950, 72,9 % im Jahre 1960 und 65,7 % im Jahre 1966. In späteren Jahren ging nach Angaben der OECD die Selbstfinanzierungsquote von 86,7 % im Jahre 1967 auf 58,7 % in der zweiten Hälfte des Jahres 1970 zurück.[123] Zum anderen stieg der Anteil der Staatszuschüsse an der Finanzierung der Unternehmerinvestitionen von 3,2 % im Jahre 1950 auf 4,1 % im Jahre 1960 und 6,7 % im Jahre 1966 an.[124] Diese Daten zeigen, wie der Staat immer mehr in die Rolle des Garanten des Wirtschaftswachstums wächst, indem er nicht nur für die Voraussetzungen der privaten Initiative sorgt (Infrastruktur usw.), sondern auch selbst in zunehmendem Maße den Konjunkturverlauf beeinflußt.[125] Diese Tendenz war schon in der Rekonstruktionsperiode vorhanden[126] und verstärkte sich in den sechziger Jahren. Zu diesem Punkt sei auf die Analyse von J. Huffschmid hingewiesen, der ausreichendes Material dazu liefert.[127] Das Wirtschaftswachstum in den sechziger Jahren hängt also mit den strukturellen Entwicklungen des westdeutschen Kapitalismus zusammen. Nur in diesem Rahmen kann man die gestiegene Nachfrage nach ausländischen Arbeitskräften und die entsprechende Politik der Bundesregierungen verstehen. Durch verschiedene Abkommen erschlossen sie neue Arbeitsmärkte für das westdeutsche Kapital und machten das Rotationsprinzip zur Grundlage der Gastarbeiterbeschäftigung. Dadurch wurden die Ausbeutungsmöglichkeiten für das deutsche Kapital gewährleistet und Infrastrukturkosten sowohl dem Kapital wie auch dem Staat erspart. Diese Punkte werden später eingehender behandelt.

Abschließend muß an dieser Stelle auf das zweite wichtige Moment der Entwicklungen in den sechziger Jahren hingewiesen werden, nämlich die Konzentrationstendenzen des Kapitals. Im Jahre 1967 hatten weniger als 8 % aller Industriebetriebe 200 und mehr Arbeitnehmer, erzielten jedoch 70 % des Industrieumsatzes und umfaßten mehr als 2/3 der Industriebeschäftigten. Zwischen 1960 und 1967 stieg der Anteil der 50 größten Industrieunternehmen am Gesamtumsatz von 33,5 % auf 42,2 %, der Anteil der 100 größten Unternehmen von 40,1 % auf 45,7 %.[128] Diese Konzentrationstendenz macht sich auch in den einzelnen Branchen bemerkbar.[129] Es ist interessant, daß diese Entwicklungen auch die Gastarbeiterbeschäftigung beeinflussen. Nach der Repräsentativuntersuchung der Bundesanstalt für Arbeit von 1968 waren 45 % der Ausländer in Betrieben mit einer Belegschaft von mehr als 500 Personen beschäftigt. Weitere 15 % der männlichen und 17 % der weiblichen Ausländer arbeiteten in Betrieben mit 200 bis 500 Beschäftigten. Etwa 21 % der Gastarbeiter waren in Betrieben mit weniger als 50 Beschäftigten tätig. Weiterhin wurde in dieser Untersuchung festgestellt, daß bei den Gastarbeitern (in der offiziellen Sprache „Arbeitnehmer aus Anwerbeländern") „die Konzentration auf die Großbetriebe besonders ausgeprägt war.[130] Aus der Tabelle IV – 8 wird ersichtlich, wie diese Konzentration der Gastarbeiter in ausgewählten Wirtschaftsbereichen und -zweigen aussieht. In den güterproduzierenden Bereichen, in denen wegen des hohen Monopolisierungsgrades Großbetriebe überwiegen, ist der Konzentrationsgrad der Gastarbeiter entsprechend hoch. Dagegen ist er in manchen Zweigen des tertiären Sektors geringer (siehe z. B. Zeilen 5, 6 und 8). Ähnliches gilt auch für den Bausektor. Die Aufstellung auf S.63 gibt Aufschluß über den Monopolgrad der Branchen, in denen auch eine große Konzentration der Gastarbeiter zu beobachten ist.[131]

Zusammenfassend kann man also sagen, daß Wesen und Merkmale der Ausländerbeschäftigung von den Besonderheiten der ökonomischen Entwicklung in der Bundesrepublik in den sechziger Jahren bestimmt werden. Wenden wir uns jetzt den konjunkturellen Schwankungen der deutschen Wirtschaft in den sechziger Jahren zu.

	Anteil der 10 umsatzgrößten Unternehmen am Gesamtumsatz der Branche 1960	Anteil der 8 größten Unternehmen am Branchenumsatz 1966	Anteil der 4 größten Unternehmen am Branchenumsatz 1966	Anteil der Gastarbeiter in Betrieben mit 500 u. mehr Beschäftigten 1968
1. Mineralölverarbeitung	91,5 %	–	83,7 %	41,0 %[1]
2. Fahrzeugbau	67,0 %	90,4 %	81,3 %	81,0 %
3. Eisenschaffende Industrie	57,8 %	–	–	84,0 %
4. Bergbau	42,0 %	–	–	41,0 %[1]
5. Chemische Industrie	40,6 %	57,3 %	49,0 %	72,0 %
6. Elektrotechn. Industrie	38,4 %	61,9 %	47,4 %	79,0 %
7. Textilindustrie	7,2 %	10,9 %	8,1 %[2]	50,0 %

[1] Mineralölverarbeitung und Bergbau zusammen.
[2] Textil- und Bekleidungsindustrie zusammen.

b) Der Konjunkturverlauf – Die Pufferfunktion der Gastarbeiter

Es ist wichtig, zu analysieren, wieweit der Konjunkturverlauf die Gastarbeiterbeschäftigung beeinflußt hat bzw. ob die Gastarbeiter tatsächlich eine Pufferfunktion erfüllen. Aus den im vorigen Abschnitt enthaltenen Tabellen und Abbildungen, die den Wachstumspfad der deutschen Wirtschaft in der Zeit 1960–1970 belegen, kann man, wie schon angedeutet, auch den Konjunkturverlauf ablesen. Versuchen wir nun, diesen Konjunkturverlauf in Hinblick auf die Frage der Pufferfunktion zu konkretisieren.

Die deutsche Wirtschaft hat in der Nachkriegszeit bisher fünf Konjunkturzyklen durchgemacht. Vom Tiefpunkt ausgehend umfaßte der erste Zyklus die Jahre 1949 bis 1954, der zweite die Jahre 1955 bis 1958, der dritte die Jahre 1959 bis 1963 und der vierte die Jahre 1964 bis 1967. Danach folgte ein neuer Zyklus, als dessen Tiefpunkt sich wahrscheinlich die zweite Hälfte des Jahres 1971 erweisen wird. Tiefpunkte hatten wir also in den Jahren 1949, 1954, 1963 (erste Hälfte) und 1967 (erste Hälfte), Höhepunkte dagegen in den Jahren 1950, 1955, 1961, 1965 und 1970/71.[132] Mir geht es hier nicht darum, die Konjunkturzyklen eingehend zu analysieren. Die Autoren, die sich mit dem Thema konkret befaßt haben, kommen zu der Schlußfolgerung, daß die Nachfrage des Auslandes die Hauptursache dieser konjunkturellen Schwankungen gewesen sind. Eine steigende Export-

Tabelle IV – 8
Betriebsgröße und Ausländerbeschäftigung in ausgewählten Wirtschaftsbereichen bzw. -zweigen

	Betriebe mit Beschäftigtenzahl							
	50 bis 199	200 bis 499	500 u. mehr	Alle Ausländer-Männer	50 bis 199	200 bis 499	500 u. mehr	Alle Ausländer-Frauen
	Männer in %				Frauen in %			
1. Bergbau, Gewinnung u. Verarbeitung von Steinen und Erden, Energiewirtschaft	23	12	41	100	–	–	–	–
2. Eisen- u. Metallerzeugung und -verarbeitung	13	12	65	100	14	13	68	100
2a Eisen- u. Stahlerzeugung (einschl. Walzwerke und Ziehereien)	– 16[1]	–	84	100	–	–	–	–
2b Eisen-, Stahl- u. Metallwarenindustrie	24	26	31	100	24	25	42	100
2c Maschinen-, Apparate- u. Armaturenbau	17	14	59	100	–	–	71	100
2d Straßenfahrzeugbau	– 9[2]	–	81	100	–	–	92	100
2e Elektrotechnik	– 16[2]	–	79	100	11	–	77	100
3. Verarb. Gewerbe (ohne Metallindustrie)	19	22	46	100	24	23	42	100
3a Chemische Industrie	– 24[2]	–	72	100	–	–	66	100
3b Textilgewerbe	18	29	50	100	21	29	44	100
3c Schneiderei, Näherei, Kleider- u. Wäscheherstellung	–	–	–	–	40	– 31[3]	–	100
4. Bau-, Ausbau- u. Bauhilfsgewerbe	35	17	15	100	–	–	–	–
5. Handel, Geld- u. Versicherungswesen	24	– 23[3]	–	100	–	– 33[3]	–	100
6. Private Dienstleistungen	–	34[4]	–	100	13	– 16[3]	–	100
7. Verkehrswesen	– 26[1]	–	74	100	–	–	–	–
8. Öff. Dienst u. Dienstleistungen im öff. Interesse	– 44[2]	–	42	100	30	19	26	100

Quelle: Ausländische Arbeitnehmer 1969, a.a.O., S. 79

Anmerkungen:
[1] 1 bis 499 zusammen
[2] 50 bis 499 zusammen
[3] 200 und mehr
[4] 50 und mehr

nachfrage, sagt Vogt, führt jedesmal „zu einer Ausweitung des Geschäfts in der Exportindustrie, die sich jeweils durch eine Art Exportakzelerator auf die vorgelagerten Investitionsgüterindustrien fortpflanzte. So war in jedem Aufschwung die unmittelbare Folge des Exportbooms ein Investitionsboom“[133]. Ich werde im nächsten Abschnitt die Frage des Außenhandels in Zusammenhang mit der Ausländerbeschäftigung behandeln. Aus der im vorigen Abschnitt enthaltenen Tabelle IV – 6 und Abb. IV – 5 können wir den Konjunkturverlauf an Hand der Wachstumsraten der Beschäftigung allgemein, der Ausländerbeschäftigung und der Investitionen in ausgewählten Branchen verfolgen. Sehen wir uns nun hier in Tabelle IV – 9 einige relevante Größen für die gesamte Wirtschaft näher an, dic in Abb.

IV – 6 graphisch wiedergegeben werden. Es ist eindeutig, daß die Wachstumsraten des Bruttosozialproduktes und der industriellen Nettoproduktion die Beschäftigungsraten beeinflussen. Es fällt dabei auf, daß die Wirkung auf die Industriebeschäftigung viel größer ist als auf die Gesamtbeschäftigung, darüber hinaus erweist sich die Ausländerbeschäftigung als die empfindlichste Größe. In Abb. IV – 6 kommt diese Empfindlichkeit in den äußerst hohen Schwankungen des Kurvenverlaufs der Gastarbeiterbeschäftigung zum Ausdruck. Zu ähnlichen Ergebnissen kommt auch die schon oben zitierte Untersuchung des Tübinger Instituts für Angewandte Wirtschaftsforschung.[134] Im vorigen Abschnitt haben wir auch auf die Verzögerungen hingewiesen, mit denen die Ausländerbeschäftigung auf den Konjunkturverlauf reagiert. Übersetzt man nun diese Empfindlichkeit der Ausländerbeschäftigung in absolute Zahlen, so ergibt sich bis Juni 1966 eine kontinuierliche Steigerung der Ausländerzahl, obwohl mit verminderten Wachstumsraten in den Jahren, in denen der Tiefpunkt des Konjunkturzyklus erreicht wird (1964, 1971). Ab Ende 1967 nimmt zum erstenmal die Zahl der Ausländer absolut ab (Dezember 1966 1,1 Mio. Gastarbeiter gegenüber 1,3 Mio. im September desselben Jahres).

Der Tiefpunkt wird im Januar 1968 erreicht (0,9 Mio.). Dies bedeutet während der Rezession für etwa 410 000 Gastarbeiter oder rund 30 % die Rückkehr in ihre Heimatländer. In der gleichen Zeit stieg die Arbeitslosenquote in der Bundesrepublik von 0,7 % im Jahre 1966 auf 2,1 % im Jahre 1967; sie fiel auf 1,5 % im Jahre 1968. Erst 1970 hatte sie wieder 0,7 % erreicht.[135]

In diesem Rahmen hat man von der Pufferfunktion der Gastarbeiter gesprochen.[136] Daß diese Funktion der Gastarbeiter erst klar im Jahre 1967 zum Ausdruck kam, hängt mit dem Ausmaß der Rezession dieses Jahres zusammen. Die Pufferfunktion wurde potentiell auch in den Jahren 1964 und 1971 erfüllt, in dem Sinne, daß die Zunahme der Ausländerzahl den jeweiligen Bedürfnissen der deutschen Wirtschaft entsprach. Daß diese Pufferfunktion nur potentiell zum Ausdruck kam, erklärt sich aus der Tatsache, daß der Rückgang der Wachstumsraten des Bruttosozialprodukts und der industriellen Produktion nicht das Ausmaß erreichten wie im Jahre 1967, als die Wachstumsrate des Bruttosozialprodukts dem Nullpunkt sehr nahe kam. Darüber hinaus hat sich gezeigt, daß Teilmärkte auf dem Arbeitsmarkt existieren, auf denen der Bedarf nur mit Gastarbeitern gedeckt werden kann.[137] Diese Pufferfunktion hängt mit der Rolle der Gastarbeiter zusammen, als eine Reservearmee zu dienen, auf die das Kapital je nach Bedarf zurückgreifen kann. Im Rahmen der Internationalisierung des Kapitals und der Intensivierung der internationalen Wirtschaftsbeziehungen hat das schnelle und kräftige Wachstum hochentwickelter Volkswirtschaften, wie die der Bundesrepublik, dazu geführt, daß diese Reservearmee-Funktion von der einheimischen Arbeiterklasse auf die Arbeitslosen benachbarter, wenig entwickelter Staaten überging. Das von Marx entdeckte Gesetz der kapitalistischen

Tabelle IV – 9
Konjunkturindikatoren 1960–1971
(Wachstumsraten gegen Vorjahr)

Jahr	BSP	Industrielle Nettoproduktion	Beschäftigte insgesamt	Beschäftigte in der Industrie	Ausländerbeschäftigung
1959	6,7	7,4	–	0,2	–
1960	8,8	11,4	–	4,0	–
1961	5,4	6,3	2,0	3,1	–
1962	4,1	4,3	1,6	0,3	–
1963	3,5	3,4	1,2	–0,9	22,9
1964	6,6	8,6	1,1	0,3	16,7
1965	4,4	5,3	1,4	1,9	24,0
1966	2,5	1,8	0,1	–0,7	11,2
1967	1,0	–2,4	–3,2	–6,4	–18,5
1968	9,0	11,8	0,7	0,3	0,5
1969	11,7	13,0	2,8	5,2	34,0
1970	13,2*	6,1	2,3*	3,7*	32,3*
1971	10,7*	1,8	0,6*	–0,6*	17,8*

Quellen: Monatsberichte der Deutschen Bundesbank, 24. Jg., Nr. 4, April 1972, S. 64–65, und Jg. 23, Nr. 1, Januar 1971, S. 62–63. Für BSP 1967–69, Geschäftsbericht der Deutschen Bundesbank für das Jahr 1971, S. 7.

* Vorläufige Angaben

Anmerkung: Die Wachstumsraten der Ausländerbeschäftigung weichen von denjenigen in Tab. IV – 4 ab, da hier die Durchschnitts-Jahreszahlen der Gastarbeiter zugrunde gelegt wurden, während dort, wie angegeben, die jährlichen September-Zahlen.

Akkumulation, wonach die Anhäufung des Kapitals eine relative Überbevölkerung voraussetzt, gilt nun unter den gegebenen Umständen immer noch.[138] Durch die Relativierung der nationalen Grenzen, besonders in der Nachkriegszeit, sind die Volkswirtschaften Südeuropas in die Wirtschaft der hochentwickelten kapitalistischen Länder in Europa weitgehend integriert worden, diesmal nicht nur extern. Sowohl als Absatz- und Arbeitsmärkte wie auch als Investitionssphären, hauptsächlich für das Monopolkapital, sind sie nun zum internen Bestandteil der Volkswirtschaft der hochentwickelten Länder Europas avanciert. „Die disponible Arbeitskraft wird durch dieselben Ursachen entwickelt wie die Expansivkraft des Kapitals."[139] Die Interna-

Abb. IV – 6
Konjunkturindikatoren

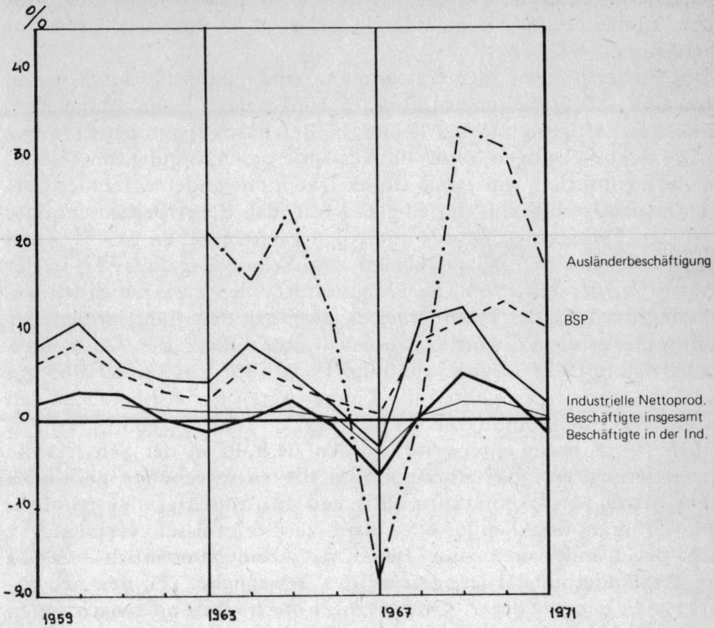

Quelle: Tab. IV – 9

tionalisierung des Kapitals hat auch die Internationalisierung der Arbeitsmärkte hervorgebracht. Ohne die Arbeitsreserven der wenig entwickelten Länder Südeuropas, der Türkei und Nordafrikas ist die Kapitalakkumulation in den Industrieländern Europas, m. a. W. ihr Wachstum im bisherigen Umfang, zumindest unmöglich.[140] Daß dabei dem Kapital eine Teilung der Arbeitsmärkte und damit der Arbeiterklasse gelingt, ist ein Vorgang, der die Reservearmee-Funktion der Gastarbeiter in bezug auf die klassische Auffassung von Marx modifiziert. Die Pufferfunktion als Ausdrucksform der Rolle der Gastarbeiter als industrielle Reservearmee wird zur vorgetäuschten Absicherung der einheimischen Arbeiterklasse benutzt, um sie zum potentiellen Alliierten des Kapitals gegen die Gastarbeiter zu gewinnen. Diese Allianz ist ein Grundstein der Politik der Gewerkschaften.

Ein weiterer Effekt der Pufferfunktion liegt in der Minderung des Ausmaßes der Arbeitslosigkeit, was letzten Endes den Trägern der Arbeitslosenhilfe zugute kommt. M. a. W. exportieren die Industrieländer durch die Pufferfunktion der Gastarbeiter ihre Arbeitslosigkeit in deren Herkunftsländer. So bedeutet Rezession in den Einwanderungsländern Steigerung der Arbeitslosigkeit in den Emigrationsländern. Dies kommt aber in den offiziellen Statistiken nicht zum Ausdruck, zumal sic nur dic im Inland, und zwar im industriellen Sektor Beschäftigten erfassen.

Die Pufferfunktion der Gastarbeiter wird eindeutig durch die in Tabelle IV – 9 enthaltenen Daten für 1967 belegt. Während die allgemeine Beschäftigung um 3,2 % und die Beschäftigung in der Industrie um 6,4 % zurückgingen, sank die Ausländerbeschäftigung um 18,5 %. Die Pufferfunktion wird auch durch Daten aus anderen Ländern belegt. Davison stellte z. B. für England fest, daß die Arbeitslosenquote unter den Farbigen größer als unter den Einheimischen ist.[141] Auch andere Forscher in England kamen zum selben Ergebnis.[142] In der Schweiz, in der bis 1965 vier Konjunkturzyklen zu verzeichnen waren, ging die Zahl der Fremdarbeiter jeweils in dem Jahr, in dem der Tiefpunkt erreicht wurde, zurück. So nahm die Ausländerbeschäftigung 1949 um 6 %, 1950 um 19 %, 1958 um 3,6 %, 1965 um 6,2 % ab. Dagegen erreichten die Zuwachsraten der Ausländer in den Jahren der Hochkonjunktur 38 % (1951), 20,2 % (1956), 25,9 % (1961).[143] Konsequenterweise wurden deshalb in der Schweiz die Einwanderung von Gastarbeitern und die entsprechende Politik zu einem Mittel des konjunkturpolitischen Instrumentariums erhoben, wodurch man den Konjunkturablauf zu beeinflussen versucht.[144] Nach der Bundesvereinigung Deutscher Arbeitgeberverbände bleibt „die Ausländerbeschäftigung stets der bewegliche Teil des Arbeitsmarktes (...), der jederzeit Anpassungen nach oben oder nach unten gestattet"[145]. Dafür sorgt der vorhandene gesetzliche Rahmen, innerhalb dessen sich die Ausländerbeschäftigung abspielt.[146] Wichtig ist in diesem Zusammenhang die Feststellung, daß die Pufferfunktion institutionalisiert ist. Interessant und gewichtig sind diesbezüglich die Ergebnisse aus Baden-Württemberg der schon zitierten Untersuchung des Instituts für Angewandte Wirtschaftsforschung in Tübingen. Darin wird festgestellt, daß der Rückgang der Ausländerbeschäftigung in der Rezession von 1966/67 mit einer deutlichen Verzögerung stattfand und daß er in diesem Lande 21 % für die Ausländer während der Jahre 1967 und 1968, dagegen aber nur 1,8 % für die Deutschen im Jahre 1966 ausmachte.[147] Darüber hinaus bestätigen die Ergebnisse der Untersuchung den schon erwähnten Tatbestand, daß sich Teilmärkte auf dem Arbeitsmarkt gebildet haben, die in keiner Konkurrenz miteinander stehen. Wenn sich also die These über den Konjunkturpuffer in der Form einer völligen Substitutionalität zwischen Ausländern und Inländern als nicht stichhaltig erweist, so stellt doch die Untersuchung des Tübinger Instituts fest, daß die Konjunkturpufferthese in der Form bejaht wird, „daß es auf Grund einer relativen Flexibilität der Ausländerbeschäftigung, die aus der beobachtbaren jährlichen Rotation eines großen Teils der beschäftigten Ausländer herrührt, möglich ist, im Abschwung die Arbeitslosenzahl im Inland relativ niedrig zu halten. Dies geschieht durch Abwanderung von Ausländern im normalen oder verstärkten Ausmaß und durch unterbliebene bzw. verminderte Neuzuwanderung. Zum zweiten besteht die Möglichkeit, daß Inländer immer mehr in konjunkturunempfindlichere Bereiche abwandern und dann vom Abschwung entsprechend weniger betroffen werden."[148]

Daraus ergibt sich auch die Differenz des konjunkturellen Empfindlichkeitsgrades der verschiedenen Nationalitäten unter den Gastarbeitern bzw. zwischen Geschlechtern. Prof. Abadan stellt z. B. in einer Untersuchung fest, daß die Türken am wenigsten unter den Ausländern von der Rezession 1966/67 betroffen wurden, darüber hinaus die männlichen stärker als die weiblichen ausländischen Arbeitskräfte (Rückgang 27,7 % für Männer gegenüber 15,3 % für Frauen).[149] Dies erklärt sich aus der Beschäftigungsstruktur der Ausländer, bei denen sich ein Wandlungsprozeß, ähnlich wie bei den inländischen Arbeitskräften abzeichnet. D. h. die verschiedenen Nationalitäten besetzen zuerst die von deutschen Arbeitnehmern freigestellten Arbeitsplätze, die sie später im Laufe des Wachstums und der ökonomischen Entwicklung verlassen, um bessere Arbeitsplätze in anderen Wirtschaftsbereichen bzw. -zweigen aufzusuchen. Die nun vakant gewordenen Arbeitsplätze werden von Gastarbeitern aus den Ländern besetzt, mit denen zuletzt ein Abkommen abgeschlossen wurde.[150]

Diese Bemerkungen sollen darauf hinweisen, daß die Reservearmee und die damit verbundene Pufferfunktion der Gastarbeiter nicht eine völlige Homogenität der Arbeitskräfte voraussetzt. Vielmehr – und dies ist wichtiger – wird diese Funktion unter den sich ständig ändernden strukturellen Verhältnissen im Spätkapitalismus erfüllt. Diese Verhältnisse führen in einem kontinuierlichen Verlauf zu einer partiellen Integrierung eines immer größer werdenden Teils der Gastarbeiter in den internen Arbeitsmarkt. Ein besonderes Merkmal dieser Verhältnisse im Spätkapitalismus ist die dem Staat zukommende Rolle, durch eine entsprechende expansive Politik die Wirtschaft jeweils aus der Talsohle herauszuführen.[151] Dies aber impliziert die Beanspruchung neuer Arbeitskräfte aus dem Ausland. Ebenso wie die Reservearmeefunktion der Gastarbeiter eine unabdingbare Voraussetzung des weiteren Wachstums der hochkapitalistischen Industrieländer Europas ist, so ist doch die Pufferfunktion, obwohl sich eine immer stärkere Internationalisierung des Kapitals abzeichnet, eine notwendige Begleiterscheinung auf Grund der noch bestehenden nationalen Grenzen. Eine Vertiefung des ökonomischen Gefälles zwischen diesen Ländern und den noch unentwickelten Emigrationsländern kann als Resultat dieser Erscheinung festgehalten werden.

c) Außenhandel und Ausländerbeschäftigung

Die deutsche Wirtschaft ist weitgehend exportorientiert. Das Wachstum und der Konjunkturverlauf sind deshalb sehr eng mit den Entwicklungen auf dem internationalen Markt verbunden. In diesem Zusammenhang, und die vorangegangene Diskussion fortführend, ist es von Bedeutung, den Aspekt zu untersuchen, wieweit die Gastarbeiterbeschäftigung mit dem Exportsektor und den Exportentwicklungen zusammenhängt. Eine solche Untersuchung ist aufschlußreich für die Beantwortung der Frage, ob die Ausländerbeschäftigung strukturell oder konjunkturell oder beides bedingt ist. Giersch bemerkt, daß die Exporte die Hauptursache der Instabilität und damit des Konjunkturverlaufs in der Bundesrepublik gewesen sind. Die Entwicklung der Auslandsnachfrage bestimmt somit über den Einfluß auf die Gewinnerwartungen, die Kapazitätsauslastung und somit die induzierten Investitionen den ökonomischen Zyklus im Inland.[152] Hiervon war schon im vorigen Abschnitt die Rede. In Abb. IV – 7 ist die Entwicklung der Aus- und Einfuhren wie auch des Handelsüberschusses in absoluten Werten wiedergegeben. Deutlich kommt nach 1966 die Erweiterung des Handelsüberschusses zum Ausdruck.[153] Vergleicht man die Außenhandelskurven mit der Kurve der Absolutenzahl der Ausländer, so stellt man fest, daß die Exporte die Ausländerbeschäftigung mit nach oben ziehen. Es geht hier nicht darum, die Ursachen der außenwirtschaftlichen Entwicklungen in der Bundesrepublik zu untersuchen. Bekanntlich schlagen sich diese Entwicklungen in den Diskussionen über die Freigabe der Wechselkurse und den damit verbundenen Markaufwertungen, die jedoch den erwünschten Effekt schuldig blieben.

Bedingt durch die „wirtschaftliche Expansion in den meisten kontinentaleuropäischen Ländern und das im Vergleich zum Ausland niedrigere inländische Preis- und Kostenniveau" stieg die Auslandsnachfrage weiterhin an, so daß der Handelsbilanzüberschuß nicht verringert werden konnte.[154] Abb. IV – 8 gibt die Entwicklung der Wachstumsraten der Exporte und der Ausländerbeschäftigung wieder, die in Tabelle IV – 10 enthalten sind. Die Abhängigkeit der Ausländerbeschäftigung von den konjunkturellen Entwicklungen der Exporte ist ersichtlich. Dabei ist noch einmal die größere Empfindlichkeit der Ausländerbeschäftigung im Vergleich zu den Exporten hervorzuheben. Erwähnenswert ist auch der Tatbestand, daß die Ausländerbeschäftigung mit einer Verzögerung auf die Schwankungen der Exporte reagiert.

Aufschlußreicher ist jedoch die Beobachtung der Entwicklungen in den Exportzweigen in Zusammenhang mit der Entwicklung der Ausländerbeschäftigung. Es muß daran erinnert werden, daß die deutschen Exporte zu über 96 % aus Industrieprodukten bestehen und daß darunter die Fertigwaren mehr als 80 % ausmachen.[155] Wie hoch der

Abb. IV – 7
Die Entwicklung der Handelsbilanz 1960–1971

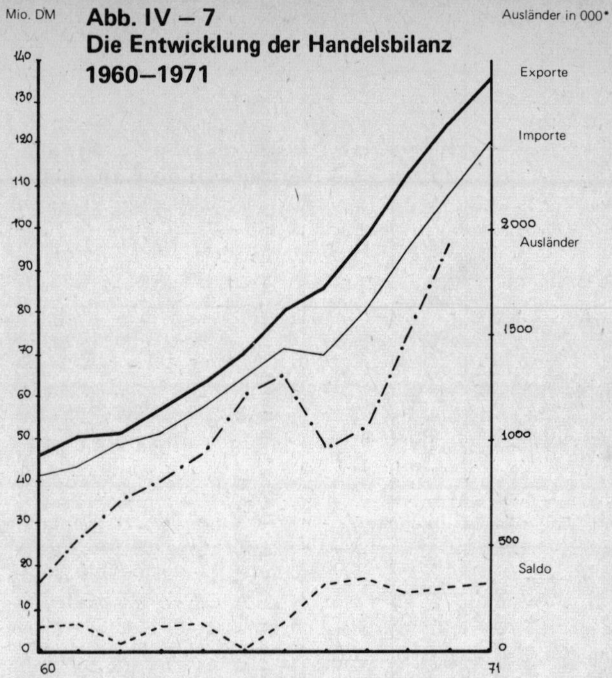

Quelle: Statistische Beihefte zu den Monatsberichten der Deutschen Bundesbank, Reihe 3, Zahlungsbilanzstatistik, August 1972, Nr. 8, Tab. 1, und Ausländische Arbeitnehmer 1970, a.a.O., S. 46.

* jeweils im September.

Anteil der verschiedenen Wirtschaftszweige an den Exporten ist, ergibt sich aus folgender Aufstellung für ausgewählte Wirtschaftszweige für 1963[156]:

1. Maschinenbauerzeugnisse	21,5 %
2. Landfahrzeuge	13,6 %
3. Chemische Erzeugnisse	12,8 %
4. Elektrotechnische Erzeugnisse	8,8 %
5. Eisen und Stahl	6,7 %
6. Erzeugnisse des Kohlenbergbaus	4,2 %
7. Eisen-, Blech- und Metallwaren	4,0 %
8. Textilien	3,6 %
9. Feinmechanische und optische Erzeugnisse	2,8 %
Zusammen	78,0 %

Tabelle IV – 10
Wachstumsraten der Exporte und der Ausländerbeschäftigung

Wachstumsraten	1961	1962	1963	1964	1965	1966	1967	1968	1969	1970
Exporte	6,3	3,9	10,1	11,3	10,4	12,5	7,9	14,4	14,0	10,3
Gastarbeiter	66,5	29,2	16,4	18,9	23,4	8,1	–24,6	10,0	37,7	29,7

Quelle: Für die Exporte statistische Beihefte zu den Monatsberichten der Deutschen Bundesbank, Reihe 3, Zahlungsbilanzstatistik, Aug. 1972/Nr. 8, Tab. 1, für die Gastarbeiter Tab. IV – 4 dieses Kapitels.

Abb. IV – 8
Wachstumsraten der Exporte und der Ausländerbeschäftigung

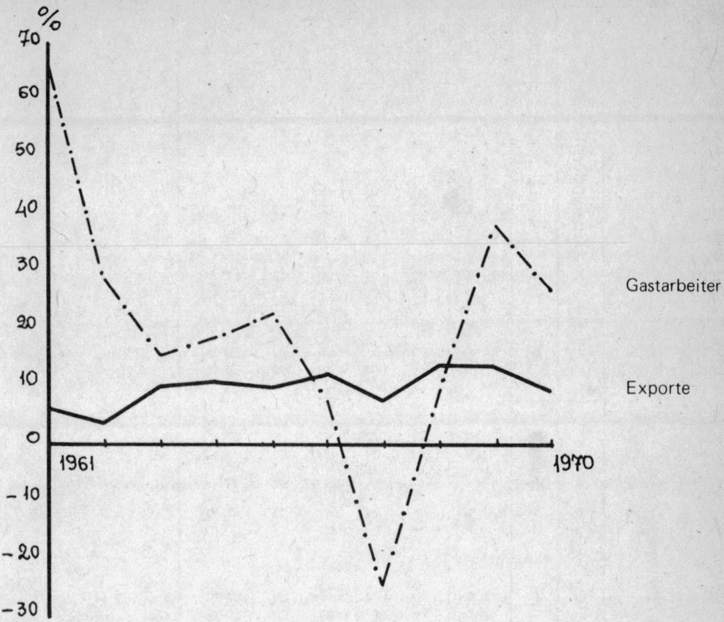

Quelle: Tab. IV – 10

In der folgenden Tabelle IV – 11 und der daran angeschlossenen Abb. IV – 9 sind die Ausländerquoten in ausgewählten Wirtschaftszweigen deren Exportquoten gegenübergestellt. Es folgt daraus, daß die Ausländerquoten zwischen 1965 und 1970 in allen Zweigen tendenziell steigen, mit Ausnahme der Rezession von 1967. Auf der anderen Seite weisen die Exportquoten der verschiedenen Zweige mehr oder weniger eine Stabilität auf (Zweige 3, 4, 5, 7) oder steigen tendenziell, wenn auch nur langsam (Zweige 1, 2, 6). Auch diesmal ist die konjunkturelle Beeinflussung der Gastarbeiterbeschäftigung ersichtlich. Daraus kann gefolgert werden, daß die Aufrechterhaltung bzw. die Steigerung des Prozentanteils jedes einzelnen Wirtschaftszweiges an den Gesamtexporten durch das ständige Anwachsen der Ausländerbeschäftigung erreicht werden konnte.[157] Dieses Verhältnis kommt klar in Tabelle IV – 12 zum Ausdruck. In der Abb. IV – 10 kann man die enge Beziehung der Wachstumsraten der Exporte und der Ausländerbeschäftigung in fünf Wirtschaftszweigen ablesen. Der dynamische Verlauf der Exporte bestimmt auch die Ausländerbeschäfti-

Tabelle IV – 11
Ausfuhr- und Ausländerquoten ausgewählter Wirtschaftszweige

	Ausfuhrquoten[1]						Ausländerquoten[2]					
	1965	1966	1967	1968	1969	1970	1965	1966	1967	1968	1969	1970
1. Chemische Industrie	5,7	5,8	6,6	7,2	7,5	7,5	6,7	7,0	5,3	5,9	7,6	9,2
2. Kunststoff-, Gummi- und Asbestverarbeitung	1,3	1,4	1,4	1,6	1,7	1,8	11,3	12,8	10,5	11,3	16,5	18,4
3. Steine und Erden, Grob- und Feinkeramik, Glasgewerbe	2,2	2,2	2,3	2,3	2,2	2,3	12,1	12,7	8,8	9,0	11,9	16,1
4. Holz-, Papier- und Druckgewerbe	5,9	5,7	5,2	5,4	5,5	5,4	6,5	7,3	5,7	5,9	7,9	10,1
5. Leder-, Textil- und Bekleidungsindustrie	9,8	10,0	8,7	9,5	9,8	9,4	8,2	10,0	8,2	9,4	12,1	13,6
6. Stahl-, Maschinen- und Fahrzeugbau	9,2	9,6	9,4	9,5	10,4	12,5	8,0	8,4	5,9	6,6	9,8	12,5
7. Steinkohlenbergbau	0,7	0,66	0,66	0,48	0,47	0,59	6,7	6,4	5,0	4,4	5,9	9,3

Quelle: Statistisches Jahrbuch 1971, a.a.O., S. 293, und Tab. IV – 7
[1] Prozentanteil an den Gesamtausfuhren
[2] Prozentanteil an der Gesamtzahl der Beschäftigten

Anmerkung: Für die Berechnung der Ausfuhrquoten bin ich Herrn Dipl.-Volkswirt Hartmut Seifert sehr verpflichtet.

Abb. IV – 9
Ausfuhr- und Ausländerquoten

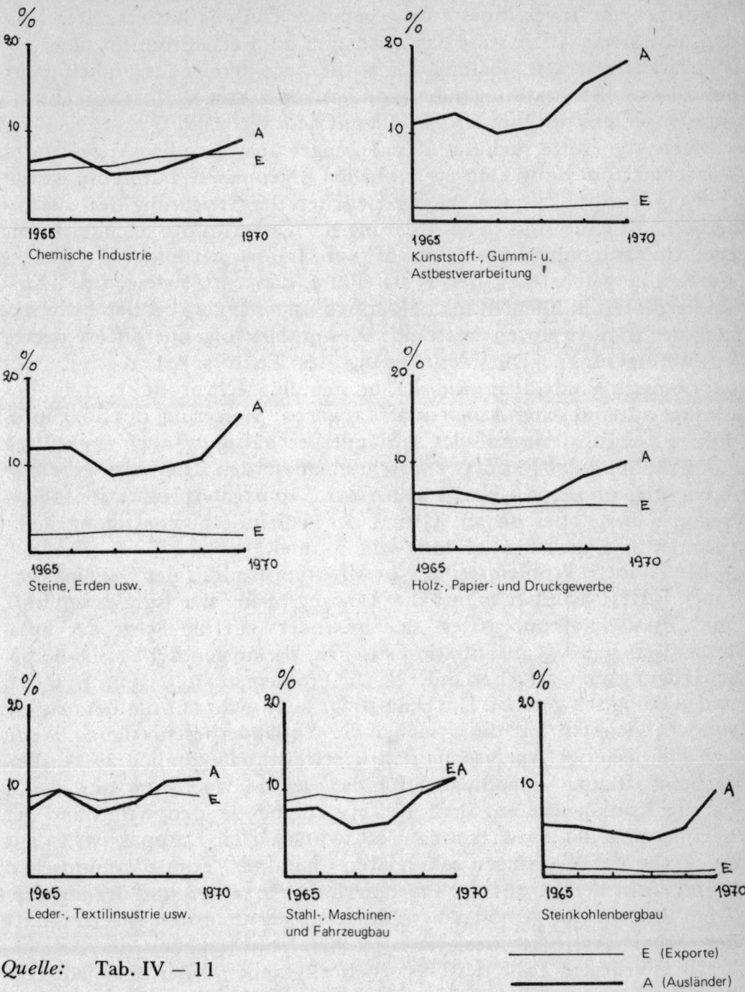

Quelle: Tab. IV – 11

gung in jedem Zweig. Sowohl in der Rezession wie auch im Aufschwung folgen jedesmal die Zuwachsraten der Ausländerbeschäftigung auf die Steigerung der Exporte. M. a. W. führt eine Zunahme der Auslandsnachfrage zu einer Steigerung der Nachfrage nach Arbeitskräften, die im Falle der Bundesrepublik nur durch die Einfuhr von Gastarbeitern gedeckt werden konnte.

Denn durch die Auslandsnachfrage werden Investitionen induziert, wodurch neue Arbeitsplätze geschaffen werden. Ohne die Gastarbeiter hätte die deutsche Wirtschaft die Auslandsnachfrage nicht decken können, keine Investitionen im gegebenen Umfang hätten stattgefunden, und demzufolge wäre das Wachstum des Sozialprodukts nicht gewährleistet gewesen. Vielmehr hätte dies, wie bereits ausgeführt, nicht nur zu einer Stagnation geführt, sondern auch zum Verlust von Marktanteilen seitens der Bundesrepublik auf dem Weltmarkt.

Auch die Untersuchung des Tübinger Instituts für Angewandte Wirtschaftsforschung kam zu ähnlichen Ergebnissen. Immerhin wurde kein eindeutiger Zusammenhang zwischen der Steigerung der Ausländerbeschäftigung und der Steigerung der Exportquote nachgewiesen. Die Untersuchung einer Anzahl von Industriegruppen in Baden-Württemberg führte zu der Feststellung, daß ein Ansteigen der Ausländerquoten in allen Industriegruppen unabhängig von der Entwicklung der Exportquoten stattfand. Dies erklärt folgende differenzierte Schlußfolgerung: „Die Vermehrung des Faktors Arbeit ergibt bei ökonomisch sinnvollem Einsatz immer ein Mehrprodukt, d. h. der Einsatz ausländischer Arbeitskräfte trägt zur Steigerung des Sozialproduktes bei. Insofern muß der Ausländerbeschäftigung auch ein Beitrag zur Erhöhung des Exports zugeschrieben werden. Dabei ist es relativ unwichtig, ob die Ausländer selbst zur Exportgüterproduktion beigetragen haben, oder ob auf Grund der Ausländerbeschäftigung mehr Inländer im Exportbereich tätig sein konnten.“[158]

Eine andere Problemstellung betrifft den Einfluß der Geldüberweisungen der Gastarbeiter auf die Zahlungsbilanz der Bundesrepublik. Die Diskussion konzentriert sich besonders auf die Frage der inflationistischen bzw. antiinflationistischen Wirkungen der Ausländerbeschäftigung im Gastgeberland.[159] Die Problemstellung ist m. E. falsch und ideologisch gefärbt. Die Hauptfrage zielt nicht auf die Wirkungen, sondern vielmehr auf die Ursachen der Ausländerbeschäftigung. Wenn sich die bisherige Analyse als richtig erweist, daß nämlich die Ausländerbeschäftigung unabdingbar für das weitere Wachstum und damit für die Konkurrenz auf dem Weltmarkt und für den Wohlstand der Bevölkerung der entwickelten Volkswirtschaften Europas ist, so hat die Frage der Wirkungen sekundären Charakter. Vom ökonomischen Standpunkt her ist nur der Frage nach den Ursachen und der notwendigen Anzahl der Arbeitskräfte Relevanz beizumessen. Die Herkunft der Arbeitskräfte ist irrelevant. Ist die Notwendigkeit der Arbeitskräfte, in diesem Falle der Gastarbeiter, gegeben, so entfällt jede Diskussion über deren Wirkungen. Die ideologischen Grundlagen der Diskussion kommen klar zum Ausdruck, wenn man daran denkt, daß einerseits der Geburtenrückgang beklagt wird, weil dadurch zukünftig das Arbeitskräftepotential u. a. verringert wird, andererseits aber die Frage nach den ökonomischen – und nicht nur den ökonomischen – Wirkungen der Gastarbeiter gestellt wird. Daß man sich Gedanken über die politischen, kulturellen und anderen Wirkungen der Auslän-

Tabelle IV – 12
Zuwachsraten der Ausländerbeschäftigung und der Exporte ausgewählter Wirtschaftszweige

	1964	1965	1966	1967	1968	1969	1970
A. Chemische Industrie							
1. Ausländerbeschäftigung	26,7	25,0	9,7	–19,1	5,0	29,4	25,4
2. Exporte	21,0	22,5	5,3	8,5	27,0	26,8	10,5
B. Holz-, Papier- und Druckgewerbe							
1. Ausländerbeschäftigung	15,6	30,0	12,1	–27,8	3,8	29,5	27,6
2. Exporte	17,8	12,8	–7,2	–10,9	19,4	22,0	10,4
C. Leder-, Textil- und Bekleidungsindustrie							
1. Ausländerbeschäftigung	18,9	30,0	17,6	–26,0	13,6	33,3	12,7
2. Exporte	11,5	23,8	7,5	–17,0	25,3	12,3	6,45
D. Stahl-, Maschinen- und Fahrzeugbau							
1. Ausländerbeschäftigung	29,2	28,8	6,2	–30,1	17,9	58,3	33,0
2. Exporte	16,8	16,3	8,0	–4,9	16,6	32,0	34,5
E. Steinkohlenbergbau							
1. Ausländerbeschäftigung	19,6	7,4	–11,8	–32,2	–23,6	27,4	50,3
2. Exporte	–14,3	0,0	–5,3	–3,95	–16,6	19,6	41,0

Quelle: Tabelle IV – 6 und Statistisches Jahrbuch 1971, S. 293

Anmerkung: Die Zuwachsraten der Exporte berechnete Herr Dipl.-Volkswirt Hartmut Seifert, dem ich auch an dieser Stelle danken möchte.

derbeschäftigung macht, kann man unter den gegebenen Verhältnissen der immer noch nationalistisch eingestellten Staaten verstehen, obschon deren verbaler Anspruch eine eher antinationalistische Tendenz aufzeigt. Unbegründet ist der Versuch, diese Diskussion auch durch ökonomische Argumente zu untermauern, etwa im Sinne, daß die Gastarbeiter die Inflation fördern oder daß sie auf die Konjunktur dämpfend wirken. Diese ökonomischen Argumente werden, solange man ökonomisch argumentiert, ad absurdum geführt. Deshalb erscheint es wenig sinnvoll, über die Wirkungen der Geldüberweisungen der Gastarbeiter auf die Zahlungsbilanz des Gastgeberlandes zu sprechen. Größere Bedeutung kommt der Frage nach den Wirkungen der Geldüberweisungen der Gastarbeiter einmal auf die Zahlungsbilanz ihrer Heimatländer und zum anderen auf die Handelsbeziehungen letzterer zu dem Land ihres Arbeitsortes zu. Eine eingehende Analyse die-

Abb. IV – 10
Zuwachsraten der Exporte und der Ausländerbeschäftigung

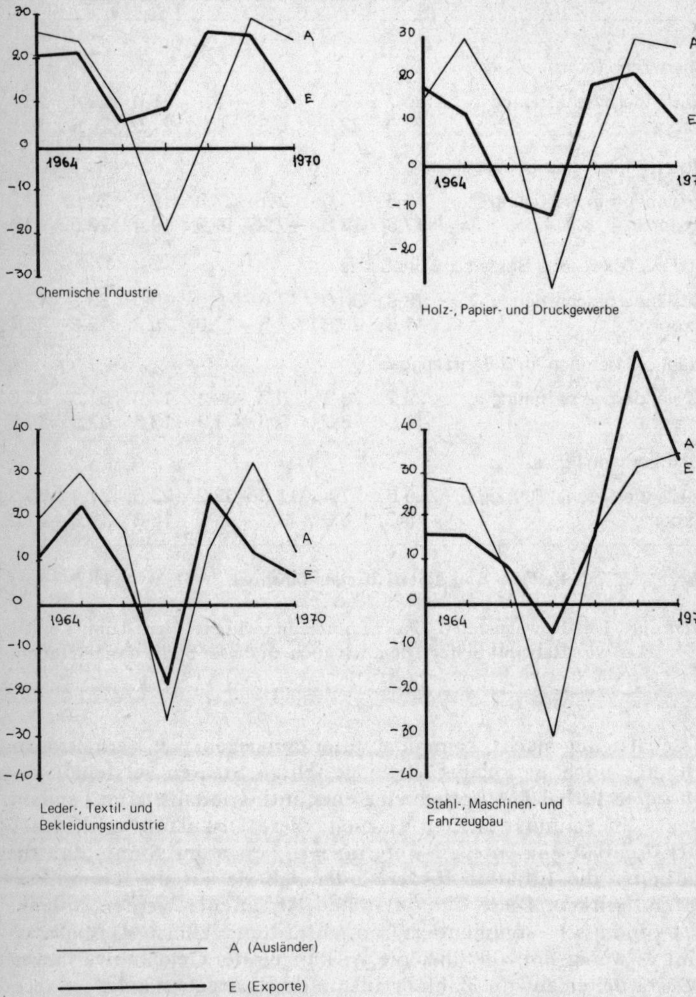

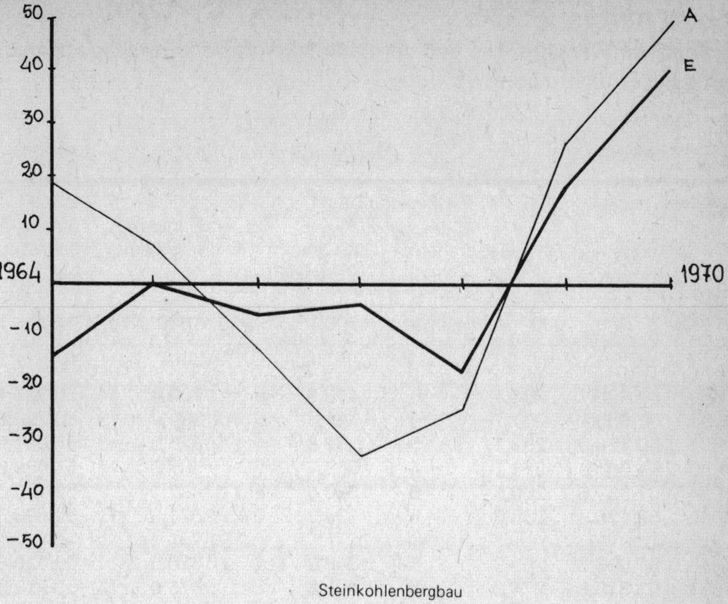

Quelle: Tab. IV – 12

A (Ausländer)
E (Exporte)

ses Sachverhalts beweist vielmehr, daß durch die Geldüberweisungen der Gastarbeiter die Exporte des Gastgeberlandes an die Heimatländer der Gastarbeiter gefördert werden.[160]

d) Die demographischen Entwicklungen in der Bundesrepublik

Wenn wir bisher unser Augenmerk auf die Faktoren lenkten, die die Nachfrage nach Gastarbeitern bestimmen, so wenden wir uns im folgenden den demographischen Entwicklungen in der Bundesrepublik zu, die die Arbeitsknappheit von der Angebotsseite her erklären. Wichtig in diesem Zusammenhang ist die Betrachtung sowohl des Wachstums der Bevölkerung wie auch deren Altersstruktur.

Tabelle IV – 13 gibt die Entwicklung der deutschen Bevölkerung in der Nachkriegszeit wieder. Wie aus Abb. IV – 11 ersichtlich, ist der Geburtenüberschuß seit 1964 rückläufig, so daß ab 1968 die Einwanderung den Hauptfaktor der Bevölkerungszunahme darstellt. Diese

Tabelle IV – 13

Einfluß der Wanderungen und der natürlichen Bevölkerungsbewegung auf die Bevölkerungsentwicklung

Jahr	Bevölkerungsstand am Jahresanfang	Veränderungen: Überschuß der Geborenen		Veränderungen: Überschuß der Zu- bzw. Fortzüge (–)		Zunahme insgesamt[1]		Bevölkerungsstand am Jahresende
	1000	1000	‰[2]	1000	‰[2]	1000	‰[2]	1000
1950	49 635,7	284,1	6	416,3	8	700,4	14	50 336,1
1951	50 336,1	251,7	5	141,3	3	389,9	8	50 726,0
1952	50 726,0	253,1	5	72,8	1	325,9	6	51 051,9
1953	51 051,9	218,1	4	369,7	7	587,8	12	51 639,6
1954	51 639,6	260,6	5	226,6	4	487,1	9	52 126,8
1955	52 126,8	238,3	5	333,3	6	571,6	11	52 698,3
1956	52 698,3	255,8	5	348,2	7	620,5	12	53 318,8
1957	53 318,8	274,3	5	400,8	8	675,0	13	53 993,8
1958	53 993,8	307,2	6	305,0	6	612,2	11	54 606,0
1959	54 606,0	346,4	6	170,9	3	517,4	9	55 123,4
1960	55 123,4	325,7	6	335,8	6	661,4	12	55 784,8
1961	55 784,8	385,1	7	419,2	8	804,3	14	56 589,1
1962	56 589,1	373,7	7	283,3	5	658,1	12	57 247,2
1963	57 247,2	381,1	7	223,5	4	617,3	11	57 864,5
1964	57 864,5	412,3	7	301,5	5	722,9	12	58 587,5
1965	58 587,5	366,7	6	343,8	6	709,1	12	59 296,6
1966	59 296,6	364,0	6	131,6	2	496,3	8	59 792,9
1967	59 792,9	332,1	6	–176,9	–3	155,5	3	59 948,5
1968	59 948,5	235,8	4	278,3	5	514,6	9	60 463,0
1969	60 463,0	159,1	3	572,0	9	731,6	12	61 194,6

Quelle: Stat. Bundesamt: Bevölkerung und Kultur, Reihe I, Bevölkerungsstand und -entwicklung, 1969, S. 6

Anmerkungen: [1] Einschl. Differenz zwischen vorläufigem und endgültigem Ergebnis der Statistik der natürlichen Bevölkerungsbewegung und Berichtigung von Gemeindeergebnissen.

[2] Der Bevölkerung am Jahresanfang.

Abb. IV – 11
Bevölkerungsentwicklung durch Geburtenüberschuß und Wanderungen

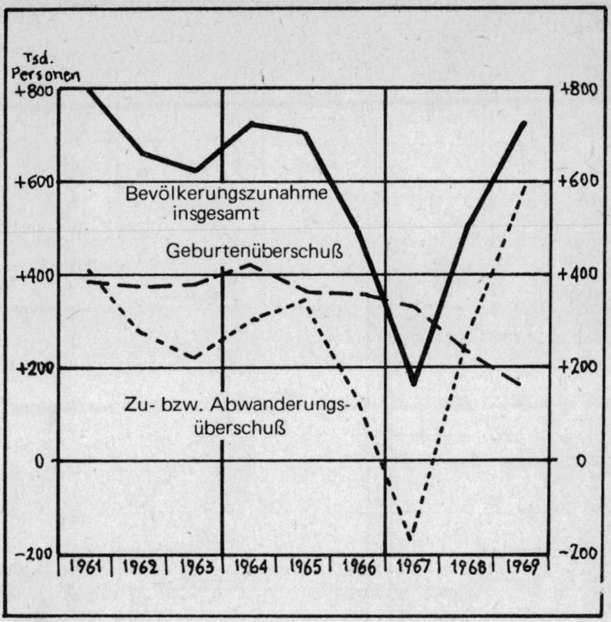

Quelle: Stat. Bundesamt: Bevölkerung und Kultur, Reihe I, Bevölkerungsstand und -entwicklung, 1969, S. 6

Entwicklung zeichnete sich schon in den fünfziger Jahren ab. So machte die Einwanderung zwischen 1952 und 1959, damals allerdings bestehend aus Flüchtlingen und Heimatvertriebenen, 101 % des Geburtenüberschusses aus. Wohlgemerkt trifft dies auch für andere Länder zu. So machte die Einwanderung in der Schweiz zwischen 1951 und 1955 70 % des Geburtenüberschusses aus, in Frankreich zwischen 1960 und 1963 115 %.[161] Die Kommission der EWG stellte 1970 fest, daß die Geburtenquote in der gesamten Gemeinschaft weiterhin rückläufig ist, während die Sterbequote eine steigende Tendenz hat.[162] In der Bundesrepublik stieg die Bevölkerung zwischen 1960 und 1971 von 55,4 Mio. auf 61,2 Mio., also um rund 6 Mio. oder 10,5 %. An diesem Bevölkerungswachstum waren jedoch seit Mitte der sechziger Jahre in zunehmendem Maße die Gastarbeiter beteiligt. Die Geburtenziffer (Lebendgeborene auf 1000 Einwohner) ging jedoch von 17,4 im Jahre 1960 auf 13,4 im Jahre 1970 zurück.[163] Die Bevölkerungspyramide in Abb. IV – 12 zeigt die Alters- und Geschlechtsstruktur der deutschen Bevölkerung. Daraus sind die

Abb. IV – 12
Alter und Geschlecht der Wohnbevölkerung am 31. 12. 1969 und Altersaufbau der Bevölkerung im Reichsgebiet 1910, 1925, 1939 und im Bundesgebiet 1950

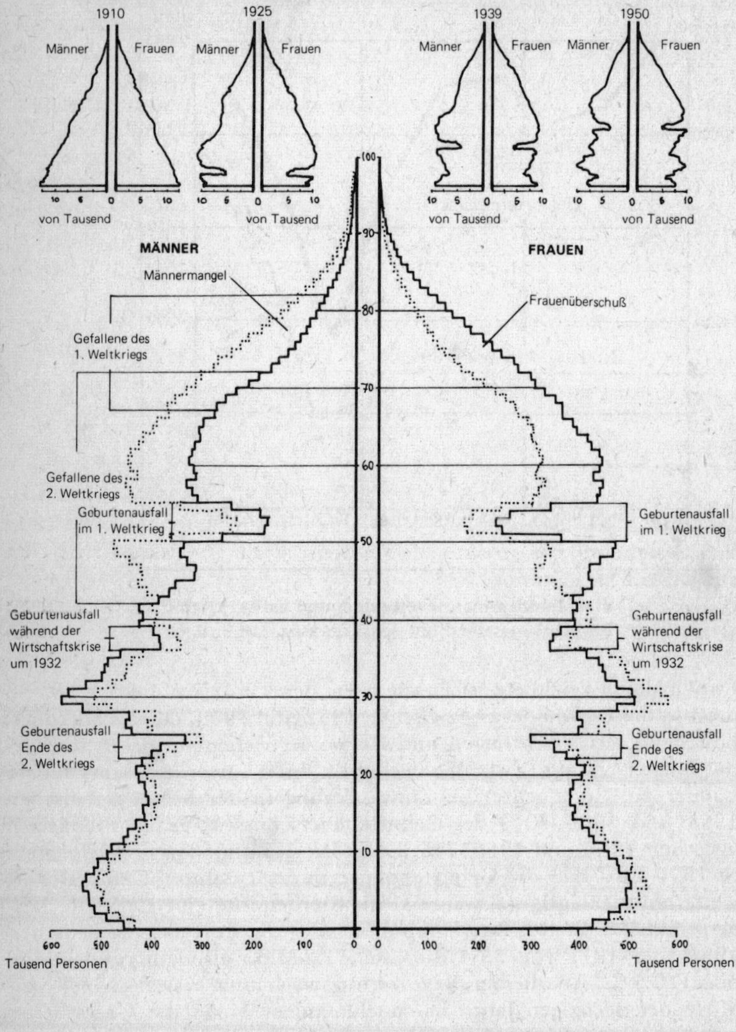

Quelle: Stat. Bundesamt: Bevölkerung und Kultur, Reihe I, Bevölkerungsstand und -entwicklung, 1969, S. 16

Einwirkungen von sowohl historischen Ereignissen wie auch von endogenen Bestimmungsgründen auf die Bevölkerungsentwicklung ersichtlich. Aus diesen Entwicklungen erklärt sich auch, warum die Zahl der deutschen Erwerbstätigen zwischen 1960 und 1970 von 26,2 Mio. auf 25,4 Mio. zurückging. Die Steigerung der Gesamtzahl der Erwerbstätigen von 26,5 Mio. auf 27,2 Mio. Personen im gleichen Zeitraum resultiert aus der Beschäftigung von Gastarbeitern.[164] Der Rückgang der Erwerbsquote ist auf die stattgefundenen Änderungen der Altersstruktur, die Verlängerung des Schulbesuches und den Zuwachs der Nachfrage nach weiterführenden Bildungsgängen, die Verkürzung der Arbeitszeit und die Herabsetzung des Pensionsalters zurückzuführen.[165] So nahm nach Angaben der OECD der Anteil der Personen unter 15 und über 65 Jahren zu, während der Anteil der Personen im erwerbsfähigen Alter (15 bis unter 65 Jahre) abnahm.

Diese Altersgruppen, bezogen auf die Gesamtbevölkerung, betrugen in den Jahren 1957 und 1968[166]:

	1957	1968
Unter 15 Jahre	20,9	23,2
15–64 Jahre	68,6	64,1
über 65 Jahre	10,4	12,7

Auf der anderen Seite ging die Zahl der tariflichen Wochenarbeitszeit von 46,1 Stunden im Jahre 1957 auf 41,1 Stunden im Jahre 1970 zurück; ebenso die geleisteten Wochenstunden der Industriearbeiter von 43 auf 39,1 Stunden.[167]

Tabelle IV – 14 zeigt die Entwicklungen des Arbeitskräfteangebots seit 1951. Auch aus dieser Tabelle sind die oben angedeuteten Trends ersichtlich. In dieser Tabelle kann man sehen, aus welchen Quellen jedes Jahr die Beschäftigten rekrutiert wurden. Es soll noch einmal darauf hingewiesen werden, daß ähnliche Entwicklungen auch für die anderen europäischen Länder zutreffen. So fiel die Zahl der Erwerbspersonen in der Europäischen Gemeinschaft von 43,2 % der Gesamtbevölkerung im Jahre 1960 auf 39,8 % im Jahre 1968.[168]

Gleichzeitig mit den geschilderten Entwicklungen fand auch eine Verlagerung der Bevölkerung und der Erwerbstätigen vom primären zum sekundären und tertiären Sektor statt. So änderten sich die Prozentanteile der drei Wirtschaftssektoren an der Gesamtzahl der Erwerbstätigen wie folgt[169]:

	1950	1957	1968	1970
Land- und Forstwirtschaft	24,6	16,3	10,2	8,8
Industrie	42,7	47,4	48,2	48,7
Dienstleistungen	32,7	36,3	41,6	42,5
	100,0	100,0	100,0	100,0

Tabelle IV – 14
Quellen des Arbeitskräfteangebots in der BRD
Veränderungen gegenüber dem Vorjahresdurchschnitt in der BRD

	1951	1955	1960	1961	1962	1963	1964	1965	1966	1967	1968	1969	1970
1. Natürliche Bevölkerungsbewegung[1]	255	375	–4	–58	–33	–40	–47	–65	–182	–262	–91	–11	–70
2. Arbeitslosenreserve	148	293	269	90	26	–32	17	22	–14	–298	136	144	30
3. Wanderungsgewinn }	127	161	65	116	45	25	0	0	–	–	–	–	–
4. Ausländ. Arbeitnehmer }		8	112	196	154	144	129	217	125	–230	5	347	440
5. Erwerbstätige[2]	523	835	450	344	192	97	99	174	–71	–790	50	480	400
6. Selbständige u. mithelfende Familienangehörige	–89	–37	–117	–55	–131	–153	–145	–120	–100	–100	–100	–110	–110
7. Beschäftigte Arbeitnehmer (abhängige)	612	872	567	399	323	250	244	294	29	–690	150	590	510

Quelle: Sachverständigenrat: für 1951 u. 1955, Jahresgutachten 1964/65, S. 51, für 1960–1965 Jahresgutachten 1966/67, S. 48, für 1966 Jahresgutachten 1969/70, S. 14, für 1967–1970 Jahresgutachten 1970/71, S. 15.

Anmerkungen: 1. Einschließlich Änderung in der Erwerbsbeteiligung.
2. Die statistische Differenz ist mitgerechnet.

Der tertiäre Sektor, der die abwandernden einheimischen Erwerbstätigen aufnimmt, zeigt ein überproportionales Wachstum. Mit Bezugsjahr 1958 (= 100) stieg 1969 der Index für die Zahl der Erwerbstätigen im tertiären Sektor auf 117, gegenüber 104 für die Gesamtzahl der Beschäftigten, 107 für die Zahl der in der Industrie Beschäftigten und 112 für die Gesamtbevölkerung. Der Index der in der Landwirtschaft Beschäftigten ging auf 64 zurück.[170] Wie ersichtlich, wurden die Gastarbeiter größtenteils von der Industrie aufgesogen.

Die demographischen Entwicklungen in der Bundesrepublik und in den anderen hochindustrialisierten Ländern Europas erklären nicht nur den bisherigen Wirtschaftsverlauf, sondern umreißen vielmehr das zukünftige Wachstumspotential dieser Länder. Was hier festgehalten werden muß, ist die Tatsache, daß die Grenzen des Wachstums von der Zunahme der Arbeitskräfte bestimmt werden. Die Empirie beweist noch einmal, wie sich in diesem Falle die theoretischen Überlegungen als unbegründet erwiesen haben. Was Joan Robinson während des Krieges im Hinblick auf eine Minderung der Bevölkerung Großbritanniens feststellte, daß nämlich unter der Voraussetzung einer erfolgreichen Beschäftigungspolitik eine Abnahme der Bevölkerungszahl eine Steigerung des Wohlstandes bedeutet,[171] erweist sich im Lichte der Wirtschaftsgeschichte Westeuropas in der Nachkriegszeit als pure Phantasterei. Gerade die Vollbeschäftigung und damit der Wohlstand wird durch den Bevölkerungsrückgang gefährdet, so daß man dazu übergehen muß, die Bevölkerungszunahme künstlich, nämlich durch die Einwanderung, vorzunehmen, will man nicht auf Wachstum und Wohlstand verzichten.[172] Noch einmal tritt die Rettungsfunktion des Gastarbeiters für das System und für den Wohlstand der Westeuropäer, von der im Kapitel II die Rede war, klar hervor.

e) Regionale Aspekte – Der Beitrag der Gastarbeiter zur Mobilität der Arbeitskraft

Eine große Konzentration der Ausländer ist in Nordrhein-Westfalen (1969 28 % der Gesamtbevölkerung), in Baden-Württemberg (1969 24,7 %) und in Bayern (1969 16,5 %) zu beobachten. Der Anteil in Hessen liegt bei 11,2 %. Der Prozentanteil der Ausländer in den übrigen Ländern war unter 5 % mit Ausnahme Niedersachsens, wo die Ausländer 1969 5,9 % der Gesamtbevölkerung ausmachten. Auf 1000 Einwohner fielen 66 Ausländer in Baden-Württemberg, 39 in Nordrhein-Westfalen, 50 in Hessen, 37 in Bayern und je 40 in Hamburg und Westberlin, die einen Ausländeranteil an ihrer Gesamtbevölkerung von 3,1 % und 3,6 % entsprechend hatten.[173]

Die Bestimmungsgründe für diese Verteilung sind einerseits in der Industriestruktur und andererseits in der Entwicklung des inländischen Arbeitsangebots zu suchen. Scholten hat sechs Regionen für die Zeit zwischen 1961 und 1965 untersucht und festgestellt, daß diejenigen Regionen (Frankfurt, Stuttgart, Solingen) eine große Nachfrage nach ausländischen Arbeitskräften hatten, in denen die expandierenden Sektoren überwogen. Dagegen wurde die Nachfrage nach Arbeitskräften aus dem inländischen Arbeitsangebot weitgehend in den Regionen gedeckt, in denen schrumpfende Industriesektoren vorherrschten (z. B. Dortmund, Gelsenkirchen), so daß der Prozentanteil der Ausländer in ihnen gering war.[174] Die schon zitierte Untersuchung des Tübinger Instituts für Angewandte Wirtschaftsforschung ist zu ähnlichen Ergebnissen gekommen. Darüber hinaus wurde festgestellt, daß „ein sehr strammer Zusammenhang zwischen der Bevölkerungsdichte und der Ausländerdichte" besteht. Dies bedeutet, daß sich die Gastarbeiter „über die Kreise wie die gesamte Wohnbevölkerung" verteilen. Da bekanntlich die Gastarbeiter überwiegend im industriellen Sektor und darüber hinaus hauptsächlich in großen Betrieben beschäftigt werden, ist es eindeutig, daß ein Zusammenhang zwischen der Wirtschaftsstruktur der Länder und der Regionen einerseits und der regionalen Verteilung der Gastarbeiter andererseits besteht.[175] Die Entwicklungen, besonders nach 1960, deuten auf eine Nivellierung der regionalen Unterschiede hin. In dieser Periode ist ein Abwandern der Industrie aufs Land zu bemerken, wofür ökonomische, technische und demographische Faktoren verantwortlich sind.[176] Demgegenüber steht eine schrumpfende landwirtschaftliche Tätigkeit.[177]

Dieser regionale Strukturwandel hat die Mobilität der Produktionsfaktoren, Kapital und Arbeit, gefördert. Wie der Sachverständigenrat in seinem Jahresgutachten von 1965/66 feststellt, wandern allerdings die einheimischen Arbeitskräfte weniger in die Industriegebiete ab.[178] Die Einwanderung von Gastarbeitern hat gerade dazu beigetragen, die aus dem Wachstum und den Strukturveränderungen hergehenden Arbeitsmarktungleichgewichte zu vermindern oder zu beseitigen. So stellt eine Untersuchung des Instituts für Wirtschaftspolitik der Universität Köln fest, daß zwischen 1960 und 1970 in Bayern, Baden-Württemberg, Hessen, Niedersachsen und Schleswig-Holstein „die Erwerbsbevölkerung dank der Ausländeranwerbung expandieren (konnte)". In den anderen Ländern „ersetzten Ausländer aus dem Erwerbsleben ausgeschiedene und mit Ausnahme von Bremen und Schleswig-Holstein (fraglich) in andere Bundesländer abgewanderte deutsche Arbeitskräfte"[179]. Wie in dieser Untersuchung weiterhin festgestellt wird, vollzog sich die Anpassung der Ausländerzahl an den Bedarf relativ schnell. Als Beispiel wird Westberlin angeführt. „Die massierte Zuwanderung ausländischer Arbeitskräfte begann hier erst 1969. Von einem Bestand von 3475 Gastarbeitern im Jahre 1968 stieg ihre Zahl auf 14 669 im Jahre 1969 und auf 21 365 im Jahre 1970. Innerhalb von zwei Jahren hat sich also die Zahl der Gastarbeiter verdreifacht![180] Wie Merx bemerkt, können die Gastarbeiter die Funktion erfüllen, „regional konzentrierte Arbeitskräftenachfrage zu befriedigen und dadurch Friktionen im Wirtschaftsablauf vermeiden zu helfen", „weil die neu Zuwandernden zum großen Teil nicht auf bestimmte Zielorte festgelegt sind. Sie wandern im Sog der Nachfrage an die Stellen dringenden Bedarfs oder werden durch die Arbeitsverwaltung dorthin dirigiert"[181]. Auch von anderen Untersuchungen wird der Beitrag der Gastarbeiter zur Mobilität der Arbeitskräfte hervorgehoben. So unterstreicht auch Bodenhöfer, daß die Ausländerbeschäftigung nicht nur dazu beigetragen hat, konjunkturelle Spannungen des Arbeitsmarktes zu mildern, sondern darüber hinaus einen reibungslosen Strukturwandel des Arbeitsmarktes zu erzielen.[182] Auch der Sachverständigenrat stellt in diesem Jahresgutachten 1968/69 fest, daß die Gastarbeiter „einen großen Teil des Bedarfs der Wirtschaft an regionaler Mobilität" decken.[183] Vielmehr wird für die Zukunft postuliert, daß die Aufrechterhaltung der durch die Gastarbeiter erreichten Mobilität eine Steigerung pro Jahr der absoluten Zahl zuwandernder Ausländer um die Quote erfordert, die ausreicht, um die sinkende Zahl mobiler Deutscher und die abnehmende Austauschquote (d. h. den Anteil von Ausländern, die pro Jahr in die Heimat zurückgehen und durch neu Zuwandernde ersetzt werden) auszugleichen.[184]

Wieweit eine Angleichung der Lohnunterschiede[185] oder andere Faktoren für die Immobilität der einheimischen Arbeitnehmer verantwortlich sind, braucht in diesem Zusammenhang nicht diskutiert zu werden.[186] Wichtig ist das Ergebnis der bisherigen Diskussion über die positive Wirkung der Ausländerbeschäftigung auf die regionale Mobilität der Arbeitskräfte. Ob die von Merx aufgeworfene Frage stimmt, wonach sich gerade die Ausländerbeschäftigung negativ auf die Mobilität der Deutschen auswirkt, soll hier dahingestellt bleiben. Die Gründe der sinkenden Mobilität der Deutschen sind bisher empirisch nicht untersucht worden. Plausibel erscheint nach Merx die Erklärung, daß die zunehmenden Beschäftigungschancen und die Auswahlmöglichkeiten am Wohnort zu der geringen Mobilität der Deutschen beitragen.[187] Ohne die Ausländer hätten die Unternehmer entweder die Löhne so stark erhöhen müssen, um Arbeitskräfte aus anderen Regionen abzuwerben, oder neue Verschiebungen in der Industriestruktur hätten sich langfristig durchsetzen müssen, und zwar in Richtung von Ballungszentren, wo das Arbeitsangebot groß ist, zumal die Arbeitsreserven in der Landwirtschaft und demzufolge in den ländlichen Gebieten schon erschöpft sind. Ob die Lohnunterschiede wirklich zu einer Zunahme der Mobilität hätten führen können, ist zweifelhaft. Eine Untersuchung der OECD über zehn Länder hat keine eindeutigen und allgemein gültigen Korrelationen festgestellt.[188] Darüber hinaus ist es fraglich, wieweit sich die Unternehmen eine solche Erhöhung der Lohnkosten hätten leisten können, abgesehen davon, daß ein gewisser Prozentanteil an Hilfsarbeitern auch bei hohem Grad der Kapitalintensivierung unentbehrlich für die Produktion ist. Die Löhne dieses immer kleiner werdenden Teils der einheimischen Arbeitskräfte hätten dann sehr stark steigen müssen, damit die regionale Mobilität stattfinden kann. Dies hätte eventuell zu einer Verringerung der Lohndifferenzen zwischen Fach- und ungelernten Arbeitern geführt. Auf der anderen Seite würde die Verschiebung der Industriestruktur in der angedeuteten Richtung den seit Anfang der sechziger Jahre beobachteten und oben erwähnten Trend zuwiderlaufen, was zu einer neuen Intensivierung der Regionalunterschiede geführt hätte. Das Fortschreiten der Industrialisierung auch in früher wenig entwickelten Regionen in der Bundesrepublik konnte demzufolge nur dank der Ausländerbeschäftigung stattfinden, und zwar ohne Einmischung des Staates, der sonst eine aktive Regionalpolitik hätte betreiben müssen, um regionale Disparitäten zu beseitigen bzw. zu vermeiden.

f) Rationalisierung, Produktivität und Gastarbeiterbeschäftigung

Eines der wichtigsten Argumente gegen die Ausländerbeschäftigung, das in der Diskussion immer wieder auftaucht, betrifft ihre Wirkung auf die Rationalisierung der Wirtschaft. Eng damit hängt die Frage der Beeinträchtigung der Produktivität zusammen. Man behauptet, daß der Import von Gastarbeitern den Prozeß der Substitution des Faktors Arbeit durch Kapital seitens der Unternehmer verhindert. Dies führe zu einer Beeinträchtigung der Arbeitsproduktivität, da die Arbeit nicht in dem Ausmaß mit Produktionsmitteln ausgestattet werde, wie es ohne Gastarbeiter der Fall gewesen wäre. Darüber hinaus werden durch eine solche arbeitsintensive Wachstumspolitik marginale Betriebe am Leben gehalten, d. h. Betriebe, die anderenfalls wegen ihrer hohen Kosten nicht weiter existenzfähig gewesen wären.[189]

Dieses Argument ist mindestens aus zwei wesentlichen Gründen unvertretbar. Einmal ist es bisher nie empirisch belegt worden, zum anderen verkennt es – trotz der Bekenntnisse zu den Prinzipien der freien Marktwirtschaft – völlig den Produktionsmechanismus im kapitalistischen System. Wenn die Unternehmer es vorziehen, in ihren Gewinn-Kostenkalkulationen arbeitsintensiv zu investieren, auch wenn dies, wie Tuchtfeld behauptet, aus kurzfristigen Überlegungen erfolgt,[190] so geschieht es nach den Prinzipien des Systems, das sich auf die Privatinitiative verläßt. Es ist unbegreiflich, aus welchen Überlegungen man den Unternehmern eine Investitionspolitik vorschreiben will, die gegen die anerkannten und geltenden Regeln des Funktionierens des Systems verstoßen. „Es sei vielleicht denn, man unterstelle den Unternehmern, daß sie sich nicht rational verhalten. Dieses nicht rationale Verhalten dürfte aber wiederum unabhängig sein von einer Beschäftigung bzw. Nichtbeschäftigung ausländischer Arbeitskräfte."[191] Auf diesen Widerspruch des Arguments ist schon im Kapitel II hingewiesen worden. Diese Gegenargumentation wird auf theoretischer Ebene ausgetragen. Darüber hinaus wäre es aber unmöglich gewesen, in Anbetracht der außenwirtschaftlichen Verflechtung der deutschen Wirtschaft und insbesondere der Handelsbeziehungen mit den Emigrationsländern (siehe nächstes Kapitel) auf die Gastarbeiter als zusätzliche Arbeitskräfte zu verzichten. Weiterhin ist die Rationalisierungs-Argumentation deshalb unbegründet, weil die Masseneinwanderung von Gastarbeitern in die Bundesrepublik gleichzeitig mit einer Steigerung der Rationalisierung und der Produktivität stattgefunden hat. Die Normierung des Arguments, daß nämlich sowohl die Rationalisierung wie auch die Produktivität ohne Gastarbeiter höher gewesen wären, ist weiterhin inakzeptabel, weil sie willkürlich ist. Wie weit ein Rationalisierungsprozeß fortschreitet, hängt von der Kostenkonstellation und den Absatzmöglichkeiten ab, die maßgebend für die Investitionsentscheidungen der Unternehmer sind, nicht von einer von vornherein unbestimmbaren Norm. Auch hier stößt man auf die Inkonsistenz der bürgerlich-nationalökonomischen Denkweise, die nicht auf Grund ökonomischer (lies „wissenschaftlicher"), sondern in Wirklichkeit außerökonomischer Überlegungen argumentiert. Denn sollte man das Argument weiter führen, hätte man auch die Wirkungen des „capital deepening" (Rationalisierung) auf die Kostenstruktur der Unternehmen, auf deren Konkurrenzfähigkeit, schließlich auf die Investitionstätigkeit und das Wachstum berücksichtigen müssen. In diesem Falle wäre es theoretisch möglich gewesen, aus dem Abwägen der Wirkungen zu einer Norm der erforderlichen Rationalisierung zu kommen. Abgesehen jedoch davon, daß dies praktisch – zumindest ex ante – unmöglich ist, wäre es darüber hinaus auch undurchführbar ohne Aufhebung des Prinzips der Privatinitiative und ohne Einführung dirigistischer Methoden. Mit Recht wurde deshalb bemerkt, daß die Rationalisierung viel mehr mit der in jedem Land verfolgten Investitionspolitik als mit der billigen Arbeitskraft zusammenhängt.[192]

Nüchternere Überlegungen sind letztlich von solchen unbegründeten und unkritischen Thesen abgewichen. Die Gesellschaft zur Förderung der schweizerischen Wirtschaft bezeichnet sogar die Ansicht, daß die Wirtschaft investiere, um zu expandieren, ohne gleichzeitig zu rationalisieren als „laienhaft"[193]. In bezug auf die Schweiz stellt Niederer fest, daß die Wirtschaft „dort rationalisiert und automatisiert hat, wo es möglich und verantwortlich war"[194]. Es wird auch darauf hingewiesen, einmal, daß die Nachfrage nach Gastarbeitern in der Schweiz sehr häufig eine Folge der kumulativen Wirkung von zweierlei Typen der Investition ist, nämlich Rationalisierung und Erweiterung des Produktionsapparates, zum anderen aber darauf, daß die Rationalisierung nicht unbedingt Sparen von Arbeitskraft bedeutet, denn einige Produktionsprozesse sind wegen Hochspezialisierung arbeitsintensiv.[195] Auch in der Bundesrepublik wird zunehmend darauf hingewiesen, daß das Rationalisierungsargument nicht stichhaltig ist.[196] Zöllner führt an, daß „die deutsche Industrie in ihrer technischen Ausstattung im internationalen Vergleich durch die Ausländerbeschäftigung zurückgedrängt worden" ist. Darüber hinaus arbeiten die Ausländer in sehr beträchtlichem Umfang auch in der Investitionsgüterindustrie, so daß eine Rationalisierung – welche letzten Endes auch die

Zunahme der Produktion von Investitionsgütern impliziert – ohne sie nicht möglich wäre.[197] Wenn man unter technischem Fortschritt „einmal das Schaffen neuer, bisher nicht bekannter Produkte und zum anderen einen Übergang zu neuen Verfahren der Produktion“ versteht, „die es gestatten, entweder eine gegebene Menge mit geringeren Kosten oder mit konstanten Kosten einen größeren Output zu erzielen, so dürfte ein direkter (negativer) Einfluß der Ausländerbeschäftigung auf die Einführung des technischen Fortschritts wohl kaum gegeben sein“, wenn man nicht den Unternehmern, wie schon erwähnt, ein irrationales Verhalten unterstellt.[198]

Der Substitutionsprozeß hatte schon in der Rekonstruktionsphase begonnen. Ein Vergleich zwischen 1956 und 1960 für 14 Industriezweige zeigt, daß die Beschäftigung um 172 900 Arbeitern wegen des technologischen Fortschritts zurückging. Kraß waren die Auswirkungen besonders im Metallerzbergbau, im Kohlenbergbau und in der Lederverarbeitung. In der Erdölgewinnung sank die Zahl der Beschäftigten um 9,9 %, die der Arbeiter um 17,9 %. Die Zahl der Arbeiter ging in der Holzverarbeitung um 2,4 %, im Kalibergbau um 8,5 %, bei Steine und Erden um 4,3 % und in der Lederverarbeitung um 4,6 % zurück. In nachstehenden Zweigen sank die Zahl der Arbeiter wie folgt: Tabakverarbeitung um 23,3 % Musikinstrumente um 9 %, Textilindustrie um 6,8 %, Sägewerke um 7,4 %, Eisen-, Stahl- und Tempergießereien um 2 %. Die verstärkte Anwendung des technischen Fortschritts beeinträchtigte die Vollbeschäftigung überhaupt nicht.[199]

Betrachtet man die ganze Periode bis Ende 1970, so sind die Ergebnisse bisheriger Untersuchungen eindeutig. Helmstädter hat Wachstumskomponenten für die Zeit 1950 bis 1968 berechnet. Dabei ergibt sich, daß die Wachstumsrate des Arbeitseinsatzes von 4,4 auf 0,7 in diesem Zeitraum zurückgeht, die Fortschrittskomponente (Produktwachstum, das nicht auf Faktorvermehrung zurückzuführen ist) von 6,5 (1951) auf 4,7 (im Jahre 1967 auf 0,7), während die Substitutionskomponente (Wirkung der überproportionalen Vermehrung des Kapitals) von 0,0 (1951) auf 1,6 (1967 2,7) steigt. „Es findet ein Übergang vom extensiven Wachstum der anfänglichen fünfziger Jahre – ... – zum intensiven Wachstum statt“. Wichtig ist auch die Feststellung, daß ein Wachstum von 4 % aus einer Substitutionskomponente von 2 % und einer Fortschrittskomponente von ebenfalls 2 % in den folgenden Jahren zu erwarten ist, wenn sich der bisherige Trend fortsetzt. Der marginale Kapitalkoeffizient stieg sogar von 1,8 im Jahre 1951 auf 11,2 im Jahre 1966, 118,5 im Jahre 1967 und 3,4 im Jahre 1968.[200] Die Ende 1971 durchgeführte Untersuchung des Deutschen Industrieinstituts in Köln kommt auch zum Ergebnis, daß die Ausländerbeschäftigung nicht zu zusätzlichen Investitionen führte, sondern dazu beitrug, den Mangel an Arbeitskräften zu mildern, jedoch ohne daß dadurch die Anspannung am Arbeitsmarkt verschwinden konnte. So blieb den deutschen Unternehmern nichts anderes übrig, als „capital deepening“ vorzunehmen und „wo es möglich war,

Arbeit durch Kapital zu substituieren". Mit Recht wird darauf hingewiesen, daß die Grenze zwischen Rationalisierungsinvestitionen und Erweiterungsinvestitionen nicht genau zu ziehen ist. Die Beschäftigung von Gastarbeitern ermöglichte erst eine bessere Ausnutzung der vorhandenen Produktionskapazitäten und eine stärkere Rationalisierung. Es wird darauf hingewiesen, daß Anfang der sechziger Jahre sogar 500 000 unbesetzte Arbeitsplätze vorhanden waren, die nur durch Gastarbeiter besetzt werden konnten.[201] Auch die oft zitierte Untersuchung des Tübinger Instituts für Angewandte Wirtschaftsforschung stellt fest, daß in Baden-Württemberg der Arbeitsmarkt in den sechziger Jahren bedeutend stärker angespannt war als in der ganzen Bundesrepublik. Dies würde dafür sprechen, daß die Rationalisierungsmöglichkeiten weitgehend ausgeschöpft wurden. Die Untersuchung betrachtet trotzdem als wahrscheinlich, daß bei einem Verzicht auf einen Teil der Gastarbeiter der zu erwartende stärkere Lohndruck eine weitergehende Substitution von Arbeit durch Kapital und technischen Fortschritt erzwungen hätte. Allerdings hätte man kurzfristig Wachstumsverluste und kosteninduzierte Preissteigerungen hinnehmen müssen.[202] Diese Annahmen sind jedoch willkürlich und unbegründet, einmal, weil man nicht ermessen kann, ob eine Steigerung der Löhne kostenmäßig für die Industrie erträglich gewesen wäre, darüber hinaus, weil diese Preissteigerungen kurzfristig einen günstigen Effekt auf die Investitionstätigkeit und demzufolge auf die Beschäftigung gehabt hätten; die Folge davon wäre wiederum eine Steigerung der Nachfrage nach Gastarbeitern gewesen.[203] Es wird übrigens übersehen, daß die Preissteigerungen den Substitutionsprozeß selbst hemmen, da sie sich auch auf die Investitionsgüter niederschlagen.

Schließlich möchte ich auf Berichte der OECD und der Bundesbank hinweisen, die eine klare Sprache sprechen. So stellt der OECD-Bericht über die wirtschaftliche Lage in der BRD im Jahre 1969 fest, daß die konjunkturelle Entwicklung in Anbetracht der angespannten Arbeitsmarktlage zu einer intensiveren Ausnutzung nicht nur der vorhandenen Kapazitäten, sondern auch des fixen Teils der Arbeiterschaft führte. Darüber hinaus sollen die Unternehmer Investitionen durchgeführt haben, die einen hohen Rationalisierungseffekt hatten. Gleichzeitig fand eine Abwanderung von Arbeitskräften aus wenig produktiven Zweigen statt, die allerdings eine Produktivitätssteigerung zur Folge hatte.[204] Ähnliches stellt auch die Bundesbank für 1971 fest.[205]

Diese Ergebnisse werden durch die vorhandenen Daten über die Beschäftigungsstruktur der Gastarbeiter bekräftigt. Wie aus den vorangegangenen Ausführungen im Abschnitt 3 a und dem darin angebotenen Material hervorgeht, werden die Gastarbeiter hauptsächlich in den Wirtschaftsbereichen „Eisen- und Metallerzeugung und -verarbeitung", „verarbeitende Gewerbe" und „Bau-, Ausbau- und Bauhilfsgewerbe" beschäftigt. Die Verteilung der Ausländer in diesen Sparten sieht in Prozenten folgendermaßen aus (jeweils Ende September)[206]:

	1967	1968	1969	1970
Eisen- u. Metallerzeugung u. -verarbeitung	31,2	33,9	37,5	38,5
Verarbeitendes Gewerbe	26,9	26,8	25,8	24,2
Bau-, Ausbau- u. Bauhilfsgewerbe	15,4	15,3	15,5	16,7
Insgesamt:	73,5	76,0	78,8	79,4

Darüber hinaus sind, wie aus Tabelle IV – 8 ersichtlich, die meisten ausländischen Arbeiter in Großbetrieben beschäftigt, d. h. in Wirtschaftszweigen und Betrieben, in denen die Rationalisierung weit fortgeschritten ist. Weiteres Material zur Erläuterung dieses Fragenkomplexes an dieser Stelle anzuführen, würde den Rahmen der vorliegenden Analyse sprengen. Ich begnüge mich damit, auf die Schlußfolgerungen hinzuweisen, die sich aus den im Abschnitt 3 a genannten Daten ergeben.

Eine nähere Analyse der einzelnen Wirtschaftszweige, welche Ausländer beschäftigen, bekräftigt dieses Ergebnis. Die Ausländer werden hauptsächlich in Zweigen beschäftigt, in denen entweder die Rationalisierung fortgeschritten ist (Eisen- und Metallindustrie, chemische Industrie) oder in denen der Rationalisierung Grenzen gesetzt sind (Textilindustrie, Elektrotechnik u.a.). Darüber hinaus sind hier die Ergebnisse der Repräsentativ-Untersuchung der Bundesanstalt für Arbeit im Jahre 1968 aufschlußreich. Die meisten Gastarbeiter arbeiten als un- oder angelernte Arbeiter. Folgende Zahlen (in der gegenüberstehenden Übersicht) belegen den Tatbestand, daß die Gastarbeiter größtenteils die Arbeitsplätze beanspruchen, die aus dem Wachstum natürlicherweise geschaffen werden.[207]

Mit Recht ist also darauf hingewiesen worden, daß dem Substitutionsprozeß objektiv Grenzen gesetzt sind und daß eine Komplementarität zwischen Arbeitsplätzen für Hilfsarbeiter, solchen für Facharbeiter und Arbeitsplätzen für Angestellte besteht.[208] Die Hilfsarbeiter sind demzufolge auch in hoch rationalisierten Betrieben bzw. Wirtschaftszweigen unentbehrlich. Somit ist die Nachfrage nach Gastarbeitern vielmehr ein Produkt der Rationalisierung als deren Hemmnis.

Das Rationalisierungsargument gegen die Ausländerbeschäftigung wurde oft in Zusammenhang mit der Beeinträchtigung der Produktivität vorgetragen. Die volkswirtschaftliche Arbeitsproduktivität soll niedrig gewesen sein, einmal da der zum weiteren Wirtschaftswachstum notwendige Kapitaleinsatz pro Beschäftigtem auf Grund der angespannten Arbeitsmarktlage durch die Beschäftigung von Gastarbeitern nicht mehr zur Notwendigkeit wurde und zum anderen, weil

	Im Herbst 1968 tätig als:		
	ungelernte Arbeiter	angelernte Arbeiter	Facharbeiter (incl. Vorarbeiter u. Meister)
	(Prozentzahlen) Männer (Insgesamt)		
Eisen- u. Stahlgießerei	17	47	36
Straßenfahrzeugbau	6	36	58
Elektrotechnik	11	35	54
Chemische Industrie[a)]	39	53	8
Textilgewerbe	10	46	44
Hoch-, Tiefbau	17	24	59
	Männer (Ausländer)		
Eisen- u. Stahlgießerei	59	38	–
Straßenfahrzeugbau	28	55	17
Elektrotechnik	30	51	19
Chemische Industrie[a)]	41	49	–
Textilgewerbe	30	55	15
Hoch-, Tiefbau	40	25	35
	Frauen (Insgesamt)		
Elektrotechnik	65	34	1
Chemische Industrie[a)]	60	39	1
Textilgewerbe	26	65	9
	Frauen (Ausländerinnen)		
Elektrotechnik	52	46	–
Chemische Industrie[a)]	62	–	–
Textilgewerbe	32	60	–

(a = ohne Kunststoffteile und -waren)

gerade durch die Ausländerbeschäftigung marginale und demzufolge wenig produktive Betriebe als Grenzanbieter nicht ausschieden. Nun wird oft in der Diskussion von verschiedenen Definitionen des Produktivitätsbegriffs ausgegangen. Dies braucht uns hier im einzelnen nicht zu beschäftigen.[209] Ungeachtet dieser Tatsachen kann jedoch generell das Produktivitätsargument gegen die Ausländerbeschäftigung nicht aufrechterhalten werden. Das Institut für Arbeitsmarkt- und Berufsforschung der Bundesanstalt für Arbeit in Erlangen stellt fest, daß in den fünfziger Jahren das Wachstum neben der Produktivitätssteigerung durch die Vermehrung der geleisteten Arbeitsstunden erreicht wurde. Da sich in den sechziger Jahren der Arbeitskräftemangel durch die Verkürzungen der Arbeitszeit und die ungünstige Altersstruktur der Bevölkerung verschlechterte, konnte die Steigerung der Produktion „im wesentlichen nur durch die Erhöhung der Arbeitsproduktivität, und zwar durch Rationalisierung (z. B. Übergang zur Selbstbedienung im Einzelhandel) und durch vermehrten Einsatz von Maschinen (z. B. Mechanisierung der Landwirtschaft) erreicht werden". „Die Hereinnahme ausländischer Arbeitskräfte konnte ihn (den Arbeitskräftemangel) nur mildern, nicht beseitigen", eine Feststellung, die mit dem obenerwähnten Ergebnis des Deutschen Industrieinstituts übereinstimmt.[210] In diesem Zusammenhang möchte ich für die Zeit bis 1960 auf die schon zitierten Arbeiten des Deutschen Instituts für Wirtschaftsforschung hinweisen.[211] Auch im Jahrzehnt 1960–1970 wird die positive Wirkung der Gastarbeiter auf die Arbeitsproduktivität weitgehend festgestellt. Hornhues fand für den Zeitraum 1960–64, daß 85,1 % der ausländischen Arbeitskräfte in Wirtschaftsbereichen tätig waren, deren Produktivität stärker stieg als die gesamtwirtschaftliche Produktivität.[212] Nach Berechnungen des Deutschen Industrieinstituts stieg die gesamtwirtschaftliche Arbeitsproduktivität (Bruttoinlandprodukt je Erwerbstätigen zu konstanten Preisen von 1962) um 54 %.[213] Bei einem Auslastungsgrad der Produktionskapazität von 97,5 % waren die Wachstumsraten der gesamtwirtschaftlichen Produktivität und des Arbeitsvolumens zwischen 1959 und 1969 wie folgt[214]:

	Produktivität	Arbeitsvolumen
1959–1969	5,4	–0,3
1959–1962	5,6	0,4
1963–1966	4,8	0,1
1967–1969	6,7	0,7

Der Sachverständigenrat spricht sogar für die Zeit nach der Rezession von 1966/67 von einem „Produktivitätswunder", das auf „Investitionen mit hohem Rationalisierungseffekt" zurückgeht.[215] Dieser Trend setzt sich nach den Feststellungen der Deutschen Bundesbank auch 1970 und 1971 fort.[216]

Aus den obigen Ausführungen geht hervor, daß es bei den negativen Einwirkungen der Gastarbeiter auf die Arbeitsproduktivität um Mythologisierung von Wunschvorstellungen geht, die die Ausländerbeschäftigung zu verteufeln versuchen, um die tatsächlichen Vorteile zu bagatellisieren und gleichzeitig ein Alibi für die Misere der Gastarbeiter zu liefern. Auch wenn „in der Industrie für die Jahre 1962 bis 1970 kein signifikanter Zusammenhang zwischen Produktivitätssteigerung und Ausländerquote festgestellt werden" kann, wie das Tübinger Institut für Angewandte Wirtschaftsforschung meint,[217] so kann doch auch keine negative Beeinflussung der Arbeitsproduktivität seitens der Gastarbeiter konstatiert werden. Dasselbe Institut meint, daß gesamtwirtschaftlich die Wirkung der Ausländer „unter Produktivitätsaspekten“ „eindeutig positiv zu werten“ ist, da „die Ausländer die Abwanderung der Inländer vom produzierenden Gewerbe in die Dienstleistungsbereiche zahlenmäßig überkompensiert haben“[218].

Das Ergebnis dieser Übersicht ist um so wichtiger, als daß man sich auf schon durchgeführte Untersuchungen stützt. Weder statistische Einwände gegen den Produktivitätsbegriff[219] noch methodologische Einwände generell[220] sollen aber unerwähnt bleiben. Paulette und Pierre Calame weisen darauf hin, daß der Begriff der gesamtwirtschaftlichen Produktivität bei der Feststellung der Einwirkungen aus der Gastarbeiterbeschäftigung nicht als geeignet zu betrachten ist.[221] Ich kann in diesem Rahmen auf dieses Problem nicht eingehen. Für den Zweck dieser Untersuchung reicht die Feststellung aus, daß allein schon bei Anwendung der üblichen Werkzeuge und Methoden der etablierten Wirtschaftswissenschaft und der offiziellen Statistik das Rationalisierungs- bzw. Produktivitätsargument der Kritik nicht standhält. Die dem kapitalistischen System immanente Tendenz zur relativen Zunahme des konstanten Kapitals zuungunsten des variablen hat sich ungeachtet der Gastarbeiter durchgesetzt.[222] Im Gegenteil scheint es vielmehr, daß dieser Prozeß dank der Gastarbeiter stattfinden konnte. Bei einer gegebenen Zusammensetzung des Kapitals ist das Vorhandensein einer Reservearmee die unabdingbare Voraussetzung des Wachstums. Hiervon war schon im Abschnitt 3 e die Rede. Ich darf hier schließlich noch ergänzend erwähnen, daß dieser Prozeß der Zunahme der organischen Zusammensetzung des Kapitals zusammen mit einer Konzentration des Kapitals verlief.[223] Darauf wurde schon am Ende des Abschnitts 3 a hingewiesen.

g) Die lohndrückende Funktion der Gastarbeiter

Ein Argument gegen die Gastarbeiter, das hauptsächlich seitens der Gewerkschaften vorgetragen wird und zur Spaltung der Arbeiterklasse führt, stützt sich auf die theoretische Behauptung, daß durch den Import von Gastarbeitern die Reallöhne nicht so steigen können, wie es der Fall ohne Gastarbeiter wäre. Zwar ausgehend von marxistischen Kategorien, so aber doch unreflektiert, machen sich dieses Argument auch linke Autoren zu eigen. Einerseits erweisen die statistischen Daten die lohndrückende Funktion der Gastarbeiter als unbegründet. Andererseits impliziert die These der lohndrückenden Funktion eine Homogenität des Arbeitsmarktes, die in der Zeit der klassischen Theorie und der Kritik von Marx weitgehend gegeben war, die jedoch heutzutage im Spätkapitalismus nicht mehr existent ist. Darüber hinaus impliziert die These der lohndrückenden Funktion der Gastarbeiter, daß die Reallöhne weiter anwachsen könnten, wird aber keineswegs postuliert, wie hoch dieses Anwachsen sein kann. Neuerdings hat man versucht, die wirtschaftspolitische Forderung nach Lohnsteigerung auch modelltheoretisch zu begründen. Dabei wurde behauptet, daß die Gewinnquote am Bruttosozialprodukt in der Bundesrepublik mindestens 20 % ausmacht und daß sie auf 8 % unter optimalen Bedingungen herabgesetzt werden könnte, was praktisch eine Steigerung der Lohnquote auf 92 % bedeuten würde.[224] Solche Ansätze verkennen den Mechanismus der kapitalistischen Wirtschaft. Die Untersuchungen Krelles haben eine Varianz der Lohnquote zwischen 65 und 76 % festgestellt, was langfristig einer Konstanz der Verteilung und der Lohnquote gleichkommt.[225] Dies bestätigt den Tatbestand, daß, auch wenn es gelingt, das Arbeitseinkommen über die von den Parametern der Wirtschaftsstruktur gesetzten Grenzen zu erhöhen, es sich dabei um ein vorläufiges Phänomen handelt und daß langfristig die Löhne auf ihre relative Eingangshöhe zurückgedrängt werden. Denn es findet ein dauernder Kampf seitens der Unternehmer statt, ihre Gewinne zu erhöhen, was auf der anderen Seite eine entsprechende Reaktion der Lohnabhängigen hervorruft. Der Verlierer in dieser Auseinandersetzung ist jedoch immer die Arbeiterklasse, da die Gewinnmaximierung das Hauptmotiv der Investitionstätigkeit ist. Die absolute Verbesserung der Lebenslagen der Arbeitenden, welche auf die Entwicklung der Produktivkräfte zurückgeht, verschleiert die Tatsache, daß sich die relativen Verhältnisse kaum verändert haben. Wenn also von der lohndrückenden Funktion der Gastarbeiter die Rede ist, werden auf theoretischer Ebene folgende grundsätzliche Fehler gemacht: Einmal wird verkannt, daß eine Steigerung der Löhne über das von den Unternehmen Tragbare langfristig unmöglich ist, wenn man auf Wachstum nicht verzichten will; durch die Preiserhöhungen werden die Reallöhne wieder auf das Niveau reduziert, das notwendig für eine Konsumfunktion ist, welche die Investitionstätigkeit der Unternehmer fördert. Ein unbeschränktes Anwachsen der Löhne liefe dem ökonomischen Mechanismus des kapitalistischen Systems zuwider, da dadurch eine Kettenreaktion in Gang gesetzt würde. Die verkürzten Gewinne beeinflussen die Investitionsfunktion negativ; daraus folgt Arbeitslosigkeit, die Reallöhne sinken wieder. Gerade die von den Unternehmern jeweils akzeptable Gewinnquote stellt die Schranke dar, die jegliche unbegrenzte Steigerung der Reallöhne verhindert.[226]

Zum anderen wird dabei übersehen, daß gerade das jeweils herrschende Lohnniveau dem Stand der Technik, des Organisationsgrades der Arbeitenden und der Marktsituation entspricht. Die Struktur der Produktionsfunktion hängt jeweils von diesen Faktoren ab. Es ist deshalb illusorisch, zu glauben, daß ein Verzicht auf die Gastarbeiter die Lage der einheimischen Arbeiter, wie sie in der Lohnhöhe zum Ausdruck kommt, hätte verbessern können. Im Gegenteil – es trifft sogar zu, daß eine andere Produktionsfunktion unter den herrschenden Bedingungen unmöglich wäre, so daß der Verzicht auf Gastarbeiter mindestens kurzfristig Stagnation bedeuten würde. Es wird sehr oft in der betreffenden Diskussion vergessen, daß eine Steigerung der Löhne, soweit möglich im oben angedeuteten Sinne, solche Rückwirkungen auf die Produktionskosten hätte, daß dadurch sowohl die weitere Produktion unmöglich gewesen wie auch die Konkurrenzfähigkeit auf dem internationalen Markt vermindert wäre. Die Unternehmer hätten in diesem Falle zwei Möglichkeiten: entweder die Lohnkosten auf die Preise abzuwälzen oder die Produktion einzustellen und von weiteren Investitionen abzusehen („Streik des Kapitals"), was in Arbeitslosigkeit übersetzt wird. Wenn also das Argument der lohndrückenden Funktion der Gastarbeiter kurz- und mittelfristig nicht zutrifft, so ist es auch langfristig nicht haltbar. Auch die Meinung, durch den Import von Gastarbeitern verzögere sich die Umwandlung der Produktionsfunktion durch Rationalisierungsmaßnahmen, verkennt die Tatsache, daß unter den im Spätkapitalismus herrschenden Bedingungen die Rationalisierung eine unabdingbare Voraussetzung des Wachstums ist und daß soweit jeweils rationalisiert wird, wie es die Marktsituation, die einheimische und internationale Nachfrage und die entsprechende Kostenstruktur zulassen. Material dazu haben wir im vorigen Abschnitt geliefert.

Die obigen Ausführungen gehen von der Annahme einer Homogenität des Arbeitsmarktes aus. Es gibt aber mindestens drei Hauptgründe, die darüber hinaus gegen eine negative Einwirkung der Gastarbeiter auf die Lohnhöhe sprechen. Erstens ist der Arbeitsmarkt nicht homogen, sondern es bestehen Teilmärkte, welche miteinander nicht konkurrieren. Kerr spricht in diesem Zusammenhang von der „Balkanisierung der Arbeitsmärkte"[227]. Im Falle der Bundesrepublik habe ich darauf schon im vorigen Abschnitt hingewiesen.[228] In der Schweiz waren 1962 rund 3/5 der Fremdarbeiter ungelernte Arbeitskräfte. Der Anteil der ungelernten Fremdarbeiter an der Gesamtzahl der ausländischen Arbeitnehmer hat sogar zwischen 1959 und 1962 in den folgenden vier Wirtschaftszweigen folgendermaßen zugenommen[229]:

	1959	1962
Textilindustrie	46	61
Chemische Industrie	45	65
Metallindustrie	32	47
Gastgewerbe	54	55

In der Bundesrepublik waren nach dem Erfahrungsbericht der Bundesanstalt für Arbeit für 1967 75 % der Gastarbeiter bei ihrer Einstellung als ungelernte Arbeitskräfte beschäftigt. Im September 1966 war dieser Prozentanteil auf 35 % zurückgegangen, und zwar zugunsten der Gruppe „angelernte Arbeitskräfte", bei denen nach der Repräsentativ-Untersuchung von 1968 es sich um eine „innerbetriebliche Anlernung für bestimmte Tätigkeiten" handelt. Der Anteil der Gastarbeiter, die es zum Facharbeiter bringen konnten, ist minimal, 1968 betrug er nur 2 %.[230] Die Gastarbeiter konkurrieren also mit den einheimischen Arbeitern auf dem Arbeitsmarkt nicht. Im Gegenteil, sie füllen die Lücken, die durch den beruflichen und sozialen Aufstieg der einheimischen Arbeiter entstehen. Es geht dabei um die verstärkte Fachausbildung der einheimischen Arbeiter, weiterhin um die stattfindende Abwanderung zum Dienstleistungssektor.

Die Aussage, daß Gastarbeiter und einheimische Arbeiter keine „competing groups" sind, betrifft nicht den Anteil der einheimischen Arbeiterschaft, der aus den Hilfsarbeitern besteht. Nur bei dieser Gruppe gilt das Argument des Gastarbeiters als Lohndrücker. Wie Gorz bemerkt, hätte man im Falle, daß man auf die Gastarbeiter verzichtet hätte, Löhne für die Arbeiten, die sie verrichten – schwierige, schmutzige, gering bezahlte Arbeiten usw. –, zahlen müssen, die eventuell höher gelegen hätten als die Löhne der Facharbeiter.[231] Nur auf diese Weise hätte man Arbeiter aus anderen Bereichen und anderen Arbeitsplätzen herholen können. Daß dies irrational gewesen wäre und einen negativen Einfluß auf die Produktivität gehabt hätte, braucht hier nur erwähnt zu werden. Die durch die Technik und die technologischen Umwandlungen der Produktion andauernd steigende Nachfrage nach Fachkräften schafft für die einheimischen Arbeiter einen komparativen Vorteil, indem ihre quasi Monopolstellung auf dem Arbeitsmarkt von den Gastarbeitern nicht berührt wird.

Zweitens spielen bei der Nachfrage der Unternehmen nach Gastarbeitern die Transport- und die Nebenkosten eine Rolle. Solange diese Nebenkosten – für Anlernung, Wohnungen, Heime usw. – niedrig gehalten oder auf die Gesamtgesellschaft überwälzt werden, ist es möglich für die Unternehmer, die Löhne für eine längere Periode durch zunehmende Einfuhr von Gastarbeitern niedrig zu halten. Sobald aber die Transport- und Nebenkosten so weit steigen, daß die Unternehmer die Fortsetzung der Einfuhr von Gastarbeitern nicht mehr als rentabel ansehen, erst dann besteht die Möglichkeit, daß die Löhne ansteigen. Allerdings bezieht sich diese Frage auf die Gruppe der ungelernten Arbeitskräfte. Das Bewußtwerden der Misere der Gastarbeiter seitens der Gesellschaft in den letzten Jahren soll die Nebenkosten erhöht haben. Dagegen haben die Arbeitgeber einen anderen Ausweg gefunden, um diese Nebenkosten niedrig zu halten oder wenigstens die Löhne nicht ansteigen zu lassen, nämlich den Rückgriff auf weniger anspruchsvolle Arbeitskräfte aus neuen Emigrationsländern. Der auch unter den verschiedenen Nationalitäten der Ausländer zu beobachtende Trend einer relativen Anpassung und eines relativen sozialen Aufstiegs, der zusammen mit dem Trend einer gestiegenen Seßhaftigkeit verläuft, hat möglicherweise auch mit dieser Politik der Unternehmer zu tun. Die untersten und schlechtesten Arbeitsplätze bekommen nun Türken und Jugoslawen; die Griechen, die Italiener und die Spanier rücken tendenziell in höhere Stellungen auf.[232] Dieser zweite Grund soll in der Tat bisher kaum eine Rolle gespielt haben.[233] Dies ist jedoch auf die günstigere Konjunktur und das Wachstumstempo zurückzuführen, die diese Kosten verkraften können. Auch die Tatsache, daß diese Kosten auf die Gesamtbevölkerung entweder direkt (durch den Preismechanismus) oder indirekt (durch die Übernahme dieser Kosten oder eines Teils davon vom Staat) abgewälzt werden, spielt dabei eine Rolle. Wenn also diese Kosten aus den obengenannten Gründen trotzdem keine Wirkung auf die Löhne gehabt haben, die – wie im folgenden dargestellt – gestiegen sind, so gilt es a fortiori, daß je höher diese Kosten, desto vorteilhafter ihre Wirkung auf das Lohnniveau der ungelernten Arbeitskräfte ist.

Als dritter Grund der Unempfindlichkeit der Löhne gegenüber der Beschäftigung von Ausländern soll der Organisationsgrad der einheimischen Arbeiterschaft erwähnt werden, der in Stellung und Macht der Gewerkschaften zum Ausdruck kommt. Die Gewerkschaften können durch ihre Macht mindestens die relative Anpassung der Löhne je nach Konjunkturlage erzwingen. Darüber hinaus haben sie sich durch die formelle Gleichstellung der Gastarbeiter mit den einheimischen Arbeitern und die Wahrnehmung der Interessen der Ausländer die Möglichkeit verschafft, den Arbeitsmarkt zu kontrollieren und den Spielraum der Arbeitgeber zu begrenzen. Diese institutionelle Vereinheitlichung des Arbeitsmarktes gibt den Gewerkschaften einen Vorteil gegenüber den Arbeitgebern, der darin besteht, daß erstere die innerhalb der ökonomischen Möglichkeiten erlaubten Lohnerhöhungen ohne große Zeitverzögerungen wahrnehmen können.[234] Außerdem wird der Zustrom ausländischer Arbeitnehmer durch die Bundesanstalt für Arbeit ständig kontrolliert. Der vorhandene Mechanismus erlaubt es jedesmal, je nach Konjunkturlage die Einreise von Gastarbeitern zu begrenzen bzw. die vorhandene Zahl auf verwaltungsmäßiger Weise (Aufenthaltserlaubnis) abzubauen.[235]

Es wurde oben erwähnt, daß eine lohndrückende Funktion der Gastarbeiter nur in bezug auf die einheimischen ungelernten Arbeitskräfte in Frage kommt. Dies gilt nur insofern, als die Gewerkschaften keinen Einfluß ausüben können. Solange aber die Gewerkschaften, wie eben angeführt, den Arbeitsmarkt kontrollieren, setzen sie allgemeine Lohnerhöhungen auch für die Hilfsarbeiter durch. Dies darf aber nicht über die Tatsache hinwegtäuschen, daß die Gastarbeiter ihr relatives Lohnniveau reproduzieren. Wie aus der Repräsentativ-Untersuchung der Bundesanstalt für Arbeit für 1968 hervorgeht, bekamen 71 % der männlichen ausländischen Arbeiter in der Bundesrepublik einen Stundenlohn von weniger als 5 DM. Diese Untersuchung stellte darüber hinaus fest, daß die jüngeren, unter 25 Jahre alten Gastarbeiter relativ mehr in den untersten Lohnstufen repräsentiert waren.[236] Nach dem Befund der empirischen Untersuchung von Mehrländern besteht keine eindeutige Tendenz, „daß ausländische Fachkräfte mehr als Angelernte oder Ungelernte“ verdienen. Darüber hinaus lagen die Bruttostundenverdienste der Gastarbeiter nach Wirtschaftszweigen zum großen Teil (70 % bei den im verarbeitenden Gewerbe Tätigen, 61 % bei den im Bergbau und in der Energiewirtschaft Tätigen, 60 % bei den in der Eisen- und Metallindustrie Tätigen) unter dem durchschnittlichen Stundenlohnsatz.[237] Obwohl eingehendere Untersuchungen dieses Themas nicht vorhanden sind, deuten jedoch die obigen Daten darauf hin, daß das relative Lohnniveau der Gastarbeiter durch sie selbst reproduziert wird. Wieweit dies auch ihren Reallohn betrifft, kann wegen fehlender Informationen nicht gesagt werden. Das große Angebot an ungelernten Arbeitskräften in den Emigrationsländern ist der Hauptgrund dieser Wirkung, die durch den bestehenden und von allen Seiten her geförderten Rotationsprozeß verstärkt wird. Die Elastizität des Angebots wird durch das entwickelte System der Anwerbungsvereinbarungen mit einer immer größer werdenden Anzahl von Anwerbeländern aufrechterhalten, wodurch die Gefahr der Knappheit gebannt und die Flexibilität gewährleistet wird. Das Lohnniveau für ungelernte Arbeitskräfte wird auf diese Weise unelastisch nach oben. Die lohndrückende Funktion der Gastarbeiter wirkt demzufolge auf sie selbst und auf die einheimischen ungelernten Arbeitskräfte. Diese These muß an Hand einer eingehenden Untersuchung getestet werden, die in diesem Rahmen nicht unternommen werden kann.[238] Es gibt Anzeichen dafür, daß die Lohnerhöhungen letzten Endes nicht linear wirken, sondern verschieden je nach dem Ausbildungsgrad sind. Wenn dies zutrifft, so würde es bedeuten, daß der Endeffekt dieser Reproduktionsfunktion der Gastarbeiter die teilweise Finanzierung der größeren Lohnerhöhungen der einheimischen Arbeitnehmer ist. Denn volkswirtschaftlich gesehen bedeutet eine Zunahme des Arbeitseinkommens allgemein unter gegebener Stabilität oder geringer Flexibilität der untersten Stufen der Lohnstruktur, daß sie (die Zunahme) den obersten Stufen der Lohnstruktur zugute kommt. Zumal bei den oberen Stufen wegen der hohen Nachfrage nach qualifizierten Arbeitskräften solche Lohnerhöhungen verhältnismäßig leicht durchgesetzt werden.[239] Eine Untersuchung der Masseneinwanderung in Israel in der Zeit bis 1958 scheint diesen Tatbestand zu bestätigen. Der Unterschied zwischen den Löhnen der Ungelernten und denjenigen der Facharbeiter hat sich zwischen 1948–1958 vergrößert zugunsten letzterer.[240] In der Schweiz ist zwischen 1950 und 1960 eine Stabilität der Lohnunterschiede zwischen Fach- einerseits und an- und ungelernten Arbeitern andererseits beobachtet worden, die gerade aus der Beschäftigung ausländischer Arbeitnehmer resultiert. Es ist jedoch nicht eindeutig, welches die Gründe für diese Starrheit sind, denn es könnte sein, daß nicht nur die Gastarbeiter die Starrheit der Lohnsätze für die an- und ungelernten Arbeitskräfte beeinflußt haben, sondern daß auch die Löhne der Facharbeiter aus strukturellen oder konjunkturellen Gründen nicht flexibel genug nach oben waren.[241] Ähnliches läßt sich auch für die Bundesrepublik sagen.[242] Die Ergebnisse der OECD-Untersuchung über Löhne und Arbeitsmobilität in neun Ländern scheinen diese Befunde zu bestätigen, obwohl die Einwanderung nicht berücksichtigt wurde. Nimmt man die erste Hälfte des Jahrhunderts, so macht sich eine gewisse Annäherung der Lohnunterschiede zwischen Facharbeitern einerseits und an- und ungelernten Arbeitern andererseits bemerkbar. Für kleinere Zeiträume und insbesondere in der Nachkriegszeit konnte die OECD-Studie keine Tendenz feststellen.[243]

Wie sieht nun die Entwicklung der Löhne in den Ländern aus, die Gastarbeiter beschäftigen? In der Schweiz rechnet man mit einem Anstieg des realen Einkommensniveaus zwischen 1945 und 1969 um 90 % im Durchschnitt für die Arbeiter und um rund 80 % im Durchschnitt für die Angestellten.[244] Bis 1959 lagen die Wachstumsraten der Nominallöhne zwischen 0,6 und 4,5 %, nach 1960 zwischen 5,2 und 8,2 %, die nominellen Wachstumsraten der Gehälter zwischen 3,7 und 7,0 %. Ähnlich entwickelten sich auch die Reallöhne.[245] In der Bundesrepublik ist eine stärkere Zunahme der Löhne als der Arbeitsproduktivität zu beobachten. Nach dem Sachverständigenrat waren die entsprechenden Wachstumsraten pro Jahr:

	Produktivität	Lohn je Arbeitnehmer
1967	2,9	3,4
1968	6,9	6,7
1969	6,0	9,7
1970	4,0	15,0

Die Untersuchung des Kölner Industrieinstituts bemerkt dazu, daß die inflationären Lohnsteigerungen ohne Gastarbeiter wahrscheinlich größer gewesen wären als sie tatsächlich gewesen sind.[246] Allerdings geht es dabei um Nominallöhne. Zwischen 1958 und 1969 fand eine Steigerung des Bruttostundenverdienstes der Industriearbeiter von 127 % statt, während die Preissteigerungen in der gleichen Zeit nur 29 % betrugen. Es handelt sich also auch um eine reale Verbesserung der Einkommenslage der Arbeitnehmer.[247] Mit Recht wird nun darauf hingewiesen, daß die Anwerbung ausländischer Arbeitnehmer die Elastizität des Arbeitsangebotes nicht erhöhte, so daß gerade das Arbeitsangebot der bestimmende Faktor der Lohnentwicklung in der Bundesrepublik gewesen ist.[248] Bemerkenswert ist der Befund von Hornhues, der die Periode 1955–1965 untersucht hat, wonach die Wachstumsraten der Lohnsätze in der Zeit 1960–1965, also in den Jahren, als die Ausländerbeschäftigung rapide zunahm, um 16 % höher als in der vorangegangenen Periode 1955–1960 waren (Zunahme 1960–1965 54,4 %, 1955–1960 46,9 %). Daß es sich dabei um Reallohnerhöhungen handelt, ergibt sich auch daraus, daß die Arbeitszeit in der Periode 1955–1960 um 3,3 Stunden pro Woche und in der Periode 1960–1965 um 1,3 Stunden pro Woche verringert wurde.[249]

Die Entwicklungen stimmen also überein mit den Erfahrungen aus anderen Ländern. Isaac z. B. bemerkt bezüglich der Einwirkungen der Einwanderung in die Vereinigten Staaten, daß der Tatbestand der realen Steigerung des Pro-Kopf-Einkommens und der langfristig geringen, wenn überhaupt, Beeinflussung der Reallöhne aus den statistischen Daten belegt wird. Er fügt sogar hinzu, daß, auch wenn die amerikanische Einwanderungspolitik nicht so streng gewesen wäre, kein negativer Einfluß der Einwanderung auf die Reallöhne zu erwarten gewesen wäre. Denn jedesmal wenn die Auswanderung aus Europa nachließ, wurden die freien Stellen trotz der hohen Arbeitslosigkeit nicht mehr von den Amerikanern selbst besetzt, sondern von Negern aus den Südstaaten oder Mexiko, die zu niedrigen Löhnen zu arbeiten bereit waren.[250] Dies bestätigt noch einmal das Phänomen der Balkanisierung der Arbeitsmärkte, das oben angesprochen wurde. Die Erfahrung in der Bundesrepublik ist die gleiche. Die lohndrückende Funktion der Gastarbeiter hat sich also nicht erfüllt. Mindestens nicht in der allgemeinen Form, in der sie behauptet wird. Abgesehen von den oben angeführten Gründen muß auch zum Schluß die Entwicklung der Nachfrage nach Arbeitskräften als Grund erwähnt werden.[251] Diese Nachfrage war aus konjunkturellen Gründen, wie es im Abschnitt 3 b aufgeführt wurde, in der Nachkriegsperiode sehr stark. Erwähnenswert in diesem Zusammenhang ist auch die beobachtete Spanne zwischen Tarif- und Effektivlöhnen. Es hat sich sogar gezeigt, daß die Lohnerhöhungsrate der Effektivlöhne größer als die der Tariflöhne langfristig war.[252]

h) Infrastruktur und Gastarbeiter, ein Pseudoproblem

Das Thema Infrastruktur wurde bisher in der Diskussion weitgehend als ein Kostenproblem behandelt. Einmal wird behauptet, daß Infrastrukturinvestitionen für die Gastarbeiter, etwa Schulen, Wohnungen, Kindergärten usw., auf Kosten der gleichen Leistungen für Deutsche gehen. Zum anderen werden Rechnungen aufgestellt, wieweit die von den Ausländern geleisteten steuerlichen Beiträge für die Finanzierung solcher Investitionen zu ihren Gunsten ausreichen. Auf diese Weise gelangt man schließlich zu Auffassungen, wie z. B., daß die infrastrukturelle Belastung aus der Ausländerbeschäftigung sehr groß sei und sie sogar dem daraus resultierenden Gewinn für das Wachstum nicht entspreche. Mit diesem Argument wird gegen die Ausländerbeschäftigung polemisiert. Zwar ist in der Betrachtung dieses Problems ein Wandel bemerkbar, in dem Sinne, daß die Problemstellung nicht mehr so schwarz-weiß gemalt werden kann, jedoch herrschen immer noch weitgehend Kosten-Nutzen-Überlegungen, die die Bindung an interessenorientierte Ausgangspunkte und ideologisierte Grundpositionen unterstreichen. Diese Denkweise ist gerade in der Problematik der Ausländerbeschäftigung unter dem Aspekt „Gewinn – Belastung" verankert, von dem im Kapitel II die Rede war. Denn solange man über die einheimische Bevölkerung spricht, solange man Überlegungen darüber anstellt, daß z. B. infolge der demographischen Entwicklungen Schulen, Krankenhäuser, Verwaltungsstellen usw. benötigt werden,bemüht man sich sofort, die Finanzierung dieser Vorhaben zu ermöglichen. Die Überlegungen werden für die einheimische Bevölkerung nicht unter dem Aspekt von Gewinn oder Belastung angestellt. Ökonomische Betrachtungen spielen in diesem Falle keine Rolle. Sobald aber die genannten Bedürfnisse für Arbeitskräfte entstehen, die aus dem Ausland geholt werden, treten sofort ökonomische Überlegungen in den Vordergrund. Dies impliziert jedoch eine inkonsequente und inhumane Unterscheidung zwischen Menschen (Einheimischen) und Arbeitskräften (Gastarbeitern): denn dabei wird verkannt, daß diese Arbeitskräfte zum ersten aus einer bestimmten ökonomischen Notwendigkeit importiert werden und demzufolge eine bestimmte Funktion im ökonomischen Prozeß erfüllen, zum anderen aber, daß die infrastrukturellen Bedürfnisse dieser Arbeitskräfte aus ökonomischer Sicht nicht nur notwendig und logisch, sondern auch aus menschlicher Sicht unentbehrlich sind. Der viel zitierte Satz von Max Frisch, man fragte nach Arbeitskräften, und es kamen Menschen, bringt diesen Widerspruch klar zum Ausdruck: Dieses Denken verrät nicht nur den unmenschlichen Charakter der Wanderungsbewegung, sondern auch die ausbeuterischen Absichten der Gastgeberländer, die jegliches ökonomische Fundament vermissen lassen. Denn man versprach sich anfangs etwas unüberlegt einen Nutzen aus der Ausländerbeschäftigung, möglichst ohne Kosten; später versuchte man, sie möglichst niedrig zu halten. Dazu ging man von zwei Grundprinzipien aus: erstens dem Prinzip, die Bundesrepublik sei kein Einwanderungsland, und zum anderen dem damit verbundenen Prinzip der Rotation. Da der Gastarbeiterstrom ständig rotiert, braucht man keine hohen Ausgaben für Infrastruktur zu machen. Darauf komme ich später zurück.

Es ist nun ersichtlich, daß man aus dem Infrastrukturproblem ein Pseudoproblem gemacht hat, und zwar aus zwei Gründen: erstens durch die Verbindung des Infrastrukturproblems mit der Gastarbeiterbeschäftigung, obwohl es doch ein allgemeines Problem der wirtschaftlichen Entwicklung ist und weil darüber hinaus doch jede Beschäftigung allein von der Seite des Reproduktionsprozesses der Arbeitskraft her notwendigerweise von infrastrukturellen Ausgaben begleitet wird. Zweitens durch das Hochspielen der Infrastrukturausgaben zu einem Problem; so verdeckte man die tatsächliche Tendenz, auf diesem Bereich nur das Notwendigste zu unternehmen. Daher der große Widerspruch zwischen der theoretischen Bedeutung des Infrastrukturproblems in der Diskussion über die Ausländerbeschäftigung und der vorhandenen Misere der Gastarbeiter auf diesem Bereich.

Es muß zuerst klargestellt werden, daß die getätigten Infrastrukturinvestitionen nicht von der Ausländerbeschäftigung induziert wurden, sondern eine Folge des Nachholbedarfs der einheimischen Bevölkerung gewesen sind.[253] Man betrachte etwa den Wohnungs- oder den

Straßenbau. Einmal ist der Wohnraumbedarf der einheimischen Bevölkerung noch nicht ausreichend gedeckt, auf der anderen Seite ist es unbegründet, zu behaupten, daß man neue Autobahnen oder Bundesstraßen gebaut oder eine Verbesserung der Bundesbahn für die Gastarbeiter oder wegen der Gastarbeiter vorgenommen hat, denn Straßen werden im Interesse der Industrie und der Privatfahrer gebaut. Die Gastarbeiter sind nicht so stark motorisiert, daß eine Auswirkung auf den Straßenbaubedarf ins Gewicht fiele oder daß ihretwegen die Motivation zum Straßenbau verstärkt würde. Abgesehen jedoch davon und wenn man von den in der letzten Zeit deutlich gewordenen Einflüssen der fortschreitenden Motorisierung auf Umwelt und Städtebau abstrahiert, denke man an die Auswirkungen, die eine Einschränkung des Straßenbaus für die Autoindustrie hätte. In Anbetracht der Stellung der Autoindustrie in der deutschen Wirtschaft, aber auch in der Wirtschaft der anderen hochkapitalistischen Länder Europas, hätte dies katastrophale Effekte auf den konjunkturellen Verlauf und auf das Wachstum schlechthin. Bezüglich des Wohnungsbaus stellte 1968 der Bundesminister für Wohnungswesen und Städtebau Lauritzen im Jahresbericht 1968 fest, daß sich der Schwerpunkt der Aufgaben im Wohnungswesen und Städtebau „von der Schaffung neuer Wohnviertel zur Erneuerung überalterter Wohnviertel" verlagert.

Weiterhin bemerkt er, daß der Wohnungsbedarf nicht, wie oft behauptet, behoben worden sei, da nicht nur die Lebenserwartung der Menschen gestiegen ist, sondern sich auch die Familienstruktur (ständiges Wachstum der Ein- und Zweipersonen-Haushalte) und die qualitativen Ansprüche geändert haben. Man rechnet demzufolge in den nächsten zehn Jahren mit einer jährlich notwendigen Baurate von durchschnittlich 400 000 Wohnungen.[254] Welch miserable Wohnverhältnisse auf dem Wohnungssektor für die Gastarbeiter herrschen, haben neuerdings Presseberichte über Mietwucher und Wohnsituation wie auch eine vor kurzem durchgeführte Untersuchung des Ministeriums für Arbeit, Gesundheit und Soziales des Landes Nordrhein-Westfalen verdeutlicht.[255] Darauf komme ich später zurück. Man darf jedoch in diesem Punkt die Tatsache nicht verkennen, daß die Beschäftigung von Gastarbeitern die gesamtwirtschaftlichen Infrastrukturkosten senkt. Dadurch, daß sie zum großen Teil „marginale" Wohnungen innehaben, die schlechthin als unbewohnbar gelten, auf jeden Fall jedoch unter die Gruppe fallen, die nach dem Bundesministerium für Wohnungswesen und Städtebau erneuerungsbedürftig sind,[256] ersparen sie neue Investitionen und tragen gleichzeitig dazu bei, daß die Einheimischen Zugang zu besseren Wohnungen haben (siehe weiter unten im Text).

Ähnliches gilt auch für den Schulbereich. Die Gastarbeiterkinder vegetieren am Rande des Schulsystems, obwohl auch die Bedürfnisse der einheimischen Schulkinder weit davon entfernt sind, erfüllt zu sein. Mit dem Argument der das Schulsystem kennzeichnenden Mängel selbst für die einheimischen Kinder, verweist man oft auf die

Unlösbarkeit des Schulproblems der Gastarbeiterkinder, zumindest aus finanzpolitischen Gründen. Um das Problem auf den gemeinsamen Nenner des allgemeinen Schulsystems zu reduzieren, hat man die Schulpflicht auch für Gastarbeiterkinder unter der Parole der „Integration“ eingeführt; die wirklichen Kosten, die für ein für die Gastarbeiterkinder angemessenes Schulsystem unter Berücksichtigung auch ihrer nationalen Integrität entstehen, wurden damit auf die Gesamtkosten des Schulsektors verlagert. Unter diesem Aspekt kann man leicht von den für die Gastarbeiterkinder entstehenden Kosten auf dem infrastrukturellen Bereich „Schule“ sprechen; in Wirklichkeit sind aber die entstehenden Kosten im Vergleich zu den Gesamtkosten und auch in Anbetracht der Steuerbelastung der Gastarbeiter minimal. Daß eine angemessene Ausbildung der Gastarbeiterkinder mit infrastrukturellen Kosten verbunden ist, liegt auf der Hand. Diese Kosten sind aber eine logische und natürliche Konsequenz der demographischen Entwicklungen und der Knappheit auf dem Arbeitsmarkt. Die Arbeitskraft ist mit Reproduktionskosten verbunden, und das Dilemma entsteht nicht aus den Reproduktionskosten (sprich Infrastrukturausgaben), sondern aus dem Bedarf an Arbeitskräften. Wenn man Arbeitskräfte braucht, um ein angemessenes Wachstum und den erreichten Wohlstand aufrechtzuerhalten, so geht dies ohne Infrastrukturkosten nicht. Ob sich diese Arbeitskräfte langfristig aus einer Zunahme der Fertilität der einheimischen Bevölkerung rekrutieren – was theoretisch richtig, praktisch jedoch aus dem allgemein feststellbaren Trend nicht zu erwarten ist – oder man sie kurz- und aus dem eben angegebenen Grund auch langfristig aus dem Ausland herholt, ändert nichts am Problem der Infrastrukturkosten.

Ähnliches läßt sich für andere Bereiche sagen (z. B. des Gesundheitswesens). Es ist aus den vorangegangenen Ausführungen ersichtlich, wie falsch es ist, von der aus der Ausländerbeschäftigung resultierenden infrastrukturellen Belastung generell zu sprechen. Aus der Ausländerbeschäftigung entsteht eine infrastrukturelle Belastung nur für bestimmte Bereiche, hauptsächlich Wohnungs- und Bildungssektor, Gesundheitswesen. Andere infrastrukturelle Bereiche, wie Verkehr, Kommunikation, Erholung, werden nur minimal belastet. Darüber hinaus muß man zwischen tatsächlicher und „normativer“ Belastung unterscheiden. Die tatsächliche Belastung ist sehr gering im Vergleich zu derjenigen, die dann entstehen würde, wollte man auch den Gastarbeitern eine angemessene Wohnung, angemessene Berufs- und Schulausbildung und einen höheren Lebensstandard gewährleisten („normative“ Belastung). So kam Hollenberg auf Grund expliziter Annahmen für Nordrhein-Westfalen auf eine Berechnung des Wohnungsbedarfs bis 1980 zwischen 63 000 (Minimalrechnung) und 241 000 Wohneinheiten.[257] Das Tübinger Institut errechnete für Baden-Württemberg einen jährlichen Wohnungsbedarf der Ausländer zwischen 1970–1975 von 16 500 bis 12 000 Familienwohneinheiten und 20 200 bis 24 400 Einzelpersonenwohneinheiten (unter veränderten

Verheiratetenquoten).[258] Da das Landeswohnungsprogramm 1971 des Innenministeriums Baden-Württemberg für die siebziger Jahre die jährliche Förderung von 20 000 Wohnungen und 2500 Heimplätzen vorsieht, hat eine Gesamtrechnung des allgemeinen jährlichen Wohnbedarfs für Baden-Württemberg folgendes Aussehen:

Inländer:	50 000 Wohneinheiten (niedrig geschätzt)
Ausländer:	12 000 (16 000) Wohneinheiten für Familien
	24 000 (20 000) Wohneinheiten für Einzelpersonen

Unter der Annahme, daß der freie Wohnungsbau 50 000 Wohneinheiten jährlich fertigstellt, was praktisch bedeutet, daß die Ausländer auf das öffentliche Bauprogramm angewiesen sind, „ist nicht zu erwarten, daß die Wohnungsversorgung der ausländischen Arbeitnehmer in der Zukunft besser wird“[259]. Auf Grund der Preise von 1970 errechnet dieselbe Untersuchung für die Jahre 1970 bis 1975 eine Investitionssumme für Wohnbauten von 5,76 Mrd. DM und 4,58 Mrd. DM und pro beschäftigten Gastarbeiter von 28 800 DM und 18 700 DM.[260] Eine kürzlich veröffentlichte „Problemstudie“ des Stadtentwicklungsreferats der Stadt München veranschlagt die Gesamtkosten für den sozialen Wohnungsbau allein für den Teil der in München lebenden Ausländer (vermutlich 40–50 %), der aller Voraussicht nach zur Seßhaftigkeit neigt, auf 2,5 Mrd. DM.[261] Jöhr und Huber berechneten für die Schweiz die benötigten Infrastrukturinvestitionen (einschließlich Wohnbauten) pro neu beschäftigtem Gastarbeiter zu Preisen von 1965 auf 61 679 SFr. für 1970 und auf 75 376 SFr. für 1975.[262] Rüstow schätzte 1965 den Bedarf an Infrastrukturinvestitionen einschließlich Wohnraum auf 50 000 DM pro Arbeitsplatz.[263]

Auf Grund der Berechnungen von Jöhr und Huber ermittelt das Tübinger Institut für Wirtschaftsforschung für Baden-Württemberg für das Jahr 1970 ein Investitionsvolumen von 29 Mrd. DM für Infrastrukturinvestitionen. Demgegenüber machten die gesamten öffentlichen Investitionen für Bauten, große Instandsetzungen, Neuanschaffung von beweglichem Vermögen und Grunderwerb im Zeitraum von 1960 bis 1970 rund 32 Mrd. DM aus. Die geplanten Brutto-Gesamtausgaben der öffentlichen Haushalte in Baden-Württemberg beliefen sich im Jahre 1970 auf 17,9 Mrd. DM (ohne Gemeinden unter 10 000 Einwohner), wovon nur 3,0 Mrd. DM, d. h. 16,8 %, für Sachinvestitionen vorgesehen waren. „Diese Zahlen verdeutlichen den begrenzten Spielraum der öffentlichen Hände für Infrastrukturinvestitionen.“[264] Das Tübinger Institut für Angewandte Wirtschaftsforschung hat eigene Berechnungen des infrastrukturellen Bedarfs im Bildungsbereich und für das Gesundheitswesen in Baden-Württemberg für den Zeitraum 1970–1975 erstellt. Der Ausgabenbedarf des Staates und der Gemeinden für beide Jahre und für beide Bereiche sieht folgendermaßen aus[265]:

Ausgabenbedarf in Mio. DM (Preisstand 1970)

	1970	Variante I	Variante II
Bildungsbereich	521,5	770,5	819,5
Gesundheitswesen	627,5	772,7	782,9

Aus den obigen Ausführungen wird ersichtlich, wie hoch die infrastrukturelle Belastung der Gastarbeiter tatsächlich sein könnte und inwieweit diese „normative Belastung" von der Realität abweicht, wie sie in den Wohnverhältnissen der Gastarbeiter oder der Schulsituation der Gastarbeiterkinder zum Ausdruck kommt. Das Infrastrukturproblem erweist sich als ein Pseudoproblem gerade deshalb, weil man die „normative" Belastung sowohl in der Gegenwart wie auch in der Zukunft in den Vordergrund stellt und von der tatsächlichen Belastung abstrahiert. Geht man nämlich von der tatsächlichen Belastung aus, so ist es eindeutig, daß mit den Infrastrukturausgaben bisher hauptsächlich der Bedarf der einheimischen Bevölkerung gedeckt wurde. Ein beträchtlicher Teil der in der Schweiz in den letzten Jahren in Angriff genommenen Infrastrukturaufgaben war auch ohne die Vermehrung der ausländischen Bevölkerung nötig, bemerkt Gnehm und gibt als Beispiel den Nationalstraßenbau an.[266] Dies trifft auch für die Bundesrepublik zu. Am Beispiel des Wohnungsbedarfs der Gastarbeiter muß z. B. hervorgehoben werden, daß „es kein spezielles Wohnungsbauprogramm für die ausländischen Arbeitnehmer gibt" und daß sie „im wesentlichen auf den freien Wohnungsmarkt angewiesen" sind. „Die bisherige Wohnungsversorgung der ausländischen Arbeitnehmer stützte sich fast ausschließlich auf von Inländern freigegebene – häufig sanierungsbedürftige – Altbauwohnungen."[267] Abgesehen jedoch davon, muß man auch in diesem Zusammenhang darauf hinweisen, daß das Infrastrukturproblem nicht nur kein *Pseudo-*, sondern auch kein Problem im vorgetragenen Sinne ist. Wie oben schon erwähnt, sind die Infrastrukturausgaben eine unabdingbare Begleiterscheinung der Beschäftigung und des Wachstums und werden nicht etwa durch die Gastarbeiter unnatürlicherweise induziert. Dies muß hervorgehoben werden, zumal in der ideologisch gefärbten Diskussion die für die Gastarbeiter benötigten Infrastrukturinvestition ihnen angelastet werden, da, wie behauptet, dadurch die Befriedigung des infrastrukturellen Bedarfs der einheimischen Bevölkerung eingeschränkt wird. Damit wird impliziert, sie seien gewissermaßen selbst verantwortlich dafür, daß sie auch Reproduktionsbedürfnisse haben und sich nicht damit zufriedengeben, wenigstens einen Arbeitsplatz im Aufnahmeland zu haben!

Das tatsächliche infrastrukturelle Problem aus der Gastarbeiterbeschäftigung liegt in der Finanzierungsfrage der benötigten Investitionen. An dieser Stelle muß auf einen eklatanten Widerspruch hingewiesen werden, der besonders bei der Gastarbeiterbeschäftigung zum Ausdruck kommt. Ich meine nämlich die Tatsache, daß einerseits die Gastarbeiter vom Kapital hergeholt werden und ihm dienen; andererseits aber die daraus entstehenden infrastrukturellen Kosten auf die Gesamtbevölkerung abgewälzt werden. Es ist interessant, hier den Befund von Hollenberg aus seiner Untersuchung in Nordrhein-Westfalen zu erwähnen, wonach 60,9 % der ledigen oder lediggehenden oder 49,6 % aller Gastarbeiter in Nordrhein-Westfalen „in zumeist *staatlich geförderten firmeneigenen* Wohnheimen" untergebracht sind (Hervorhebung des Verfassers). Von den Gastarbeiter-Familien (18,5 % aller in Nordrhein-Westfalen beschäftigten Gastarbeiter) wohnen nur 8,7 % in solchen „zumeist *staatlich geförderten firmeneigenen* Familienwohnheimen", während die übrigen in privaten einzelnen Zimmern (52,7 %), in privaten Wohnungen (19,6 %) und in werkseigenen oder werkgeförderten Wohnungen (18,9 %) leben[268] (Hervorhebung des Verfassers). Der Staat finanziert also die Gastarbeiter beschäftigenden Unternehmen für deren Unterbringung. Vielmehr finanziert er die Wohnheime für ledige Gastarbeiter, während die Gastarbeiterfamilien auf den freien Wohnungsmarkt angewiesen sind. Die Funktion des kapitalistischen Staates wird damit ersichtlich. Er sorgt dafür, daß dem Kapital keine zusätzlichen Kosten entstehen, indem er die Infrastrukturkosten übernimmt, die er aus den gesamten Steuereinnahmen finanziert. Diese Inkonsistenz ist jedoch ein dem kapitalistischen System inhärenter Widerspruch. Nur in diesem Rahmen kann die kapitalistische Wirtschaft funktionieren. Würde man die aus der Gastarbeiterbeschäftigung resultierenden Infrastrukturkosten den natürlichen Trägern, den Unternehmen selbst, zuordnen, so würde dies eine Reduzierung der Profite bedeuten, was eine Minderung der Investitionstätigkeit (Streik des Kapitals) zur Folge hätte. Gnehm formuliert es zutreffend für die Schweiz: „Da in der Schweiz der Anteil der Bruttoinlandsinvestitionen am Bruttosozialprodukt mit über dreißig Prozent bereits sehr hoch liegt, ist für die Zukunft kaum mit der Möglichkeit einer weiteren Erhöhung der Investitionsquote zu rechnen. Die Befriedigung des öffentlichen Investitionsbedarfs wird infolgedessen nur auf Kosten der privaten Investitionen erfolgen können. Von einer allfälligen Beeinträchtigung der Investitionstätigkeit der unmittelbar produzierenden Wirtschaft werden indessen negative Wirkungen auf das wirtschaftliche Wachstum ausgehen und damit die zukünftigen Chancen der Wohlstandshebung der einheimischen Erwerbstätigen ungünstig beeinflussen."[269] Der Staat übernimmt demzufolge die Rolle, die Profitspanne der Unternehmen zu garantieren. Die Abwälzung der Infrastrukturkosten aus der Gastarbeiterbeschäftigung auf die Gesamtbevölkerung wird dadurch überkompensiert, daß Vollbeschäftigung und damit Wachstum dank der Investitionstätigkeit der Unternehmen gewährleistet werden. Die Verteilung der Infrastrukturkosten aus der Gastarbeiterbeschäftigung auf die Gesamtbevölkerung ist letzten Endes der Preis, den die Gesamtbevölkerung für Vollbeschäftigung und Wachstum zahlen muß.

Da jedoch die Gesamteinnahme der öffentlichen Hand nicht einmal für die Deckung der infrastrukturellen Bedürfnisse der einheimischen Bevölkerung ausreichen, wird auch der infrastrukturelle Bedarf der Gastarbeiter nur teilweise gedeckt. Dem Kapital gelingt es auf diese Weise, die moralische Verantwortung für die katastrophalen Verhältnisse, die im Reproduktionsbereich für Gastarbeiter herrschen, auf die Gesamtbevölkerung zu verlagern. Das Argument, die Befriedigung der infrastrukturellen Bedürfnisse der Ausländer bedeute Verzicht auf den eigenen Bedarf seitens der Einheimischen, stammt logischerweise von gewerkschaftlicher Seite. Das Argument gilt jedoch nicht einmal, weil in der Praxis, wie oben angeführt, keine speziellen Ausgaben in bedeutendem Umfang für die Infrastruktur der Ausländer nachgewiesen werden können, zum anderen aber auch, weil die Ausländer ein integrierter Teil des Produktionsmechanismus des kapitalistischen Systems sind, ohne die nicht nur die infrastrukturellen Bedürfnisse der Einheimischen, sondern nicht einmal ihre existentiellen Bedürfnisse erfüllt werden könnten. Der Grad der Befriedigung des Bedarfs an Schulen, Kinderstätten und -gärten, Krankenhäusern, Wohnungen, Straßen usw. ist Funktion des Wesens des kapitalistischen Staates. Da er als Garant der Wirtschaftsordnung die Interessen des Kapitals beschützen muß, hängt die Höhe der jeweils realisierten Infrastrukturkosten von den vom Kapital selbst für das Funktionieren der Wirtschaft gesetzten Grenzen ab, welche vorwiegend in der Gestaltung des Steuersystems, und zwar in seinem Progressionsgrad zum Ausdruck kommen. Die Ergebnisse einer Reihe von Untersuchungen in der Bundesrepublik zu diesem Punkt deuten auf eine Starrheit des Umverteilungseffektes des Steuersystems hin![270] Wenn also die infrastrukturellen Bedürfnisse der einheimischen Bevölkerung nicht ausreichend befriedigt werden können, liegt der Grund in der Politik des Kapitals, nicht in der Ausländerbeschäftigung selbst. Den Gastarbeitern kann man ebensowenig dafür die Schuld anlasten, wie auch irgendeiner anderen Gruppe innerhalb der einheimischen Arbeiterschaft. Denn solange die Gastarbeiter ökonomisch notwendig und deshalb ein integrierter Teil des Produktionsmechanismus und der Arbeiterschaft geworden sind, zählen ihre Reproduktionskosten zu den allgemeinen Reproduktionskosten der Arbeiterschaft einer Volkswirtschaft. Eine Einschränkung der Bedarfsbefriedigung an Infrastruktur der einheimischen Bevölkerung erfolgt zwar durch die notwendige Zunahme der Zahl der Arbeiterschaft durch die Gastarbeiter, es wäre aber kurzsichtig, das Augenmerk nur auf den Nenner zu konzentrieren. Denn auch die Zähler, d. h. die dafür notwendigen Mittel für Infrastrukturinvestitionen müssen mindestens entsprechend der Zahl der ausländischen Arbeitnehmer und ihrer Familien erhöht werden, damit der bisher erreichte Stand der Befriedigung der infrastrukturellen Bedürfnisse gewährleistet bleibt. Das Kapital aber ist zu einer solchen Lösung nicht bereit. Statt dessen wälzt es die neuen Infrastrukturkosten auf die Gesamtbevölkerung ab.

Es darf an dieser Stelle auch nicht unerwähnt bleiben, daß der Staat nicht nur als Garant des Profitmechanismus und damit der Profitspanne des Kapitals, sondern auch selbst als Unternehmer hervortritt, der Investitionen tätigt. Diese staatliche Investitionstätigkeit beeinträchtigt weitgehend sowohl den Konjunkturverlauf wie auch das Wachstum. Bevor man jedoch diesen Aspekt eingehender betrachtet, ist es notwendig, einen oben angeschnittenen Gedanken hier zu ergänzen. Es wurde nämlich oben ersichtlich (S. 107), daß die tatsächliche infrastrukturelle Belastung aus der Gastarbeiterbeschäftigung im Vergleich zu den daraus resultierenden Infrastrukturinvestitionen, die durchgeführt werden müßten, gering gewesen ist. Ich glaube gezeigt zu haben, warum das Infrastrukturproblem, so wie es gestellt wird, ein Pseudoproblem ist. Damit darf jedoch nicht der eilige Schluß gezogen werden, das Infrastrukturproblem sei kein Problem. Es ist, wie schon erwähnt, ein Problem der Finanzierung. Die oben angegebenen Berechnungen enthüllen die Größenordnung dieses Problems, deuten jedenfalls keine Überlegungen gegen die Ausländerbeschäftigung an. Das Für und das Gegen die Gastarbeiterbeschäftigung, solange eine solche Diskussion zulässig ist, bezieht sich auf Wachstum und Wohlstand, es kann nicht aus Kosten-Nutzen-Überlegungen, wie bei der Infrastrukturdiskussion, abgeleitet werden. Das Problem der Infrastrukturkosten ist ein sekundäres Problem, das durch die Notwendigkeit der Gastarbeiterbeschäftigung bedingt ist. Gerade diese Notwendigkeit entsteht aus Gründen des Funktionsmechanismus der Wirtschaft und kann deshalb nicht auf Grund der Infrastrukturkosten angefochten werden. Die Infrastrukturkosten sind eine unabdingbare Begleiterscheinung. Zutreffend ist das Verhältnis zwischen Integration der Gastarbeiter und Infrastrukturkosten folgenderweise formuliert worden: „Je mehr es in der Zukunft gelingt, die Ausländer aus der Isolierung zu befreien, z. B. durch Verbesserung der Wohnverhältnisse, Beteiligung am öffentlichen Leben (Beispiel: Gastarbeiterparlament), Aufnahme in Sportvereinen usw., desto stärker wächst auch ihr Infrastrukturbedarf bzw. desto mehr verschärfen sich vorhandene Engpässe in der Infrastruktur. Die öffentlichen Leistungen für die Ausländer haben also langfristig kumulative Wirkungen. Sie fördern die Integration; mit dem Grad der sozialen Integration wächst der Infrastrukturbedarf; wird der Infrastrukturbedarf gedeckt, steigt der Grad der sozialen Integration usw.“[271] Tuchtfeldt spricht in diesem Zusammenhang von der „Lawine von Sekundärinvestitionen im Bereich der Infrastruktur“[272]. Darin sehen einige eine „schwere Belastung“ der Volkswirtschaft.[273]

Hier muß man an die Bedeutung der Infrastrukturinvestitionen für das Wachstum und die damit zusammenhängende Funktion des Staates anknüpfen.[274] Darauf ist bereits oft in den vorangegangenen Ausführungen hingewiesen worden. Am Ende des Abschnitts 3a wurde ausreichendes Material über die staatliche Investitionstätigkeit angegeben. Es sei hier beispielsweise nur auf die Bedeutung der Bauinvestitionen für den Wachstumsprozeß hingewiesen.[275] In den Jahren 1961–1971 machten die öffentlichen Bauinvestitionen etwa 75–80 % der öffentlichen Sachinvestitionen und etwa 55–60 % der gesamten Investitionsausgaben der öffentlichen Träger aus.[276] Darüber hinaus hat der Staat zu der Entwicklung der Wohnwirtschaft bedeutend durch die von ihm gewährten Darlehen und Investitionszuschüsse beigetragen. Auf diese Weise hat der Staat auch den Verlauf der Konjunktur maßgebend beeinflußt.[277] Die Kontrolle eines immer zunehmenden Anteils des Sozialprodukts seitens des Staates macht seine Rolle im Wirtschaftsablauf eindeutig. Durch die multiplikatorischen Wirkungen der Staatsausgaben werden nicht nur die Nachfrage und demzufolge private Investitionen induziert, sondern darüber hinaus die Voraussetzungen für das weitere Wachstum geschaffen. Zwischen 1961/65 und 1966/70 stiegen die öffentlichen Sachinvestitionen um 25,4 % für die Wirtschaftsförderung, um 42,2 % für den Verkehr, um 40,8 % für Erziehung und Kultur, um 32,4 % für das Sozialwesen.[278] Wenn also die Infrastrukturinvestitionen wichtig für den Konjunkturverlauf und das Wachstum sind, ist es unbegründet, von den negativen Wirkungen der aus der Gastarbeiterbeschäftigung induzierten Investitionen dieser Art pauschal zu sprechen, ohne zunächst den tatsächlichen aus diesem Grunde induzierten Umfang dieser Investitionen zu berücksichtigen und ohne unter den verschiedenen Arten der Infrastrukturinvestitionen zu unterscheiden, auf die die Zunahme der Gastarbeiterzahl einwirkt. Wenn man die nachfolgende prozentuale Verteilung der öffentlichen Investitionsausgaben betrachtet, wird die in pauschalen Formulierungen steckende Gefahr der willkürlichen Argumentation klar.[279]

	1961/65	1966/70
1. Wohnungsbau	17,9	11,9
2. Wirtschaftsförderung	15,2	15,1
3. Verkehr	23,0	25,6
4. Erziehung und Kultur	13,1	15,1
5. Sozialwesen	6,0	6,8
6. Sonstiges	24,8	25,5
	100,0	100,0

Denn legt man die Bereiche 1, 4 und 5 zugrunde, welche auch infrastrukturelle Bedürfnisse der Gastarbeiter beinhalten, so stellt man fest, daß sich der eventuelle Einfluß der Gastarbeiter auf nur 37 % im Zeitraum 1961/65 und 33,8 % im Zeitraum 1966/70 der öffentlichen Infrastrukturinvestitionen beschränkte. Interessanterweise hat sogar der

Anteil dieser drei Arten der Infrastrukturinvestitionen an den öffentlichen Gesamtinvestitionen in der zweiten Periode, die mit der beachtlichen und kontinuierlichen Zunahme der Gastarbeiterzahl zusammenfällt, abgenommen. Auch wenn man einen Prozentanteil der unter „Sonstiges" erfaßten Investitionen den Gastarbeitern zurechnet, ändert sich das obige Bild kaum. Dies bestätigt die oben vertretene These, daß die bisher betätigten Infrastrukturinvestitionen auf Deckung des Bedarfs der einheimischen Bevölkerung abzielten und daß der Effekt der Gastarbeiter auf die Infrastrukturinvestitionen praktisch sehr gering gewesen ist. Schätzungen, die bis 1985 reichten, weisen folgenden Verlauf des Bedarfs an Infrastrukturinvestitionen zu jeweiligen Preisen auf (als Infrastrukturinvestitionen gelten in dieser Rechnung die Ausgaben für Unterricht und Kultur, Wissenschaft und Hochschulen, Gesundheit und Sport, Verkehr und kommunale Anstalten und Einrichtungen, Wasserwirtschaft und Kulturbau): 1966 44.1 Mrd. DM, 1975 118.0 Mrd. DM, 1980 195.0 Mrd. DM, 1985 311.0 Mrd. DM. Dies bedeutet eine Steigerung der Infrastrukturinvestitionen an den Gesamtausgaben des Staates (ohne Sozialversicherung) von 28,5 % im Jahre 1966 auf 44,7 % im Jahre 1985 und eine entsprechende Steigerung am Bruttosozialprodukt von 9,2 % auf 17,3 % zwischen beiden Jahren.[280]

Wie aus Tab. IV – 15 ersichtlich, sollen die staatlichen Ausgaben in drei von den Gastarbeitern in Anspruch genommenen Infrastrukturbereichen (Zeile 2) bis 1985 zunehmen, und zwar zu höheren Wachstumsraten (Zeilen 8, 9 und 10) als die gesamten Staatsausgaben (Zeile 7). Diese Daten ermöglichen jedoch keine Aussage über die infrastrukturelle Belastung der Gastarbeiter, zumal, wie die Tabelle zeigt, die Zunahme der Staatsausgaben für Erziehung, Gesundheit und Wohnungsbau (Zeilen 2 und 3) hauptsächlich auf die Zunahme des Bedarfs an Investitionen im Erziehungsbereich (Zeilen 2a, 4 und 9) zurückgeht. Wie schon dargelegt, beanspruchen die Gastarbeiter Investitionen hauptsächlich im Bereich des Wohnungsbaus und sekundär im Erziehungsbereich. Die in Tab. IV – 15 enthaltenen Schätzungen gehen daher auf Entwicklungen hin, die mit dem Bedarf der einheimischen Bevölkerung grundsätzlich zusammenhängen.[281]

Eine andere Seite des Zusammenhangs zwischen Infrastrukturinvestitionen und Ausländerbeschäftigung betrifft nun den Beschäftigungsaspekt in den verschiedenen Infrastrukturbereichen selbst. Wie Niederer für die Schweiz bemerkt, hätte nicht einmal die Hälfte der Wohnhäuser und Mietwohnungen ohne italienische Bauarbeiter fertiggestellt werden können. „Ohne die ausländischen Mineure wäre der Ausbau der Kraftwerke und damit die Stromversorgung aufs schwerste beeinträchtigt worden."[282] Der schon zitierte Bericht der Gesellschaft zur Förderung der schweizerischen Wirtschaft stellt sogar fest, daß ohne die Gastarbeiter in der Schweiz keine Infrastruktur schlechthin möglich gewesen wäre.[283] Zu einem ähnlichen Ergebnis muß man auch für die Bundesrepublik kommen, wenn man den Anteil der Gast-

Tabelle IV – 15
Die Entwicklung der Infrastrukturinvestitionen bis 1985

	1966	1975	1980	1985
1. Staatsausgaben (ohne Sozialversicherung) (in Mrd. DM zu jeweiligen Preisen)	154,5	315,0	467,0	695,0
2. Ausgaben für Erziehung, Gesundheit und Wohnungsbau (Mrd. DM zu jeweiligen Preisen)	26,8	65,0	109,0	175,0
davon a. Erziehung	13,4	41,0	74,0	126,0
b. Gesundheit	6,2	15,0	24,0	36,0
c. Wohnungsbau	7,2	9,0	11,0	13,0
3. 2 als % von 1.	17,4	21,6	23,3	25,2
4. 2a als % von 1.	8,7	13,0	15,8	18,1
5. 2b als % von 1.	4,0	5,7	5,1	5,2
6. 2c als % von 1.	4,7	2,9	2,4	1,9
7. Änderungen von 1. in % zwischen den angegebenen Jahren	–	103,8	48,2	48,9
8. Änderungen von 2. in % zwischen den angegebenen Jahren	–	142,5	67,6	51,2
9. Änderungen von 2a in % zwischen den angegebenen Jahren	–	205,9	80,4	70,2
10. Änderungen von 2b in % zwischen den angegebenen Jahren	–	141,9	60,0	50,0
11. Änderungen von 2c in % zwischen den angegebenen Jahren	–	25,0	22,2	18,1

Quelle: D. Schröder: Die Größenordnung der öffentlichen Ausgaben für die Infrastruktur in der Bundesrepublik Deutschland bis 1985, in R. Jochimsen – U. E. Simonis (Hg.): Theorie und Praxis der Infrastrukturpolitik, Berlin 1970, S. 450–451.

arbeiter in Infrastrukturzweigen mit der gesamten Beschäftigtenzahl vergleicht. Wie in Abschnitt 3a dargelegt, ist das Baugewerbe eines der drei wichtigsten Gastarbeiter beschäftigenden Wirtschaftsbereiche (siehe Tab. IV – 5). Man denke auch an die Zunahme der Ausländerquote in der Krankenpflege (Tab. IV – 7). Demzufolge erscheint das Problem nicht nur in der Form der Finanzierung des aus der Gastarbeiterbeschäftigung hergehenden Infrastrukturbedarfs, sondern auch in der Form der Abhängigkeit der Deckung des infrastrukturellen Bedarfs schlechthin von der Beschäftigung ausländischer Arbeitnehmer. Diese zunehmende Interdependenz zeigt gerade, wie falsch die Problemstellung der Infrastrukturkosten der Gastarbeiter ist, wenn das Problem nicht in seiner Ganzheit gesehen wird.

Es muß schließlich auch darauf hingewiesen werden, daß die Gastarbeiter nicht nur die Infrastruktur in Anspruch nehmen, sondern auch selbst, ebenso wie alle anderen Arbeitnehmer, Steuer zahlen. Wenn man die Gastarbeiter als eine separate Gruppe betrachtet, wie es in der bürgerlichen Diskussion geschieht, dann müßte man praktisch zuerst die Inanspruchnahme von infrastrukturellen Leistungen der Gastarbeiter ihrem Steuerbeitrag gegenüberstellen. Die bisherigen Ausführungen deuten darauf hin, daß diese Bilanz zuungunsten der Gastarbeiter ausfällt. Die Gastarbeiter finanzieren nämlich die von den Einheimischen in Anspruch genommenen infrastrukturellen Leistungen. Abgesehen davon, daß eine solche partielle Kosten-Nutzen-Analyse nicht möglich ist, zumal sich vieles nicht quantifizieren läßt, wäre sie – auch wenn möglich – methodisch und theoretisch falsch. Denn sie verkennt die zentrale Frage der Hauptursache der Gastarbeiterbeschäftigung. Die Beanspruchung von infrastrukturellen Leistungen seitens der Gastarbeiter kann nur ihrem gesamten Beitrag für das Funktionieren der Wirtschaft, für Wachstum und Wohlstand gegenübergestellt werden, nicht allein ihren steuerlichen Leistungen. Denn ist die Arbeitsknappheit ein strukturelles Merkmal der spätkapitalistischen Entwicklung und demzufolge der Import von Gastarbeitern eine Ersatzlösung für einen ungünstigen Verlauf der Bevölkerungsvariablen, so ist, wie schon angeführt, die Deckung der infrastrukturellen Kosten eine unabdingbare Begleiterscheinung dieser Lösung. Es könnte also als notwendig erscheinen, daß die infrastrukturellen Kosten der Gastarbeiter finanziert werden müssen, auch wenn sie höher als ihr steuerlicher Beitrag sind, will man auf Wachstum und Wohlstand nicht verzichten. In diesem Falle hätten wir eine Finanzierung seitens der Einheimischen der von den Gastarbeitern in Anspruch genommenen infrastrukturellen Leistungen. Warum dies als „infrastrukturelle Belastung" und unvorteilhaft, die jetzige Situation jedoch als quasi natürlich oder hinzunehmende Entwicklung angesehen wird, ist logisch unbegründet. Es erklärt sich nur aus dem ausbeuterischen Charakter des Wanderungsmechanismus und speziell der Gastarbeiterbeschäftigung. Letzten Endes läuft diese Denkweise darauf hinaus, wie man Gastarbeiter möglichst ohne Kosten importieren könnte. Dies wäre ein Idealzustand für das Kapital und für die Gastarbeiter importierenden Länder. Hier tritt noch einmal der Trugschluß des bürgerlichen nationalökonomischen Denkens in Erscheinung. Man isoliert ein Problem aus seinem gesamtwirtschaftlichen Komplex, um erwünschte Ergebnisse zu erzielen. So schlußfolgert Gnehm folgenderweise: „Die zu erwartende Beanspruchung dürfte sich jedoch zweifelsohne in solchen Größenordnungen bewegen, daß sie zusammen mit dem ohnehin auf den Gebieten des Verkehrs, des Gewässerschutzes, der Erziehung usw. schon bestehenden Nachholbedarf für das zukünftige Wachstum der schweizerischen Wirtschaft zu einer schweren Belastung zu werden droht, die möglicherweise in keinem Verhältnis zu den in der Vergangenheit erlangten Vorteilen aus dem Faktorimport Arbeit stehen wird."[284] Eine solche Betrachtungsweise führt zur Verfälschung der Problematik, da sie vom Hauptproblem ablenkt und nur an Hand sekundärer Begleiterscheinungen argumentiert. Gerade für die Schweiz stellt die Gesellschaft zur Förderung der schweizerischen Wirtschaft fest, daß die Gastarbeiter unterdurchschnittlich die Infrastruktur beanspruchen, u. a. auch deshalb, weil der Prozentsatz der Ledigen unter ihnen größer ist als unter den Schweizern.[285] Das Tübinger Institut für Angewandte Wirtschaftsforschung stellte für Baden-Württemberg fest, daß die den Ausländern zugerechneten Steuereinnahmen von rd. 0,3 Mrd. DM oder 2,7 % der kassenmäßigen Steuereinnahmen im Jahre 1961 auf 1,7 Mrd. DM oder 7,7 % der Steuereinnahmen im Jahre 1970 stiegen. Es wird darüber hinaus bemerkt, daß der Rückgang der Steuereinnahmen im Jahre 1967 „ganz dem Einnahmenteil zuzuschreiben (war), der auf die ausländischen Arbeitnehmer entfiel". Folgende Bemerkung ist auch wichtig: „... die Lohn- und Lohnsteuerentwicklung der Inländer (wäre) ohne den Einsatz ausländischer Arbeitnehmer gewiß tendenziell von höheren Zuwachsraten gekennzeichnet gewesen (...)."[286] In der kürzlich veröffentlichten „Problemstudie" des Stadtentwicklungsreferats der Stadt München wird darüber hinaus festgestellt, daß die 126 000 in München beschäftigten Gastarbeiter im Jahre 1971 für 880 Mio. DM Steuereinkommen aufbrachten, wovon 100 Mio. DM direkt oder indirekt von der Stadt München vereinnahmt wurden. Bezogen auf die gesamte ausländische Wohnbevölkerung in München und eine gleichgroße Zahl deutscher Einwohner, liegt dieses Steueraufkommen infolge der höheren Erwerbstätigkeitsquote um schätzungsweise 18 % höher als das der Inländer.[287]

Wendet man den Blick der Sozialversicherung zu, so werden die vorher angestellten Ausführungen weitgehend belegt. So stellt Salowsky in einer kürzlich erschienenen Untersuchung des Deutschen Industrieinstituts im Falle der Rentenversicherung fest, daß „einem beachtlichen Beitragsaufkommen (...) z. Z. nur eine relativ geringe Inanspruchnahme von Leistungen durch Ausländer gegenüber(steht)". „Die ausländischen Arbeitnehmer stellten folglich einen erheblichen Teil der Erwerbstätigen dar, die im Umlageverfahren der deutschen Rentenversicherung die Leistungen an die gegenwärtigen Rentner finanzieren. Insofern tragen die Ausländer in großem Umfang dazu bei, den aus der ungünstigen deutschen Alters- und Erwerbsstruktur sich ergebenden ‚Rentenberg' überwinden zu helfen."[288] Ähnliches läßt sich auch aus speziellen Untersuchungen für Nordrhein-Westfalen[289] und Baden-Württemberg[290] feststellen. Im Falle der Krankenversicherung steht fest, „daß der Zugang der ausländischen Arbeitnehmer gegenwärtig ... sowohl potentiell als auch tatsächlich von Vorteil ist"[291]. Mehrländer stellt dazu fest, daß die Aufwendungen der deutschen Krankenkassen für die Ausländer gleich oder sogar etwas kleiner gewesen sein dürften, als die Aufwendungen für vergleichbare deutsche Versicherte.[292] Dies geht darauf zurück, daß der Krankenstand der Gastarbeiter niedriger als bei den Deutschen liegt.[293] Auch die

Arbeitslosenversicherung wird von den Gastarbeitern unterdurchschnittlich beansprucht.[294] Nur bei der Unfallversicherung und beim Kindergeld beanspruchen die Gastarbeiter Leistungen, die im ersten Fall sogar evtl. höher liegen als bei den einheimischen Arbeitnehmern. Dies ist auf die höhere Unfallhäufigkeit der Gastarbeiter zurückzuführen.[295] Beim Kindergeld trifft jedoch nach Salowsky die oft vertretene Ansicht nicht zu, daß die Gastarbeiter „wegen ihrer angeblich sehr großen Kinderzahl besonders hohe Kindergeldbeträge beziehen“[296]. Der Ausländeranteil in der Gruppe mit zehn Kindern beträgt 4,2 %, mit elf Kindern 3,3 %, mit zwölf Kindern 3,8 % und mit 13 Kindern nur 1,5 %.[297] Die Münchner Untersuchung stellt allgemein fest, „daß die ausländischen Arbeitskräfte mit einem Beitragsaufkommen von zur Zeit etwa 5,6 Mrd. DM jährlich die Arbeitersozialversicherung in erheblichem Maße mitfinanzieren“[298].

Ein anderer Aspekt in diesem Zusammenhang betrifft die infrastrukturellen Kosten für Erziehung, Ernährung und gewissermaßen Ausbildung der Gastarbeiter, die ihre eigene Heimat getragen hat, bis zum Zeitpunkt, da sie auswanderten. In Anbetracht der Altersstruktur der Gastarbeiter, wobei der größte Teil von ihnen im produktiven Alter ist und unter zusätzlicher Berücksichtigung der Tatsache, daß sie größtenteils zur Entwicklung ihres eigenen Landes nicht beigetragen haben oder beitragen konnten, ist es ersichtlich, daß die Aufnahmeländer Arbeitskräfte ausnutzen, für deren infrastrukturelle Kosten sie bis zur Auswanderung nicht einmal einen Pfennig bezahlt haben.[299] Dieses Problem behandeln wir jedoch im nächsten Abschnitt.

4. Abschließende Betrachtung – Die Vorteile aus der Gastarbeiterbeschäftigung

In einer abschließenden Betrachtung ist es zweckmäßig, einerseits die allgemeinen Tendenzen der kapitalistischen Entwicklung in den Nachkriegsjahren aufzuzeigen und andererseits zu versuchen, den Endeffekt der Gastarbeiterbeschäftigung für die Wirtschaft der Gastgeberländer festzustellen.

Es wurde am Ende des Abschnitts 3a dieses Kapitels auf die zunehmende Konzentration des Kapitals und die parallel verlaufende Zunahme der staatlichen Tätigkeit hingewiesen. Nach Feststellung der OECD ist letzteres ein allen europäischen Industrieländern gemeinsames Phänomen in den sechziger Jahren.[300] Ich brauche hier die oben erwähnten Daten nicht noch einmal anzuführen. Ein weiterer interessanter Punkt ist die Entwicklung der Außenhandelsbeziehungen in diesem Jahrzehnt. In der Bundesrepublik erfolgte eine weitere Ausdehnung der Außenhandelsbeziehungen und eine engere Verflechtung der deutschen Wirtschaft mit dem Ausland. Dieses Thema im Detail hier zu erörtern, würde den Rahmen dieser Schrift sprengen. Einiges wurde in Abschnitt 3c behandelt, so daß ich mich hier damit begnügen muß, auf diesen wichtigen Faktor der Entwicklungen in den sechziger Jahren hinzuweisen.

Noch ein anderer Trend muß an dieser Stelle hervorgehoben werden, nämlich die Verlangsamung des Wachstumstempos der deutschen Wirtschaft in den sechziger Jahren. Es ist interessant festzustellen, daß die Zunahme der Ausländerbeschäftigung mit einem solchen Trend zusammenfällt (vgl. am Anfang des Abschnitts 3a). Als Gründe dieser Entwicklungen werden einmal das Ende der Rekonstruktionsperiode und das Nachlassen der Wirkung der in der unmittelbar nach dem Krieg erfolgten Periode wirksam gewordenen Faktoren genannt, zum anderen aber auch das Auftreten struktureller Veränderungen des Produktionsapparates der Wirtschaft, welche auf den technologischen Fortschritt zurückgehen. Folge davon war die scharfe Substitutionskonkurrenz zwischen Produkten (z. B. Rohstoffen, wie die Verdrängung der Kohle durch Erdöl oder Halbfabrikate). Auf der anderen Seite beeinträchtigte die Modernisierung des Produktionsapparates in anderen Ländern die Konkurrenzfähigkeit vieler Zweige der deutschen Industrie. Darüber hinaus hatte man in der Nachkriegsperiode die Entwicklung der Bereiche vernachlässigt, die die Voraussetzung für das weitere Wachstum in den sechziger Jahren geschaffen hätten. Man denke etwa an die Bereiche Wissenschaft und Forschung, Bildungswesen, Verkehrsnetz, elektronische Industrie. Es muß auch auf die zunehmende Bedeutung der Rüstungwirtschaft hingewiesen werden, welche nicht nur Tempo, sondern auch den Typ des Wachstums beeinflußte.[301] Dieser Punkt kann hier nicht im einzelnen behandelt werden. Ich verweise deshalb auf neueste Publikationen zu diesem Thema. Wie sich die Relevanz der Rüstungsindustrie für den westdeutschen Kapitalismus artikuliert, erweist sich auch in dem Ausmaß, das die deutsche Militärhilfe innerhalb der Entwicklungshilfepolitik einnimmt.[302] Es muß hervorgehoben werden, daß das Nachlassen des Entwicklungstempos in den sechziger Jahren zusammen mit einer Steigerung der Akkumulationsrate in der deutschen Wirtschaft verlief. Es wurde bereits darauf hingewiesen, daß die Investitionsquote am Sozialprodukt (beide Nettogrößen) zu Marktpreisen von 13,8 % in den Jahren 1952–56 auf 17,8 % in den Jahren 1962–66 stieg.[303] Dies bedeutet, daß die Kapitaleffektivität in der gleichen Zeit zurückging. Man braucht immer mehr Investitionen, um ein sich immer verlangsamendes Wachstumstempo zu gewährleisten. Diese ist eine dem kapitalistischen System inhärente Tendenz, welche aus dem Akkumulationsprozeß und den Verwertungsschwierigkeiten des Kapitals und dem tendenziellen Fall der Profitrate zu erklären ist. In allen kapitalistischen Industrieländern beobachtet man sinkende bzw. auf niedrigem Niveau stagnierende Wachstumsraten des Sozialprodukts. Trotzdem braucht man immer mehr Arbeitskräfte, um dieses Wachstum zu erreichen. Hier tritt noch einmal ein dialektischer Widerspruch des kapitalistischen Systems hervor. Um ein sich immer stärker verlangsamendes oder auf niedrigem Niveau stabil bleibendes Wachstumstempo zu gewährleisten, braucht man immer mehr Investitionen, welche neue Arbeitsplätze schaffen und dadurch die Nachfrage nach Arbeitskräften erhöhen. Die Bedeutung des Produktionsfaktors Arbeit tritt auf diese Weise in den Vordergrund. Der obige Zusammenhang wird nur durch den Konjunkturverlauf gestört. Soweit sich die verschiedenen Größen disproportional entwickeln, entstehen Schwankungen, welche den obigen Trend vorläufig stören. Die oben angedeutete Tendenz bleibt jedoch langfristig unberührt. Die zunehmende Kapitalakkumulation führt zu einer zunehmenden Kapitalintensivierung in der Volkswirtschaft. Dieser Prozeß verstärkt sich durch die Anwendung der Technologie und die Einführung von Rationalisierungsmaßnahmen in der Form der Automatisierung. Es ist also nicht so, wie man auf den ersten Blick annehmen könnte, daß niedrige Wachstumsraten des Sozialprodukts auf einen Rückgang der Investitionen zurückgehen und folglich mit einer konstanten bzw. verringerten Arbeitnehmerzahl zu vereinbaren sind. Es ist umgekehrt. Die niedrigen Wachstumsraten des Sozialprodukts können nur durch eine zunehmende Arbeitnehmerzahl gewährleistet sein, zumal auch unter hohen arbeitsparenden Effekten der neuen Investitionen die Beschäftigungseffekte nicht ausbleiben. Diese Beschäftigungseffekte erfolgen sowohl direkt aus der primären Durchführung der Investitionen, wie auch aus den multiplikatorischen Einwirkungen, die sie weiter induzieren. Diese Steigerung des Arbeitspotentials ist letzten Endes die Quelle der Akkumulation.[304] Ohne arbeitenden Menschen kann weder produziert, noch – was Folge des vorher Gesagten ist – akkumuliert werden. Die Akkumulationsbedingungen sind sogar um so günstiger, je größer das vorhandene Arbeitspotential ist und je stärker das Lohnniveau herabgedrückt werden kann. Dies sind die fundamentalen Gesetze des kapitalistischen Produktionsmechanismus. Es ist also nicht verwunderlich, daß die rapide Steigerung der Gastarbeiter in den sechziger Jahren mit einer Verlangsamung des Wachstumstempos zusammenfällt. Betrachtet man alle übrigen Faktoren in dieser Periode, die mit dem Wachstum der deutschen Wirtschaft zusammenhängen, als gegeben, so kann man etwas zugespitzt sagen, daß die Gastarbeiter den Akkumulationsprozeß in den sechziger Jahren ermöglicht haben. Ohne sie wären auch die erreichten Wachstumsraten des Sozialprodukts gefährdet gewesen.

Ich habe vorher auf den Einfluß der konjunkturellen Entwicklungen auf den Wachstumsprozeß hingewiesen. Dies führt uns zu einem anderen Merkmal dieser Periode, das die inflationistischen Tendenzen zum Ausdruck bringt, nämlich zum Preisniveau. Wie haben sich die Preise in den sechziger Jahren entwickelt? Ich möchte hier keine eingehende Analyse versuchen. Einiges zu dem Konjunkturverlauf wurde im Abschnitt 3b erörtert. Hier geht es darum, festzustellen, wieweit Preiserhöhungen tatsächlich nicht nur kurzfristig in jedem Konjunkturzyklus, sondern als Trend in der ganzen Periode zu beobachten sind. Dies hängt mit der in der Literatur oft aufgeworfenen falschen Frage zusammen, wieweit die Gastarbeiter inflationistisch auf den Wachstumsprozeß einwirken. In Tabelle IV – 16 ist die Entwicklung des Preisniveaus wiedergegeben. Die Lebenshaltungspreise sind am stärksten gestiegen. Vergleicht man jedoch ähnliche Entwicklungen in anderen europäischen Ländern, so stellt man fest, daß die Bundesrepublik am günstigsten nach Luxemberg abschneidet.

Tabelle IV – 16
Preisentwicklung in der BRD (1962 = 100)

	1964	1965	1966	1967	1968	1969	1970
Großhandel	100,8	102,9	104,0	103,5	97,6[a]	100,0[a]	105,6[a]
Einzelhandel	102,6	104,6	106,7	107,2	107,2[a]	108,7[a]	112,5[a]
Lebenshaltungsindex	105,4	108,7	112,7	114,6	116,4	119,5	124,0
Einfuhrgüter	103,7	106,3	108,2	105,9	105,4	108,0	107,2
Ausfuhrgüter	102,5	104,8	107,0	106,9	105,8	111,3	116,6

Quelle: Statistisches Jahrbuch 1971, S. 439–449
Anmerkung: a: ohne Umsatz-(Mehrwert-)Steuer

Mit Basisjahr 1958 (= 100) entwickelte sich der Index der Verbraucherpreise 1969 auf 124 für Luxemburg, 129 für die Bundesrepublik, 132 für Belgien, 143 für Italien, 152 für die Niederlande und 155 für Frankreich.[305] Tabelle IV – 17 gibt die jährlichen Steigerungsraten der verschiedenen Preisniveaus wieder.

Kein allgemeiner Trend ist dabei für die Bundesrepublik abzulesen. Vielmehr kommt dadurch noch einmal zum Ausdruck, daß der Preisauftrieb seit 1970 insbesondere mit den Preisentwicklungen auf dem Weltmarkt zusammenhängt. Dies ist die Schlußfolgerung, zu der sowohl die OECD wie auch die Deutsche Bundesbank kommen.[306] Obwohl es schwierig ist, die exogenen Faktoren, die auf die Preisentwicklung einwirken, von den endogenen zu trennen, ist die Bundesbank der Meinung, daß die eigenständigen Inflationsursachen einmal auf die „expansive Wirkung der öffentlichen Haushalte", zum anderen aber auch auf das „Verhalten der Sozialpartner in der Lohnpolitik" zurückzuführen sind.[307] Man braucht hier nicht des weiteren die Aussage der Bundesbank zu analysieren, daß die Lohnsteigerungen „sowohl von der Kosten- als auch von der Nachfrageseite her den Preisauftrieb gefördert" haben.[308] Dies kann nur im Zusammenhang mit den Absichten des Kapitals erklärt werden, einerseits die Profitrate zu erhöhen und andererseits die Lohnkosten auf die Preise abzuwälzen. Wichtig ist die Feststellung, daß die Gastarbeiterbeschäftigung im Rahmen eines mäßigen Preisauftriebs stattgefunden hat, welcher aus konjunkturellen eigenständigen Ursachen wie auch aus Entwicklungen auf dem Weltmarkt hervorgeht.[309] In dieser Hinsicht tritt die Frage der inflationistischen Wirkungen der Gastarbeiterbeschäftigung deutlich hervor.

Tabelle IV – 17
Jährliche Preisänderungen in %

	Erzeugerpreise Industr.-Prod.		Großhandelspreise Industrie-Produkte						Lebenshaltungsindex						
	BRD		BRD	EWG[b]	Großbr.	Österr.	Schwed.	Schweiz	BRD		EWG[b]	Großbr.	Österr.	Schwed.	Schweiz
1963	0,5								2,9						
1964	1,1	1962/4							2,4	1962/4					
1965	2,4	1968	0,8	1,8	2,4	2,3	2,4	0,6	3,1	1968[c]	3,8	3,5	3,4	4,0	3,5
1966	1,7								3,7	2,6					
1967	–0,9								1,7						
1968	–								1,6[d]						
1969	2,2[a]		2,2	5,6	3,9	2,4	5,1	3,0	2,7		5,0	5,4	3,1	2,7	2,5
1970	5,9		5,9	6,3	6,6	4,9	7,0	4,6	3,8		5,2	6,4	4,4	7,0	3,6
1971	4,7		4,7	3,5	7,8	6,3	3,0	2,1	5,2		5,3	9,4	4,7	7,4	6,6

Quelle: Monatsberichte der Deutschen Bundesbank, 24. Jg., Nr. 10/Okt. 1972, S. 68. Geschäftsbericht der Deutschen Bundesbank für das Jahr 1971, S. 12

Anmerkungen: a: ohne Mehrwertsteuer b: ohne BRD und Luxemburg c: Jahresdurchschnitte d: einschl. Mehrwertsteuer

Hier stellt man noch einmal fest, wie falsch die Fragestellung ist. Dahinter steckt die gleiche ideologische Auffassung wie bei der Behandlung der Infrastrukturausgaben.

Anstatt nach den Ursachen der Ausländerbeschäftigung zu fragen, fragt man nach deren Wirkungen. Dadurch kommen klar der Widerspruch und die ideologischen, nationalistisch geprägten Grundlagen des bürgerlichen nationalökonomischen Denkens zum Ausdruck. Man zerlegt künstlich ein Problem in Teilaspekte, die untrennbar sind. Denn ist der Zugriff zu den Gastarbeitern eine Folge der strukturellen und demographischen Entwicklungen in den spätkapitalistischen Ländern und ist die Gastarbeiterbeschäftigung eine unabdingbare Voraussetzung für das weitere Wachstum, so sind die daraus entstehenden positiven oder negativen Wirkungen – soweit es möglich ist, sie zu spezifizieren und mit den Gastarbeitern zu identifizieren – eine natürliche Folge. Es ist unzulässig, einerseits die Notwendigkeit der Gastarbeiter für das Funktionieren der Wirtschaft zu konstatieren und andererseits von den Wirkungen als etwas vom ersteren Unabhängigen und Getrennten zu sprechen. Dies zeugt von einer Spaltung im ökonomischen Denken, welche auf außerökonomische Überlegungen zurückgeht. Man nimmt im ökonomischen Denken interessengebundene und nationalistisch gefärbte Trennungen zwischen einheimischen und ausländischen Arbeitskräften auf, welche mit den ökonomischen Kategorien unvereinbar sind. Was für eine Entstellung dabei praktiziert wird, wird erst dann begriffen, wenn man sich vorstellt, daß es sich an Stelle der Ausländer um einheimische Arbeitskräfte handelt. Angenommen, daß man in einem Land 4 % Arbeitslosigkeit hat und die Entwicklung der Wirtschaft eine Steigerung der Nachfrage verursacht, welche die Arbeitslosigkeit von 4 % abschafft, fragt man nicht danach, ob die Verminderung der Arbeitslosigkeit inflationistische Tendenzen hat oder nicht. Im Gegenteil werden die deflationistischen oder inflationistischen Wirkungen der Beschäftigung der Arbeitslosen einfach hingenommen, weil sie sich aus der Konjunkturlage ergeben. Ich sehe hier von den Meinungen vieler Ökonomen insbesondere in anderen Ländern ab, welche eine Arbeitslosigkeit empfehlen, um dadurch das System stabil zu halten! Man könnte darüber hinaus hier einwenden, daß der Fall der Arbeitslosigkeit nicht identisch mit dem Fall der Ausländerbeschäftigung ist, da die Arbeitslosigkeit weitgehend konjunkturbedingt ist, wie auch deren Abschaffung. Dieser Einwand ist jedoch unzulässig, weil er über die Tatsache hinwegsieht, daß die ausländischen Arbeitnehmer im Hinblick auf die übernationalen Entwicklungen des Kapitalismus und die Zunahme der außenwirtschaftlichen Verflechtungen ein integrierter Teil des einheimischen Arbeitspotentials sind und damit auch des ganzen Produktionsmechanismus. Dies bedeutet, daß die Wirkungen ihrer Beschäftigung nur im Rahmen der Ursachen ihrer Beschäftigung erklärbar sind. Anders formuliert können die Wirkungen der Ausländerbeschäftigung nur durch deren Ursachen definiert werden oder werden durch sie bedingt. Aus der künstlichen Konstruktion der „Wirkungen der Ausländerbeschäftigung", ein Argument gegen sie ableiten zu wollen, als ob die Ausländer eine Geschwulst und nicht eine natürliche Folge der Volkswirtschaft der Gastgeberländer wären, bezeugt die Voreingenommenheit des bürgerlichen nationalökonomischen Denkens und die Interessengebundenheit der bürgerlichen Nationalökonomie. Statt „positive", „wertfreie" Ökonomik zu betreiben – und es gibt kaum einen bürgerlichen Nationalökonomen, der keinen Anspruch auf eine solche „positive" Ökonomik erhebt –, betrieben die auf diese Weise an die Probleme der Gastarbeiterbeschäftigung herangehenden bürgerlichen Nationalökonomen stillschweigend „politische Ökonomie" im Interesse der Herrschenden.

Interessanterweise fängt man bei dieser Argumentation mit theoretischen Überlegungen an. Man formuliert einige Prämissen und leitet von ihnen ein in sich logisches gedankliches Gebäude ab. Drei Meinungen werden in diesem Zusammenhang vertreten: die Ausländerbeschäftigung wirke dämpfend auf die Lohn- und demzufolge auf die Preisentwicklung (Keller), schweizerische Studienkommission, neuerdings Rossi/Thomas, die Ausländerbeschäftigung habe lohnsteigende Effekte und treibe folglich das Preisniveau nach oben (Nydegger, Föhl), die Ausländerbeschäftigung habe sowohl konjunktursteigende wie auch konjunkturdämpfende Wirkungen (Jöhr/Huber, Kruse, Gnehm, Harms, Tuchtfeld).[310] Hornhues ist im Falle der Bundesrepublik zu differenzierten Ergebnissen hinsichtlich des Einflusses der Ausländerbeschäftigung auf das Preisniveau gekommen. Für den Zeitraum 1956–1966 stellte er sowohl negative (1959–1963) wie auch positive Wirkungen (1963–1966) der Ausländerbeschäftigung auf das Preisniveau fest. „Für den gesamten betrachteten Zeitraum läßt sich feststellen, daß durch die Beschäftigung der ausländischen Arbeitnehmer das Angebot an Gütern und Dienstleistungen stärker gestiegen ist als die entsprechende Nachfrage.[311] Zum ähnlichen Ergebnis kommt auch das Deutsche Industrieinstitut in Köln. Einerseits stellt es fest, daß es sich zahlenmäßig nicht beantworten läßt, „welche Auswirkungen die Ausländerbeschäftigung auf die Lohn- und Preisentwicklung in der Bundesrepublik hat". Andererseits meint es, daß die inflationären Lohnsteigerungen ohne die Gastarbeiter noch größer und die entsprechenden Preissteigerungen noch heftiger gewesen wären.[312] Interessanterweise stimmen alle Autoren darin überein, „daß die direkte Konsumnachfrage der Ausländer quantitativ unter ihrem Beitrag zum Güterangebot liegt"[313]. Merkwürdigerweise verlagert man jedoch das Problem auf eine andere Ebene. Man stellt nämlich die Frage, ob der Nettobeitrag zum Güterangebot nach Abzug des direkten Konsums der Ausländer ausreicht, um die von den Ausländern induzierte Nachfrage nach Investitionsgütern zu decken. So z. B. die Untersuchung des Tübinger Instituts, die unter spezifischen Annahmen zum Ergebnis kommt, daß in der Vergangenheit „der größte Teil des Überschußanteils der Ausländer für private Investitionen verfügbar gewesen sein" dürfte, während es zumindest für die Boomjahre 1969 und 1970 fraglich scheint, „ob der nichtkonsumierte Beitragsanteil der Ausländer zum Bruttoinlandsprodukt die nachfragewirksamen Ausgaben für die Ausländer-Arbeitsplätze noch decken konnte“[314]. Es ist wirklich unverständlich, warum die Gastarbeiter selbst sowohl für ihren Konsum wie auch für die von ihnen induzierten Investitionen aufkommen müssen, und dies nicht der Fall sein soll für irgendeine andere einheimische Arbeitnehmergruppe, wie z. B. die Facharbeiter oder die Hilfsarbeiter. Die ökonomische Rechtfertigung einer so unnatürlich gespalteten Denkweise bleibt unerklärlich. Man betrachtet die Gastarbeiter als einen quasi fremden Körper in der Wirtschaft, der seine Existenz sozusagen rechtfertigen muß. Eine Antwort darauf, warum solche Überlegungen für die ausländischen Arbeitskräfte – zum großen Teil Hilfsarbeiter – wie bereits angeführt –, nicht aber für die einheimischen Hilfsarbeiter aufgestellt werden, bleibt die bürgerliche Nationalökonomie schuldig.

Der Grund dieser Schizophrenie (im wahren Sinne des Wortes) ist, daß man über die Ursachen der Gastarbeiterbeschäftigung hinwegsieht und außerökonomisch (lies nationalistisch) argumentiert, obwohl man angeblich „reine“ ökonomische Argumente in den Vordergrund stellt. Betrachtet man nun das Problem von der Seite seiner Genesis her, so konstatiert man, daß Wachstum und Investitionstätigkeit – sowohl als Investitionsquantum wie auch als Investitionsstruktur – voneinander abhängen und darüber hinaus die Zunahme der Beschäftigung einschließlich der Gastarbeiter bedingen, wie sie auch andererseits von der letzteren bedingt werden. Abgesehen davon, daß die vorliegenden Untersuchungen, wie erwähnt, die Tatsache belegen, daß die Gastarbeiter bisher vorwiegend für die von ihnen induzierten Investitionen aufgekommen sind, folgt aus den vorangegangenen Überlegungen, daß auch im umgekehrten Fall es trotzdem notwendig gewesen wäre, Gastarbeiter zu beschäftigen, wenn die Funktionsfähigkeit der Wirtschaft nicht gefährdet werden sollte. M. a. W., man investiert nicht, um Gastarbeiter zu beschäftigen, sondern man beschäftigt Gastarbeiter, weil man investiert.[315] Dies ist eine fundamentale Beziehung, welche man nicht umkehren kann. Die Finanzierung der Investitionen erfolgt aus dem Teil des Sozialprodukts, den sich das Kapital aus dem Abpressen des Lohnanteils in der Form von Profit aneignet. Es ist rechnerisch unmöglich festzulegen, aus welchen bestimmten Teilen der Arbeiterschaft jeweils welche Teile des Mehrwertes erbracht werden. Angenommen jedoch, daß dies möglich wäre, kann man die Beschäftigung von Gastarbeitern nicht davon abhängig machen, ob sie zur materiellen Produktion beitragen, und spezifisch, ob sie so viel produzieren, daß sie über ihren eigenen Konsum hinaus auch die von ihnen induzierten Investitionen finanzieren können. Denn es kann einmal sein, daß Ausländer im Dienstleistungssektor tätig sind, wo sie zur materiellen Produktion nichts beitragen, und darüber hinaus, daß sie als Hilfsarbeiter in den güterproduzierenden Wirtschaftszweigen gerade die von den einheimischen Arbeitern getragene Produktion bedingen, da ohne sie nicht produziert werden könnte, auch wenn ihr Beitrag zum Bruttosozialprodukt – angenommen, wie gesagt, daß er ihnen zugerechnet werden könnte – kleiner als die Investitionssumme wäre, die aus ihrer Beschäftigung induziert wird. Beide Fälle treffen sowohl für die Schweiz wie auch für die Bundesrepublik zu. Es ist eigentlich so, daß die Investitionstätigkeit der Unternehmer Arbeitsplätze schafft, ohne nach der Nationalität der Arbeitnehmer zu fragen. Vielmehr kann man nicht durch die Investitionstätigkeit Arbeitsplätze nur für qualifizierte, einheimische Arbeitskräfte schaffen, ohne daß man gleichzeitig Arbeitsplätze für wenig qualifizierte Arbeitskräfte schafft. Denn der Qualitätsunterschied der Arbeitsplätze wird durch die Investition selbst bestimmt, so daß am Ende ein qualifizierter Arbeitsplatz ohne eine Zahl von zu ihm in wechselseitiger Abhängigkeit stehenden anderen Arbeitsplätzen nicht denkbar ist.

Dies macht klar, wie voreingenommen die bürgerlichen Ökonomen an die Behandlung der Gastarbeiterbeschäftigung herangehen. Merkwürdigerweise argumentieren sie immer noch auf dieser Linie, obwohl sie die Sterilität ihres Vorgehens anerkennen. Exemplarisch in dieser Hinsicht ist die bereits oben oft zitierte Tübinger Untersuchung. Einmal kommt sie unter spezifischen Annahmen zum obenerwähnten Ergebnis, daß die Gastarbeiter teilweise für die von ihrer Beschäftigung induzierten Investitionen aufgekommen sind, an anderer Stelle konstatiert sie jedoch, daß „sich prinzipiell nicht feststellen läßt, wie groß der funktionale Beitrag der ausländischen Arbeitskräfte zum Sozialprodukt ist (Zurechnungsproblem) ...“[316] Das obige Resultat erfolgte demzufolge „unter Anwendung der Ceteris-paribus-Klausel“[317]. Die Krönung dieser Denkweise ist jedoch folgendes Ergebnis, das den trügerischen Charakter einer nicht exakt definierten und in ihren eigenen Widersprüchen verwickelten Wissenschaft zum Ausdruck bringt: „Obwohl eine exakte Gesamtschau sämtlicher Einzeleffekte aus den bereits genannten Gründen nicht möglich ist, meinen wir, die These vertreten zu dürfen, daß die Beschäftigung ausländischer Arbeitskräfte das Wachstum des Volkseinkommens je Erwerbstätigen auf kürzere Sicht ungünstig beeinflußt“!![318]

Am Ende des Abschnitts 2 haben wir eine Verschlechterung der Einkommensverteilung in der Rekonstruktionsperiode festgestellt. Dieser Trend setzt sich auch in der Periode 1960–1970 fort. Folgende Aufstellung zeigt den Trend der Einskommensverteilung zwischen 1950–1968[319]:

Einkommensanteil der Unselbständigen

	am Brutto-Sozialprodukt	am Volkseinkommen (Brutto)	am Volkseinkommen (Netto)
1950	45,0	58,6	46,3
1955	45,5	58,8	45,4
1960	47,1	60,8	45,5
1965	50,1	65,7	49,0
1968	49,4	64,8	46,5

Man beobachtet also eine Steigerung der Bruttolöhne und -gehälter am Bruttosozialprodukt zwischen 1950–1968 von 4,4 % (von 45,0 auf 49,4 %) und eine Steigerung der Nettolöhne und -gehälter von nur 0,2 % (von 46,3 auf 46,5 %). Legt man das Spitzenjahr 1966 zugrunde, in dem der Anteil des Nettoeinkommens der Unselbständigen am Volkseinkommen 49,2 % ausmachte, so stiegen die Nettolöhne und -gehälter zwischen 1950 und 1966 um 2,9 %. Darüber hinaus erhöhte sich die Zahl der Lohn- und Gehaltsempfänger an der Gesamtzahl der Erwerbstätigen zwischen 1950 und 1968 um mehr als 12 %, während die Steigerung des Lohn- und Gehälteranteils am Gesamteinkommen (Lohnquote) um nur 6,2 % (oder 8,6 %, wenn man das Spitzenjahr 1967 zugrunde legt) wuchs. Dies bedeutet letzten Endes eine relative Verminderung der Durchschnittseinkommen der Lohn- und Gehaltsempfänger seit 1950. Ein Selbständigenhaushalt, unabhängig von der Zahl der ihm angehörenden Personen, verfügte 1962/63 über ungefähr das doppelte Haushaltsnettoeinkommen wie ein Arbeiterhaushalt.[320] Es muß hier besonders hervorgehoben werden, daß die obigen Daten nicht im Gegensatz zu den Ausführungen im Abschnitt 3 g stehen. Dort ging es um die Realsteigerung der Löhne. Hier geht es um die relative Entwicklung der Einkommensunterschiede. Vielmehr ergänzen die obigen Daten die dort gemachten Ausführungen. Es wurde da angeführt, warum die absolute Verbesserung der Lebenslagen der Arbeitenden über die Unveränderbarkeit der relativen Einkommensverhältnisse langfristig nicht hinwegtäuschen kann. Es zeigt sich nun, daß die im kapitalistischen System inhärenten Tendenzen zur Verschärfung der Einkommensunterschiede das Wachstum in der Bundesrepublik in den sechziger Jahren begleitet haben. Diese Tendenzen werden übrigens auch in anderen kapitalistischen Ländern registriert.[321] Es ist interessant, in diesem Zusammenhang zu erwähnen, daß die Gewinnentwicklung in der Bundesrepublik, die jeweils je nach Phase des Konjunkturzyklus günstiger als die Entwicklung der Arbeitseinkommen verläuft, von den Lohnkosten langfristig nicht beeinträchtigt wurde. Der Sachverständigenrat führt dies für die Zeit 1950–1964 einmal auf die bessere Ausnutzung der vorhandenen Produktionskapazitäten, zum anderen auch auf die staatliche Hilfe zurück. Während bis Mitte 1964 Staat und Unternehmen gemeinsam die Mittel zur Finanzierung des Kindergeldes aufbrachten, übernahm der Staat in der danach folgenden Zeit die volle Finanzierung des Kindergeldes und entlastete damit die Unternehmen um rd. 1 Mrd. DM jährlich![322] Auf der anderen Seite zeigte die Rezession von 1967 deutlich, daß der Steigerung des Lohneinkommens Grenzen aus dem Konjunkturverlauf gesetzt werden. Zum erstenmal in diesem Jahr stagnierte die Lohnsumme, was eine Beeinträchtigung der Einkommen der Arbeitnehmer, insbesondere in der Industrie und im Baugewerbe, bedeutete. Der Sachverständigenrat bemerkt dazu, daß die Einkommen der Arbeiter am stärksten betroffen wurden.[323] Die Verzögerung beim Nachholen der Lohnentwicklung auch im letzten Zyklus wird darüber hinaus als ein Motor für den erfolgten Aufschwung angeführt.[324] Mit Recht verweist demzufolge der Sachverständigenrat darauf, daß die Aussagekraft der Lohnquote beschränkt ist.[325] Erst dann bedeutet die Steigerung der Lohnquote eine Verbesserung der Einkommensverteilung, wenn die Zahl der Lohnabhängigen mindestens stabil bleibt oder langsamer als das Einkommen wächst. Nach den Ergebnissen der Untersuchung des Tübinger Instituts für Angewandte Wirtschaftsforschung veränderte sich das Verhältnis des durchschnittlichen Gewinneinkommens zu dem durchschnittlichen Lohneinkommen zwischen 1960 und 1969 von 2,18 auf 2,58, d. h., daß sich das Durchschnittseinkommen zugunsten der Selbständigen verschob. Dies geht auf die starke Abnahme der Zahl der Selbständigen einerseits (1960 980 000, 1969 759 000) und andererseits auf die Zunahme der abhängig Beschäftigten, bedingt durch die Zunahme der Gastarbeiter und die Abwanderung von Selbständigen aus ihren früheren Berufen, zurück. Eine Steigerung der Lohnquote erfolgt demzufolge aus der Steigerung der Zahl der Lohn- und Gehaltsempfänger, welche in diesem Falle aus der Zunahme der Gastarbeiter bedingt ist.[326] Daraus ist nicht die „Schuld" der Gastarbeiter für deren Einfluß auf die Einkommensverteilung zu schlußfolgern, wie es oft der Fall ist, denn der Verteilungsmechanismus ist autonom. Das Einkommen der Unselbständigen kann nicht über einige Grenzen hinaus wachsen, wie im Abschnitt 3 g dargelegt wurde, aus Gründen, die mit der Gesetzmäßigkeit des kapitalistischen Produktionsprozesses zu tun haben. Die Gastarbeiter tragen dazu bei, daß es überhaupt wächst. Der Widerspruch liegt darin, daß das Sozialprodukt und damit auch das Einkommen der Arbeiter nur durch die Steigerung der Arbeiterzahl wachsen kann, gleichzeitig wirkt es aber negativ auf deren Durchschnittseinkommen, so daß die absolute Verbesserung der Einkommenslage der Arbeitenden über eine relative Verschlechterung hinwegtäuschen kann.

Es soll abschließend die Frage der Vorteile aus der Gastarbeiterbeschäftigung erörtert werden. Die bisherigen Ausführungen haben gezeigt, daß die Frage der Nachteile nicht ökonomisch gestellt werden kann. Die Geschichte der Wanderungsbewegungen allgemein und der Gastarbeiterbeschäftigung in den europäischen Ländern in der Nachkriegszeit insbesondere lehren, daß das Gesetz der Wanderungen auf den Vorteilen der Aufnehmerländer basiert. Wenn man überhaupt von Nachteilen sprechen kann, dann betrifft dies nur die Abgabeländer. Es muß an dieser Stelle klargestellt werden, daß, wenn man in der bürgerlichen Literatur von Nachteilen spricht, man die naturbedingten Reproduktionskosten der Einwanderer bzw. die notwendigen Infrastrukturkosten meint, die für das Aufnahmeland aus der Einwanderung entstehen. Aus den im Abschnitt 3 h gemachten Ausführungen geht klar hervor, daß man in diesem Falle nicht von Nachteilen sprechen kann.[327] Von Nachteilen könnte man sprechen, wenn die Effekte der Ausländerbeschäftigung negativ auf Wachstum und Wohlstand ausgefallen wären. Daß die Ausländerbeschäftigung auch Kosten, sowohl in volks- wie in betriebswirtschaftlicher Sicht, verursacht, ist eine Selbstverständlichkeit, wie es auch selbstverständlich ist, daß man essen und schlafen muß, um arbeiten zu können. In den Abgabeländern überwiegen die Nachteile, weil ihnen durch die Auswanderung sowohl reell wie auch potentiell Schaden entsteht. Ihr Wachstum wird gehemmt, zumal sie ihres wichtigsten Wachstumsfaktors, der Arbeitskraft, beraubt werden.

Dazu wird oft die Meinung vertreten, daß aus der Wanderungsbewegung Vorteile auch für letztere Länder entstehen. Die Argumentation geht von der Minderung der Arbeitslosigkeit und der Unterbeschäftigung bis zum Zufluß von Kapital in der Form von Geldüberweisungen, der Beschränkung des Konsums, den positiven Effekten auf die Zahlungsbilanz, der Ausbildung der Wanderer zu industriellen Facharbeitern – letzteres unter der Voraussetzung, daß die Auswanderer nach einiger Zeit in ihre Heimatländer rückwandern – und dem Abbau von sozialen Spannungen und politischen Konflikten hin.[328] Es sei an dieser Stelle darauf hingewiesen, daß genügende Beweise bereits dafür vorliegen, daß die positiven ökonomischen Auswirkungen der Auswanderung ausbleiben und daß die Emigration letzten Endes eine systemstabilisierende Funktion erfüllt.[329] Schon Marx hatte die negativen Effekte der Auswanderung in Irland weitgehend erörtert.[330] Der Fall Italiens bestätigt in unserer Zeit die allgemeinen Auswirkungen des Wanderungsgesetzes, welche negativ für die Emigrationsländer ausfallen.[331] Das Beispiel Spaniens und Griechenlands deutet gerade auf ähnliche Tendenzen hin. Die zu beobachtende Entwicklung in diesen Ländern erfolgt *trotz*, nicht *wegen* der Auswanderung. Der Auswanderungsprozeß führt nicht zu der Entwicklung der Auswanderungsregionen. Vielmehr verewigt sich ihre Rückständigkeit und die regionalen Unterschiede verschärfen sich, was die Myrdalsche Theorie über die kumulative Kausalität der regionalen Unterschiede bestätigt.[332] Dieser Fragenkomplex kann hier nicht behandelt werden. Er wird im Rahmen einer anderen Untersuchung eingehend erörtert, wie bereits im ersten Kapitel erwähnt wurde.

Wenden wir uns nun der Untersuchung der Vorteile für die Aufnahmeländer zu. In den letzten Jahren hat man wiederholt versucht, an Hand der Methode der Kosten-Nutzen-Analyse zu einer Auswertung der Effekte der Migration zu gelangen. Dabei unterscheidet man vier Bezugsgrößen: die Auswanderer selbst, das Unternehmen, das sie beschäftigt, das Aufnahme- und das Abgabeland.[333] Alle relevanten Untersuchungen weisen jedoch auf die Schwierigkeiten hin, auf welche eine Kosten-Nutzen-Analyse der Migration stößt. So stellt sich z. B. die Frage, was man mit den nicht monetären, anders psychischen Kosten macht, welche die Auswanderung begleiten und welche sich nicht quantifizieren lassen.[334] Reder erwähnt, daß die Antwort auf die konkrete Frage, wie viele Einwanderer ein Land jährlich einlassen darf, davon abhängt, wie man erstens den aus der Einwanderung für verschiedene Gruppen hervorgehenden Wohlstand in der Form von

Gewinn und Verlust einschätzen und zweitens die tatsächlichen Effekte erfassen kann. Ersteres ist mit vielen Schwierigkeiten bei der Definition der Begriffe, letzteres mit Schwierigkeiten bei der Lösung der konkreten statistischen Probleme verbunden. Letzten Endes hängen demzufolge die ökonomischen Aspekte bei der Festlegung der Einwanderungspolitik von „den individuellen Wohlstandsschätzungen der hervorgehenden Gewinne und Verluste wie auch von den individuellen Vermutungen über deren relative Größen" ab.[335] Solchen Überlegungen liegt die Theorie des *human capital* zugrunde, bei der der Mensch als eine Art Kapital, ähnlich dem physischen Kapital, betrachtet wird. Dabei geht man von den Kosten aus, welche ein Mensch bis zum produktiven Alter verursacht hat. Stark bemerkt dazu, daß diese Betrachtungsweise einen Rückfall in die Zeit der Sklaverei bedeutet. Darüber hinaus stellt sich die Frage, wieweit es möglich ist, den Kapitalwert eines Menschen wirklich zu schätzen. Dabei unterscheidet Stark folgende drei Kostengruppen: die Familienkosten für ein Kind, bis es beschäftigt wird (Kosten für Ernährung, Bekleidung, Ausbildung usw.); die Kollektivkosten, welche vom Staat in der Form von Erstellung und Unterhaltung von Schulen und Krankenhäusern, von Versicherungsträgern usw. aufgebracht werden; schließlich die Produktionskosten eines Menschen im Sinne einer Schätzung dessen, was er produzieren kann.[336] Daß letzteres sehr problematisch ist, braucht nicht besonders hervorgehoben zu werden. Abgesehen jedoch davon ist die Frage wichtig, wer letzten Endes diese Kosten trägt. Es sei darauf hingewiesen, daß in dieser Betrachtung die Reproduktionskosten, anders die Infrastrukturkosten, von denen im vorigen Abschnitt die Rede war, nicht ins Gewicht fallen. Ich habe dort bewiesen, daß diese Kosten von dem Produktionseinsatz der Arbeitskräfte nicht getrennt werden können. Auch die auf personeller Ebene versuchte Kosten-Nutzen-Analyse ist irrelevant, weil sie den Zwangscharakter der Auswanderung verkennt. Es wird weitgehend anerkannt, daß die primäre Ursache der Auswanderung ökonomischer Natur ist. „Vor allem Armut und Not gaben den Anstoß, Italien zu verlassen und in der Fremde eine Existenzmöglichkeit zu suchen", stellt neuerdings eine empirische Untersuchung über die italienischen Fremdarbeiter in der Schweiz fest.[337] Der Auswanderer muß seine Existenz und die seiner Familie sichern. Er wandert nicht aus Abenteuerlust aus. Die Fälle der Abenteuertypen unter den Auswanderern sind marginal. Es kann nicht verneint werden, daß in diesem Sinne die Auswanderung für den Auswanderer eine existentielle Verbesserung bedeutet. Diese wird aber einfach hingenommen, ohne daß man sie den sie begleitenden immateriellen Kosten gegenüberstellt – die man als für den Ökonomen irrelevant betrachtet! (so Bodenhöfer und Sjaastad)[338] – und ohne daß man die individuelle Auswanderung im Rahmen der politökonomischen und soziopolitischen Verhältnisse im Auswanderungsland analysiert. Denn die Frage ist, warum die Auswanderungsländer diese Leute nicht beschäftigen können und sie auswandern lassen, m. a. W., warum sie unterentwickelt sind. Stellt man nicht diese fundamentale Frage, welche nach den Ursachen der Auswanderung sucht, so verzehrt man sich gezwungenerweise an der Oberfläche des Problems, indem man versucht, die Ein- bzw. die Auswanderung zu rechtfertigen oder aus Kosten-Nutzen-Überlegungen abzulehnen, nicht aber zu erklären. Denn die Auswanderung ist nicht ein individuelles Problem, sondern ein Phänomen, welches mit den sozioökonomischen Strukturen des Abgabelandes und seiner Stellung im Weltwirtschaftssystem eng zusammenhängt. Betrachtet man den Wanderungsprozeß in seiner geschichtlichen Entwicklung, so stellt man fest, daß er eng mit der Entwicklung des Kapitalismus verbunden ist. In der Kolonialzeit ging ein Strom von Auswanderern aus Europa nach den neuentdeckten Gebieten. Dadurch wurde einmal die kapitalistische Entwicklung der europäischen Länder selbst durch die Sicherung von Rohstoffquellen und die Schaffung von Absatzmärkten für die Industriewaren, zum anderen aber auch die Entwicklung solcher Länder, wie die USA, Kanada und Australien, gefördert.

Die neueste Phase wird dadurch gekennzeichnet, daß der starke Akkumulationsprozeß in den Industrieländern einen Wanderungsstrom ausgelöst hat, der von den wenig entwickelten Ländern ausgeht und in die Industrieländer mündet. Es ist daraus ersichtlich, daß der Wanderungsmechanismus von den Gesetzen der Kapitalakkumulation auf internationaler Ebene geregelt wird und daß die jeweiligen Interessen des Kapitals die Richtung des Wanderungsstromes bestimmt haben. Dies wird noch klarer, wenn man die interne Migration miteinbezieht, wobei der Wanderungsstrom vom Land in Richtung Stadt fließt.[339] Das Problem einmal in seiner richtigen Perspektive, nämlich des Verhältnisses Industrie einerseits und unterentwickelte Länder andererseits oder, anders formuliert, des Verhältnisses Metropole — Peripherie, gestellt, konkretisiert sich der Aspekt einer Kosten-Nutzen-Analyse auf die zentrale Frage, wer profitiert von der Produktivkraft der Aus- bzw. Einwanderer. Denn die Arbeitskraft ist die Quelle des Reichtums und der Akkumulation. Klammert man die Frage der laufenden Infrastrukturkosten bzw. Reproduktionskosten der Gastarbeiter aus dem vorher erwähnten Grund aus, ist das Problem, wer zahlt für die Kosten der Gastarbeiter bis zu dem Zeitpunkt, zu dem sie im Ausland beschäftigt werden. Daß diese die zentrale Frage der Kosten-Nutzen-Analyse der Gastarbeiterbeschäftigung ist, wird daran deutlich, daß niemandem durch den Kopf geht, eine Kosten-Nutzen-Analyse der Beschäftigung der einheimischen Arbeitskräfte zu erstellen. Ein solcher Gedanke wäre absurd. Bei den Gastarbeitern ist aber eine solche Fragestellung brisant, weil der Input auf Kosten des Auswanderungslandes, der Output jedoch zugunsten des Gastgeberlandes erfolgt. Es ist auch wichtig, an dieser Stelle zu bemerken, daß sich diese Bilanz auf unterschiedliche Perioden bezieht, nämlich die unproduktive Periode während der Herausbildung der Arbeitskräfte und diejenige, in der sie bereits produktiv sind. Die in der gleichen Periode, also intratemporär, stattfindende Bilanz hat demzufolge sekundären Charakter. Sie wird vielmehr von dem Ausgang der ersten, intertemporären Bilanz bestimmt. Abgesehen davon, daß die bisherigen Erfahrungen, wie schon erwähnt, keine unbedingt positiven Effekte der Auswanderung für die Emigrationsländer bezeugen, lautet das Thema nicht, ob eventuell kurzfristig aus der Emigration für diese Länder Vorteile entstehen, sondern primär, warum die Auswanderung stattfindet und wessen Interessen sie kurzfristig oder langfristig dient. Wenn es zutrifft, daß die Einwanderung zum Wachstum und zum Wohlstand der Einwanderungsländer beiträgt, so muß man fragen, aus welchen Gründen dies geschieht, wobei die unabdingbare logische Schlußfolgerung ist, warum die Auswanderer zum Wachstum und Wohlstand ihrer Heimatländer nicht beitragen können, was auch logischerweise die zweite Schlußfolgerung impliziert, daß sie potentiell unter anderen sozio- und politökonomischen Verhältnissen zum Wachstum und Wohlstand ihrer Länder hätten beitragen können.

Folgende Bemerkung ist noch in diesem Zusammenhang wichtig. Man rekuriert oft auf eine künstliche Trennung zwischen Unternehmen und Aufnahmeland bei der Beurteilung der Vorteile. Man argumentiert, daß betriebswirtschaftlich, also für die Privatunternehmen, die Ausländerbeschäftigung von Vorteil ist, nicht aber volkswirtschaftlich, d. h. für das ganze Land. Ich habe in Kapitel II erörtert, warum diese Trennung unzulässig ist. Denn das System, um es hier kurz zu wiederholen, stützt sich auf die Privatinitiative, auf die Gesetze des Kapitals, und dies impliziert, daß dadurch das System optimal funktioniert. Macht man den obigen Unterschied, so verneint man das grundsätzliche Prinzip des vorhandenen kapitalistischen Systems. Darüber hinaus sind Wirtschaft und Staat im heutigen Kapitalismus so eng miteinander verflochten, daß kaum eine Trennung zwischen Kapital und Staat, letzterem als Träger des allgemeinen Interesses, möglich ist.[340] Mit Recht kommt demzufolge Caporale zum Ergebnis, daß die Wirtschaft des Aufnahmelandes als Ganzes von der Ausländerbeschäftigung profitiert, obwohl seine Argumentation betreffend das Kapital falsch ist.[341]

Bei dem Versuch also, die Vorteile aus der Ausländerbeschäftigung für die Einwanderungsländer festzustellen, könnte man mit dem banalen und oft naiv klingenden Argument beginnen, daß der Vorteil der Ausländerbeschäftigung aus ihrem Wesen selbst hervorgeht. Hätten die Einwanderungsländer keinen Vorteil von der Ausländerbeschäftigung, hätten sie die Einwanderung nicht zugelassen. Keine karitativen Überlegungen regeln den Einwanderungsmechanismus, sondern eine Interessenübereinstimmung sowohl in den Aufnahme- wie auch in den Abgabeländern. Die Lehre aus der Geschichte der Wanderungen bestätigt, daß die Einwanderung das Wachstum der Einwanderungsländer gefördert hat.[342] Darüber hinaus wurde bisher der Wanderungsstrom von den jeweiligen Interessen der Einwanderungsländer bestimmt. So haben z. B. die USA ihre Einwanderungspolitik jeweils ihren Wachstumsbedürfnissen angepaßt und ab 1917 ein Kontingentierungssystem eingeführt.[343] Die Mehrheit der Autoren, die sich mit der Gastarbeiterbeschäftigung in den europäischen Ländern beschäftigt hat, verneint nicht, daß die Gastarbeiter das Wachstum in diesen Ländern gefördert haben.[344] Es gibt auch eine Reihe von Einzeluntersuchungen aus anderen Ländern, welche den positiven Effekt der Einwanderung auf das Einwanderungsland bezeugen.[345] Auch in diesem Kapitel sind ausreichende Angaben diesbezüglich für die Bundesrepublik gemacht worden.

Besonders muß an dieser Stelle der Beitrag der Gastarbeiter zur Mobilität der Arbeitskraft hervorgehoben werden, welcher letzten Endes die Funktionsfähigkeit des Systems gewährleistet. Diese Frage wurde bereits im Abschnitt 3 e erörtert. Wenn sie hier noch einmal angeschnitten wird, nur deshalb, um im Rahmen dieser allgemeinen Diskussion auf einen konkreten und fundamentalen Komplex hinzuweisen, dessen Bedeutung oft verkannt bleibt. Die strukturellen Änderungen des Spätkapitalismus verursachen eine Mobilität der Arbeitskräfte in Richtung Dienstleistungssektor und gleichzeitig in Richtung von „blue" zu „white collars."[346] Maillat führt die Zunahme der Gastarbeiter in der Schweiz auf diesen Zustrom der Schweizer in Richtung Dienstleistungen zurück.[347] In Frankreich stieß man bei den Überlegungen Anfang 1972, die Einwanderung von Gastarbeitern einzustellen, um damit das Problem der steigenden Arbeitslosigkeit zu lösen, auf die Tatsache, daß dadurch der Bausektor – in dem ein Drittel der Ausländer beschäftigt ist und der etwa 40 % der beschäftigten Ausländer umfaßt – funktionsunfähig geworden wäre, da die Franzosen diesen Wirtschaftsbereich aus Prestigegründen meiden.[348] Man hat oft den höheren Fluktuationsgrad der Ausländer im Vergleich zu den Einheimischen als negativen Faktor bezeichnet.[349] Gerade aber diese höhere Fluktuation der Ausländer steigert die Flexibilität des Arbeitsmarktes, welche die Funktionsfähigkeit des Wirtschaftssystems erhöht. Wichtig ist darüber hinaus die durch die Ausländerbeschäftigung geförderte soziale Mobilität zugunsten der Einheimischen, welche in besser bezahlte und sozial höher eingeschätzte Arbeitsplätze rücken.[350] Daraus werden nicht nur soziale, sondern auch politische Konflikte gemildert. Mit Recht wurde darauf hingewiesen, daß die Ausländerbeschäftigung eine Änderung der gesamten Beschäftigungsstruktur ohne „starken politischen Druck für politische Anpassung" bewirkte. Die Tatsache, daß „die Marginalarbeiter in der Bundesrepublik keine deutschen Bürger gewesen sind, gab ihrem Arbeitsmarkt große Flexibilität und verhinderte gleichzeitig die internen sozialen und politischen Spannungen, welche gewöhnlich mit Arbeitsverschiebungen in einem Land verbunden sind"[351].

Auf der anderen Seite der Bilanz stehen die Kosten, welche die Gastarbeiter ihren eigenen Heimatländern bis zu ihrem Einsatz im Gastgeberland verursacht haben, wofür letzteres keinen Pfennig gezahlt hat. Viele Versuche zielen darauf ab, diese Kosten zu konkretisieren. Dabei betrachtet man den Menschen, wie gesagt, als eine Art Investition, indem man seine Kosten für das Heranwachsen und die Berufsausbildung kapitalisiert.[352] Isaac erwähnt Schätzungen in den Vereinigten Staaten, welche den Wert eines Menschen auf Grund von Preisen von 1935–36 mit 8414 Dollar bis zum 16. Lebensjahr und mit 9862 Dollar bis zum 18. Lebensjahr beziffern.[353] Ähnliche Berechnungen wurden auch in Frankreich erstellt.[354] Dabei weist man auf die aus den fehlenden statistischen Angaben hergehenden Schwierigkeiten hin, welche solche Berechnungen fraglich machen.[355] Immerhin vermitteln solche Zahlen ein Bild des Ausmaßes der Kosten, welche von den Abgabeländern bezahlt werden, ohne daß sie davon später profitieren. In den Worten von Cinanni bekommen die Einwanderungsländer „fertige Arbeitskräfte gratis geliefert"[356]. Man stellt diesen Überlegungen die Vorteile der Abgabeländer in der Form der Geldüberweisungen und der Fachausbildung der Gastarbeiter gegenüber. Ich habe oben bereits auf die Literatur hingewiesen, welche die Effektivität dieser Vorteile in Frage stellt.[357] Daten aus der Bundesrepublik, der Schweiz und Frankreich belegen die Schlußfolgerung, daß sich die Fachausbildung auf „das Erlernen bestimmter technischer Arbeitsvollzüge sowie das allgemeine Vertrautwerden mit der industriellen Arbeitswelt und deren Normen und Spielregeln" beschränkt.[358] Zur Frage der Geldüberweisungen haben eigene Untersuchungen an Hand Griechenlands bewiesen, daß sie dazu dienen, die Zahlungsbilanzdefizite zu decken und dadurch den von der herrschenden Klasse angestrebten Entwicklungsprozeß in den Auswanderungsländern zu ermöglichen.[359] Abraham-Frois schlußfolgert aus ähnlichen Überlegungen, daß „das entwickelte Land tatsächlich viel mehr bekommt als das unterentwickelte Land, da ihm gratis ein Produktionsfaktor zur Verfügung gestellt wird.[360] Ich möchte auch auf die Analyse von Mishan und Needleman hinweisen, wonach im Falle Großbritanniens, das auch Ärzte aus dem Commonwealth importiert, unter gewissen Bedingungen der gesamte Medizinerbedarf durch Import zu decken wäre, anstatt Mediziner selbst im Lande zu produzieren, zumal die Kosten der Ausbildung vom Herkunftsland allein getragen werden.[361]

Die positive Bilanz der Ausländerbeschäftigung für das Gastgeberland zuungunsten des Herkunftslandes hat zu Vorschlägen der Art veranlaßt, daß ersteres Land einen Teil wenigstens der Kosten für das Heranwachsen und die Ausbildung der Gastarbeiter bzw. Einwanderer dem Herkunftsland zurückzahlt. Darüber hinaus fordert man die Rückzahlung des Superprofits an, den die Einwanderungsländer aus der Gastarbeiterbeschäftigung ziehen.[362] Solche Vorschläge gehen in der Tat an dem Problem vorbei. Sie verlangen letzten Endes eine Teilung des Profits zwischen den herrschenden Klassen im Aufnahme- und im Abgabeland. Denn sollten solche Rückzahlungen realisierbar sein, ist es nicht einzusehen, warum sie eine andere Funktion erfüllen würden, als die, welche auch die Geldüberweisungen erfüllen. Weitgehend bleibt das einheimische Kapital in den Abgabeländern von den allgemeinen Kosten für das Heranwachsen und die Ausbildung der Arbeitskräfte verschont; diese Kosten werden zum großen Teil von den Arbeitnehmern selbst getragen.[363] Man denke daran, daß mehr als 80 % der Staatseinnahmen in den Herkunftsländern aus indirekten Steuern herkommen, welche von der Masse der Bevölkerung aufgebracht werden. Wenn man also auf Länder-Ebene argumentiert, verkennt man den Klassencharakter des Staates und die Machtstruktur in den Herkunftsländern. Darüber hinaus negiert man das Wanderungsgesetz, das, wie vorher erwähnt, den Entwicklungen des Kapitalismus auf internationaler Ebene dient. Akzeptiert man die Auswanderung unter vorhandenen kapitalistischen Verhältnissen, so gibt es keine Möglichkeit, die Gültigkeit des Wanderungsgesetzes zu brechen. Eine Änderung des Charakters der Wanderung im Sinne einer echten Entwicklungshilfe für das Auswanderungsland kann nur unter Aufhebung der kapitalistischen Produktionsweise erfolgen. Solange kapitalistische Produktionsverhältnisse vorherrschen, regelt das Wanderungsgesetz den Wanderungsstrom im Interesse des Kapitals in den Metropolen. Die Ein- bzw. Auswanderung hat ausbeuterischen Charakter, und dieser kann durch solche Rückzahlungen, wie sie vorgeschlagen werden, nicht aufgehoben werden. Derartige Vorschläge enden mit der Legitimierung der Ein- bzw. Auswanderung. Das Argument für eine Entschädigung des Herkunftslandes der Einwanderer seitens des Aufnahmelandes kann nur immanent, d. h. innerhalb des herrschenden kapitalistischen Systems vorgetragen werden. Man muß sich deshalb der wahren Konsequenzen dieses Vorschlags bewußt sein. Die Entschädigung wird letzten Endes dem nationalen Kapital des Auswanderungslandes zugute kommen. Es ist nicht die Aufgabe dieser Untersuchung, zu beantworten, was gerecht im Rahmen der Beziehungen unter nationalen Kapitalien ist. Das wichtige Ergebnis dieser Überlegungen ist, daß die Einwanderungsländer einen Vorteil aus der Gastarbeiterbeschäftigung ziehen und daß auch im Falle, daß sie bereit wären, eine Entschädigung im obigen Sinne dem Herkunftsland zu zahlen, dies weder den Charakter der Ein- bzw. Auswanderung ändern, noch den Gastarbeitern zugute kommen würde. Es sei denn, man argumentiert, daß dadurch, langfristig gesehen, die nationale Bourgeoisie den Entwicklungsprozeß in den Emigrationsländern intensiviert, so daß eines Tages die Kapitalakkumulation in diesen Ländern die Auswanderung einstellt. Langfristig sind wir aber alle tot, „in the long run we are all dead" (Keynes). Darüber hinaus läuft langfristig die Tendenz in die Richtung, daß die Herkunftsländer der Auswanderer im kapitalistischen Wirtschaftssystem, in diesem Falle die Heimatländer der Gastarbeiter im kapitalistischen System der Industrieländer Europas, integriert werden. Was z. Z. mit Spanien und Griechenland geschieht, wird sich langfristig auch in anderen Emigrationsländern nachvollziehen. Die Entwicklung des Kapitalismus in Europa und eine drohende Überakkumulation verursacht eine räumliche und strukturelle Ausdehnung der Tätigkeit des Kapitals in Gebiete, die bis vor kurzem als Arbeitskräftereserven dienten. Dadurch steigt die Nachfrage nach Arbeitskräften, so daß die kapitalistischen Länder Europas auf andere als die bisherigen Länder zurückgreifen müssen, um die benötigten Arbeitskräfte zu importieren. Diese Entwicklungen werden im nächsten, letzten Kapitel erörtert.

Kapitel V
Die Perspektiven der Gastarbeiterbeschäftigung

1. Die Arbeitskräfteplanung

In den Kapiteln III und IV wurden sowohl die bisherige Situation untersucht als auch die Gründe der Gastarbeiterbeschäftigung in den Industrieländern Europas und insbesondere in der Bundesrepublik diskutiert. Es hat sich gezeigt, daß strukturelle Änderungen im Spätkapitalismus, welche auf die Entwicklung der Technologie und die daraus resultierende Wirkung auf die Verhaltensnormen der Gesellschaft zurückgehen, für die entstehenden Arbeitskräftemängel verantwortlich sind. Gerade weil diese Änderungen aus den Bewegungsgesetzen der spätkapitalistischen Entwicklung hervorgehen, lassen sie sich auch in die Zukunft projektieren. Vielen Anhängern der Theorie des provisorischen Charakters der Gastarbeiterbeschäftigung und des Plafonierungsprinzips zum Trotz berechnen Ministerien und Forschungsinstitute schon jetzt die zu erwartenden Mängel auf dem Arbeitsmarkt in den nächsten 15 bis 20 Jahren und geben die Zahlen der Gastarbeiter an, die benötigt sind, sollte eine Minimum-Wachstumsrate des Volkseinkommens und damit des allgemeinen Wohlstandes gewährleistet sein. Dabei finden in den peripheren Ländern, aus denen die Gastarbeiter kommen, ökonomische Transformationen statt, welche ein Bewegungsgesetz erkennen lassen, das das Wanderungsphänomen zwischen Metropolen und Peripherie regelt. Diese Bewegung wurde am Ende des Kapitels IV angedeutet. In diesem Kapitel wollen wir sie im einzelnen ausarbeiten.

Die oben erwähnten strukturellen Änderungen haben klar zum Ausdruck gebracht, daß Abweichungen zwischen Angebot und Nachfrage auf dem Arbeitsmarkt nicht nur kurzfristig auftreten, sondern daß darüber hinaus auch langfristig mit Engpässen und Ungleichgewichten zu rechnen ist. Einmal wirken die technologischen Entwicklungen von der Nachfrageseite her auf den Arbeitsmarkt.[364] Zum anderen steht der Arbeitsmarkt unter dem Einfluß der demographischen Entwicklungen von der Angebotsseite her. Altersstruktur der Bevölkerung, Familiengröße und Frauenerwerbstätigkeit sind Variablen, die das Arbeitskräfteangebot stark beeinträchtigen. Weiterhin finden gleichzeitig Prozesse statt, welche die Berufsstruktur und die Berufsentwicklung weitgehend beeinflussen. Die schon vielmals vorher angedeuteten Bewegungen in Richtung Dienstleistungen und gleichzeitig in Richtung „white collar"-Berufe, welche mit dem spätkapitalistischen Entwicklungsprozeß eng zusammenhängen, verzehren die vorhandenen Beschäftigungsstrukturen und lassen Lücken entstehen, die nur durch den Import von zusätzlichen Arbeitskräften aus dem Ausland gedeckt werden können. Wohlgemerkt, daß Nachfrage nach und Angebot von Arbeitskräften nach verschiedenen Gesetzmäßigkeiten geregelt werden. Während das Angebot von den demographischen Entwicklungen bestimmt wird, hängt die Nachfrage von vorwiegend schwer vorausschätzbaren ökonomischen Faktoren ab.[365] Darin liegt ein Hauptgrund dieses Ungleichgewichts zwischen Angebot von und Nachfrage nach Arbeitskräften, das nur durch eine aktive Politik aufgehoben werden kann. Der Staat übernahm demzufolge in der Nachkriegszeit die Aufgabe, nicht nur für Vollbeschäftigung einzutreten und sie zu garantieren, sondern speziell auch durch eine manpower-policy dafür zu sorgen, daß der Arbeitsmarkt weiterhin so geplant und organisiert wird, daß Gefahren durch Arbeitskräftemängel für Wachstum und Vollbeschäftigung präventiv verhindert werden können.[366] Denn es ist einsichtig, daß Vollbeschäftigung nur dann gewährleistet ist, wenn im Laufe des dynamischen Wirtschaftsprozesses keine Arbeitskräftemängel entstehen. Die Vollbeschäftigung schafft Mehrbeschäftigung, welche sich in dem zusätzlichen Import von Arbeitskräften aus dem Ausland äußert. Dies ist eine einfache Wahrheit, welche durch Tatsachen belegt wird.[367] Erst jetzt wird es offensichtlich, wie die Doktrin der Vollbeschäftigung, welche in der Nachkriegszeit die Wirtschaftspolitik bestimmt hat, notwendigerweise zum Imperialismus mündet, der in dieser Phase die Form des Gastarbeiterimports angenommen hat.

Um eine aktive Arbeitsmarktpolitik zu betreiben, muß man jedoch Nachfrage und Angebot planen. Aus dieser Forderung der Wirtschaft, womit sie den Staat mit der Planung des Arbeitsmarktes beauftragte, entstand ein spezieller Zweig der Nationalökonomie, der sich die Aufgabe stellte, an Hand von neu zu entwickelnden Methoden die Berechnung der Nachfrage nach und des Angebots von Arbeitskräften vorzunehmen (manpower planning). Es sei bemerkt, daß die Planung auf dem Bereich der Arbeitskräfte eine Notwendigkeit für Länder ist, die ein sozialistisches System haben.[368] Im Kapitalismus entstand diese Notwendigkeit aus den widersprüchlichen Entwicklungen der Kapitalakkumulation einerseits und der Bevölkerung andererseits. Das Hauptmerkmal des manpower planning besteht im Kapitalismus darin, dem Staat die Möglichkeit für eine aktive Arbeitsmarktpolitik zugunsten des Kapitals zu geben. Ohne Arbeitskräfteplanung und ohne aktive Arbeitsmarktpolitik könnte das Kapital nicht seine Funktion erfüllen, Wachstum und Vollbeschäftigung zu gewährleisten, denn der Unsicherheitsfaktor der zukünftigen Entwicklungen wäre zu groß. Der Staat nimmt durch die Arbeitskräfteplanung und die darauf beruhende Arbeitsmarktpolitik dem Kapital diese Risiken ab und schafft so die Grundlagen für die Profiterwartungen und Profitkalkulationen in der Zukunft, welche die Investitionstätigkeit regeln.

Nun ist die Voraussetzung der Entwicklungen auf dem Arbeitsmarkt nicht unproblematisch. Dies Problem braucht hier nicht im einzelnen diskutiert zu werden. Ich begnüge mich an dieser Stelle, auf die Literatur hinzuweisen.[369] Eine Vielzahl von Methoden, wie z. B. die Input-Output-Analyse, ist zur Ermöglichung solcher Vorausschätzungen entwickelt worden.[370] Wie diese Vorausschätzungen oft fehlschlagen, macht sich in den ex post feststellbaren Abweichungen zwischen Voraussetzungen und tatsächlichen Entwicklungen bemerkbar. So stellte 1969 die Kommission der Europäischen Gemeinschaften in einem Bericht fest, daß 1968 die vorausgeplanten Erstarbeitserlaubnisse für ausländische Arbeitskräfte in der EWG auf 420 000 bis 440 000 berechnet worden waren, sie sich tatsächlich aber auf mehr als 650 000 beliefen.[371] Das Bundeswirtschaftsministerium rechnet erst für das Jahr 1980 mit einer Ausländerbeschäftigung zwischen 2 und 2,5 Millionen.[372] Wie aus der Tabelle IV – 1 ersichtlich, war die Zahl der 2 Millionen schon im Juni 1971 überschritten worden. Ein anderes interessantes Beispiel ist die im Jahre 1952 gemachte Vorausschätzung, daß sich Italien und Deutschland potentiell zu Emigrationsländern in den nächsten Jahren entwickeln würden.[373] Während dies aus zutreffenden Gründen für Italien galt, erwies sich diese Voraussage als völlig unbegründet für die Bundesrepublik. Man muß deshalb die im nachfolgenden Abschnitt angegebenen Schätzungen über die Arbeitskräfteentwicklung höchstens als ein Indiz des Ausmaßes der Tendenzen betrachten, die sich schon bemerkbar machen. In der Realität werden diese Vorausschätzungen vom tatsächlichen Verlauf weitgehend übertroffen. Damit wird klar, daß die Bewegungsgesetze der spätkapitalistischen Produktion dynamischer sind, als in den Schätzungsmodellen angenommen, welche praktisch die bisher beobachteten Tendenzen nach gewissen Kriterien in die Zukunft projektieren.

2. Die Projektion der Nachfrage

Mit der Projektion der Arbeitskräfteentwicklung in Europa fing man schon Ende der fünfziger und Anfang der sechziger Jahre an.[374] Innerhalb der EWG wurde diese Aufgabe global angegangen. Interessanterweise ging man jedoch davon aus, daß die anfangs beobachteten Wachstumsraten der Einwanderung in die europäischen Länder nicht fortbestehen würden. Eine Anfang der sechziger Jahre von der EWG durchgeführte Vorausschätzung des Arbeitskräftebedarfs zwischen 1960 und 1970 bezifferte die Nachfrage mit 1,2 Mio ausländischen Arbeitnehmern für die Bundesrepublik, mit 720 000 für Frankreich und mit 75 000 für Belgien. Diese Zahlen waren niedriger als die Netto-Einwanderung zwischen 1950–1959 für die Bundesrepublik und Belgien, aber höher für Frankreich.[375] Unter den EWG-Staaten wird Italien bisher als einziges Land mit Arbeitskräftereserven angeführt, alle übrigen Staaten als Länder mit Bedarf an Arbeitskräften, der graduell fast ausschließlich aus Drittländern gedeckt wird.[376] Dies geht auf die negativen Entwicklungen der Bevölkerungsvariablen zurück. So stieg die Gesamtbevölkerung in der EWG zwischen 1958 und 1968 um durchschnittlich 1 % pro Jahr, die Zahl der Erwerbstätigen um 0,1 % und die Zahl der Bevölkerung im Erwerbsalter (15–64 Jahre) um 0,6 %. Folge davon war, daß der Prozentanteil der Beschäftigten an der Gesamtbevölkerung von 43,3 % im Jahre 1958, auf 40 % im Jahre 1969 zurückfiel.[377] Ähnliches, wenn auch mit Abweichungen, ist auch in den anderen Ländern Europas zu beobachten.[378] Die Vorausberechnungen der Erwerbspersonen bis 1980 für die früher zu der EFTA gehörenden Länder deuten auf abnehmende Tendenzen hin. So wird die Erwerbsquote (Zahl der Erwerbspersonen als Prozent der Gesamtbevölkerung) in diesen Ländern voraussichtlich folgendermaßen zurückzugehen[379]:

	1965	1980
Großbritannien	47,8	43,9
Norwegen	39,6	37,4
Schweden	45,8	42,8
Dänemark	45,5	42,4
Österreich	46,1	44,3
Schweiz	46,3	42,6
Portugal	37,3	35,0

Danieli hat die Arbeitskräftedefizite bzw. -überschüsse in allen europäischen Ländern bis 1980 berechnet. Ihre Ergebnisse geben wir in Tab. V – 1 wieder. Danieli geht von der Annahme aus, daß eine Abwanderung aus dem Agrarsektor in allen Ländern stattfindet und daß unter den gegebenen Unterschieden in der Wirtschaftsstruktur zwischen Ein- und Auswanderungsländern erstere Länder Defizite auf dem Arbeitsmarkt des nicht-agrarischen Sektors aufweisen werden. So wird die jährliche Wachstumsrate der Nachfrage zwischen 1965–67 und 1980 1,5 % betragen, diejenige des Angebots nur 0,6 %.[380] Betrachtet man die Ländergruppe B, so wird der Arbeitskräfteüberschuß 1980 zwischen 16 % und 23 % (Zeilen 20a und 20b) der Gesamtzahl der Beschäftigten im nicht-agrarischen Sektor liegen. Wohlgemerkt wird mehr als die Hälfte dieses Überschusses die Türkei und ein Drittel Jugoslawien betreffen (Zeilen 19a und b und 17a und b). Auf der anderen Seite ist ersichtlich, daß 1980 die am stärksten defizitären Länder die Bundesrepublik (41 %), Großbritannien (27,7 %) und Frankreich (11,4 %) sein werden (Zeilen 2, 1 und 8). Interessanterweise weisen diese Berechnungen nach, daß das Defizit der Einwanderungsländer 1980 vom Überschuß der Auswanderungsländer nicht gedeckt wird. Es entsteht eine Differenz von 1 (nach der unteren Beschäftigungsvariante) bis 3,5 Millionen (nach der oberen Variante) (Zeilen 12 und 20a und b). Danieli hat in ihren Berechnungen auch Osteuropa miteinbezogen. Unter den sozialistischen Ländern werden die DDR, die Tschechoslowakei und Ungarn 1980 ein Defizit, Polen,

Tabelle V – 1
Arbeitskräftedefizite bzw. -überschüsse in europäischen Ländern, 1980

	Arbeitskräftebilanz außerhalb der Landwirtschaft in Tausend	Arbeitskräftebilanz als Prozent der Nachfrage nach Arbeitskräften	Verteilung der Arbeitskräftebilanz in %
A. Einwanderungsländer			
1. Großbritannien	– 3 141	11,9	27,7
2. Bundesrepublik	– 4 647	15,5	41,0
3. Schweiz	– 335	10,9	3,0
4. Belgien	– 355	8,5	3,1
5. Schweden	– 518	13,7	4,6
6. Norwegen	– 3	0,2	0,0
7. Niederlande	– 326	6,2	2,9
8. Frankreich	– 1 295	6,3	11,4
9. Österreich	– 304	9,4	2,7
10. Dänemark	– 310	12,6	2,7
11. Finnland	– 97	5,2	0,9
12. Insgesamt	–11 331	10,8	100,0
B. Auswanderungsländer			
13a Italien	+ 18	0,1	0,2
b	+ 228	1,3	2,2
14a Spanien	+ 144	1,3	1,9
b	+ 578	5,5	5,5
15a Portugal	+ 300	12,5	3,9
b	+ 454	20,2	4,4
16a Irland	+ 39	4,1	0,5
b	+ 162	19,3	1,6
17a Jugoslawien	+ 2 675	51,7	34,7
b	+ 3 028	62,8	29,0
18a Griechenland	+ 273	10,2	3,5
b	+ 667	29,2	6,4
19a Türkei	+ 4 336	54,0	56,2
b	+ 5 315	75,4	50,9
20a Insgesamt	+ 7 785	16,2	100,0
b	+10 432	22,9	100,0

Quelle: M. Livi-Bacci – H. M. Hagmann: Report an the demographic and social pattern of migrants in Europe, especially with regard to international migrations, Council of Europe, 2nd European Population Conference, Strasbourg 31. August–7. September 1971, S. 18/19

Anmerkungen: a) Obere Beschäftigungsvariante
b) Untere Beschäftigungsvariante

die Sowjetunion, Rumänien und Bulgarien dagegen einen Überschuß haben. Dieser Überschuß wird zu ca. 70 % aus der Sowjetunion herkommen. Alles in allem wird jedoch das gesamte Osteuropa 1980 einen Überschuß von 17 (obere Beschäftigungsvariante) bis 23 Millionen Arbeitskräften (untere Beschäftigungsvariante) aufweisen.[381] Da jedoch diese Arbeitsmärkte für Westeuropa bisher ausgeschlossen sind und bleiben werden, falls keine neue politische Wendung auftritt, erfolgt, daß die europäischen Länder 1980 ihre noch bestehenden Arbeitskräftedefizite aus anderen Ländern als denen der Ländergruppe B decken müssen. Livi-Bacci schlußfolgert, daß kein Zweifel besteht, daß die vorhandenen Spannungen auf dem Arbeitsmarkt in den nächsten 10 Jahren zunehmen werden, so daß entweder eine Änderung der Einwanderungspolitik in Richtung einer Förderung der Niederlassung der Ausländer, oder Änderung in den wirtschaftspolitischen Zielsetzungen erfolgen müssen.[382] Es muß bemerkt werden, daß die obigen Vorausberechnungen unter bestimmten Annahmen gemacht wurden und sie vielmehr als Tendenzen zu betrachten sind.[383] Nach anderen Schätzungen des französischen Instituts für Bevölkerungsstudien wird bis 1980 die Zahl der Gastarbeiter in Westeuropa 22 Millionen erreichen, was eine Verdoppelung bedeutet. In der Bundesrepublik werden die Gastarbeiter 6,5 Millionen betragen, was gleich einer Verdreifachung der schon 1971 erreichten Zahl gleichkommt.[384]

Betrachtet man zwei Länder im einzelnen, nämlich die Schweiz und die Bundesrepublik, so sehen die Entwicklungen folgendermaßen aus. Hagmann stellte schon 1966 fest, daß die drei Variablen, Altersstruktur, Entwicklung der Erwerbspersonen und sektorale Beschäftigungs- und Berufsstruktur, welche das Arbeitskräfteangebot auf dem internen Arbeitsmarkt bestimmen, kein Gleichgewicht bis 1980 herstellen werden.[385] Nach neuen Berechnungen wird die Schweiz im Jahre 2000 etwa 800 000 Arbeitskräfte mehr benötigen, als sie effektiv haben wird. Der Mangel an Arbeitskräften wird demzufolge zu einem chronischen Problem der schweizerischen Wirtschaft werden,[386] da die Arbeitskräftereserven ausgeschöpft sind.[387]

Im Falle der Bundesrepublik rechnet das Bundeswirtschaftsministerium mit einer Ausländerbeschäftigung zwischen 2 und 2,5 Millionen für 1980, wie erwähnt, und zwischen 2,5 und 2,85 Millionen für 1985.[388] Das Battelle-Institut errechnete in einem im Auftrag des Bundesministeriums für Arbeit und Sozialordnung verfaßten Bericht im August 1969 eine Mindestnachfrage nach Gastarbeitern von 1,07 Millionen für 1971 und von 1,7 Millionen für 1976, welches aus dem Defizit zwischen Angebot und Arbeitskräftebedarf resultiert.[389] Diese Vorausberechnungen sind, wie schon erwähnt, von den bisherigen Entwicklungen überholt worden. „Das inländische Arbeitskräftepotential stagniert praktisch 1970“, stellt eine Prognos-Studie fest, „danach steigt es aber wieder.“ Die Entwicklungen werden in der folgenden Aufstellung dargestellt[390]:

	Durchschnittliche Wachstumsraten der Bevölkerung pro Jahr	Durchschnittliche Wachstumsraten der Erwerbstätigen pro Jahr
	Beobachtete Raten	
1950–55	0,9	2,7
1955–60	1,2	1,8
1960–65	1,2	0,3
	Geschätzte Raten	
1965–70	0,7	0,3
1970–75	0,6	0,5
1975–80	0,3	0,5

Zu ähnlichen Ergebnissen kommt auch eine Untersuchung des Deutschen Industrie Instituts in Köln. Die Tendenz einer verlängerten Schulausbildung wird auf die Zunahme der Erwerbsquote einschränkend wirken.[391]

Auch das Institut für Arbeitsmarkt- und Berufsforschung in Erlangen ermittelt eine rückläufige Tendenz der Erwerbspersonen für die Jahre 1973 und 1975 in bezug auf das Jahr 1968 in einer Regression zwischen knapp 300 000 und 280 000 und einen Aufstieg des einheimischen Angebots im Jahre 1980 in Höhe von knapp 355 000; dennoch geht die Erwerbsquote von 44 % im Jahre 1968 auf 42,6 % im Jahre 1980 zurück.[392] Das Statistische Bundesamt errechnet dagegen einen Anstieg der Erwerbsquote nach 1970. War die Erwerbsquote 1963 47,2 % und 1965 46,4 %, so fällt sie auf 44,6 % im Jahre 1970 und auf 44,4 % im Jahre 1975, steigt aber auf 45,1 % im Jahre 1980.[393] Auf jeden Fall rechnet das Statistische Bundesamt auf Grund des Mikrozensus mit einer Zunahme der Zahl der Gastarbeiter bezogen auf das Jahr 1967 von 736 000 bis 1970 und von 986 000 bis 1975. Zwischen 1975 und 1985 bleibt die Zahl der Gastarbeiter konstant.[394] Die Brutto-Zunahme der Gastarbeiter zwischen 1967 und 1970 (Durchschnittszahlen), d. h. ohne Berücksichtigung der Rückwanderung, beträgt nach den neuesten Angaben der Bundesanstalt für Arbeit 792 943 und zwischen 1967 und 1971 1 014 545![395] Der sich aus den globalen Entwicklungen andeutende Engpass auf dem Arbeitsmarkt, der sich nach dem Deutschen Industrie Institut „in voraussehbarer Zeit nicht abschwächen, eher noch verstärken" wird,[396] wird deutlicher, wenn man ins Einzelne geht. Merx bemerkt, daß „Engpässe auf den Partialmärkten für niedrig qualifizierte Arbeitskräfte zu erwarten (sind), wenn die Zahl der zuwandernden ausländischen Arbeitnehmer stagniert oder sogar sinkt"[397]. Nach dem Institut für Arbeitsmarkt- und Berufsforschung in Erlangen ist in den nächsten Jahren mit einer Abnahme der Nachfrage nach Hilfsarbeitern zu rechnen, welche auf den technischen Fortschritt zurückzuführen ist. Zwischen 1951 und 1966 ging der Prozentanteil der Hilfsarbeiter an der Gesamtzahl der Beschäftigten von 17 % auf 11 %, derjenigen der Facharbeiter von 58 % auf 57 % zurück, dagegen stieg der Anteil der angelernten von 25 % auf 32 %. Diese Trends werden sich auch in den siebziger Jahren fortsetzen.[398] Wie aus den vorliegenden Angaben der Bundesanstalt für Arbeit hervorgeht, rücken die Gastarbeiter graduell in die angelernten Berufe, bei denen es sich „um eine betriebliche Anlernung für bestimmte Tätigkeiten" handelt.[399]

Die Frage „wie lange noch Ausländer? ", die man schon 1966 stellte, kann man nun in ähnlicher Weise beantworten, wie damals, daß sich nämlich langfristig auf Grund der Vorausrechnungen ein weiter steigender Bedarf ergibt.[400] Damit wird das Ergebnis des vorangegangenen Kapitels bestätigt, daß der Gastarbeiter kein Provisorium, sondern ein besonderes Merkmal der spätkapitalistischen Entwicklung ist. Ruft man die Ausführungen im Kapitel II in Erinnerung, so läßt sich sagen, daß der Kapitalismus nunmehr ohne den Gastarbeiter lebensunfähig ist. Zu dem Zeitpunkt, wenn der *letzte* Gastarbeiter, aus welchen Überlegungen auch immer,[401] die Grenzen der kapitalistischen Länder übertreten hat, kann man den Grabstein für das kapitalistische System in Europa bestellen. Man wird gezwungen sein, ein dirigistisches oder Planungssystem einzuführen und gleichzeitig Kapitalexport in zunehmendem Maße vorzunehmen. In diesen Entwicklungen steckt die Gefahr des Rekurs auf den Faschismus, denn die Verteilung der Macht und die Korrumpierung der breiten Masse der Arbeitenden samt ihrer Organisationen durch den kapitalistischen Wohlstand garantieren überhaupt nicht die Überleitung der politischen Macht an die Arbeiterklasse, welche imstande wäre, aus der Notwendigkeit der Aufhebung des Kapitalismus eine soziale Transformation der Gesellschaft durchzuführen.

3. Die Arbeitskräftereserven in den Emigrationsländern

a) Die Verniggerung der Gastarbeiterfrage

In Tab. V–1 sind auch Angaben über die Entwicklung des Arbeitsmarktes in den Ländern enthalten, aus denen sich die Gastarbeiter in Europa rekrutieren. Er ist daraus ersichtlich, daß die Rolle der ersten Garde der Gastarbeiter-Länder, nämlich Italiens und Spaniens, und an zweiter Stelle Portugals und Griechenlands (Zeilen 13a und b, 14a und b, 15a und b, 18a und b) zunehmend abnimmt, dagegen aber die Rolle einer zweiten Garde der Türkei und Jugoslawiens (Zeile 19a und b, 17a und b) steigt. In dieser Tabelle sind nicht mittelmeerische Länder berücksichtigt, wie Algerien, Marokko oder Tunesien, welche die Lücken auf den europäischen Arbeitsmärkten zunehmend decken.

Bezüglich Frankreich ist die Stellung der Algerier im Einwanderungsspektrum aus historischen Gründen besonders hoch. Die Zahl der arabischen Gastarbeiter nimmt jedoch in den anderen Ländern ständig zu. Die Hypothese, die ich gestellt habe, geht von der Beobachtung der bisherigen Entwicklungen der Einwanderung in den Industrieländern Europas nach dem Zweiten Weltkrieg aus. Es läßt sich daraus folgendes dynamisches Schema ableiten, das vier Phasen aufweist:

Erste Phase: Die Gastarbeiter rekrutieren sich aus den peripheren Ländern Europas ersten Grades, nämlich aus den südeuropäischen Ländern Italien, Spanien, Portugal und Griechenland.

Zweite Phase: Im Laufe der Zeit scheiden diese Länder wegen fortschreitender Industrialisierung und zunehmender Integrierung im Wirtschaftssystem Westeuropas als Arbeitskräftereserven-Länder aus. Sie werden von peripheren Ländern zweiten Grades ersetzt, nämlich Jugoslawien und der Türkei.

Dritte Phase: Die ökonomischen Entwicklungen in den europäischen Industrieländern lassen die zunehmende Nachfrage nach Arbeitskräften erkennen, so daß graduell, aber zunehmend die arabischen Länder Nordafrikas – periphere Länder sozusagen dritten Grades – als Gastarbeiter-Lieferanten in Frage kommen.

Vierte Phase: Projektiert man die steigenden Tendenzen der Nachfrage über den Horizont von 1980 hinaus, so ist die Annahme begründet, daß auch Schwarzafrikaner als Gastarbeiter in Westeuropa tätig sein werden, sobald sich die in den übrigen peripheren Ländern vorhandenen Arbeitskräftereserven zu erschöpfen beginnen. Ansätze in dieser Richtung zeigen sich in dem Import von Schwarzafrikanern als Arbeiter in Griechenland (s. unten unter b). Diese Tendenz klang aber auch in einer Nachricht im Februar 1972 an, wonach Schwarzafrikaner aus Südafrika von einem Unternehmer in die Bundesrepublik importiert werden.[402] Dieses Unternehmen wurde vorläufig gebremst, der Versuch aber deutet auf die Richtung hin, welche die Entwicklungen mit höchster Wahrscheinlichkeit nehmen werden.

In diesem Sinne habe ich von einer „Verniggerung der Gastarbeiterfrage" gesprochen.[403] Daß diese Bezeichnung auch die sozialen Dimensionen des Problems impliziert, habe ich schon im ersten Kapitel angedeutet. Sieht man von den jeweiligen Besonderheiten in manchen Ländern ab – wie z. B. Frankreich – in dem die Algerier, wie erwähnt, aber auch die Schwarzafrikaner aus Senegal und anderen früheren Kolonialgebieten stark vertreten sind, oder Holland, wo auch farbige Arbeiter aus seinen Kolonialgebieten (Surinam, Indonesien) tätig sind –, so wird dieses Schema von den vorhandenen statistischen Angaben belegt (s. Tab. V–1).

Im Falle der Bundesrepublik zeigt Tab. IV–1 und die dazu gehörende Abb. IV–1, wie sich die Herkunft der Gastarbeiter von den südeuropäischen Ländern auf die Türkei und Jugoslawien verlagert hat. Die dritte Stufe wurde schon durch das Abkommen mit Marokko (1963) und Tunesien (1965) vorbereitet. Interessanterweise hat die

Bundesanstalt für Arbeit erst 1972 die Entwicklung der Beschäftigten aus diesen Ländern ermittelt. Dabei ergibt sich folgendes Bild[404]:

	1970		1971		1972
	Januar	Juni	Januar	Juni	März
Marokko	7 754	8 672	9 774	10 921	12 458
Tunesien	3 828	5 019	8 262	9 918	10 378

Es ist interessant festzustellen, wie erst sieben bzw. fünf Jahre nach dem Abschluß der entsprechenden Staatsverträge die Einwanderung von Marokkanern und Tunesiern sprunghaft zunimmt. Es mag sein, daß die Suche nach qualifizierten Arbeitskräften ursprünglich die Erweiterung des Herkunftsgebietes der Gastarbeiter verursachte,[405] später gaben quantitative Notwendigkeiten den Anlaß. Genau wie in der Türkei warten Tunesier auf Arbeitsplätze in Deutschland.[406] Auch Algerien fängt an, als Arbeitskräftereservoir interessant zu werden.[407]

Ähnliche Entwicklungen, obwohl nur in Ansätzen, lassen sich auch in Schweden beobachten (vgl. Kap. III, Abschn. 6). Auch in Frankreich kann man die obige Bewegung an Hand der Tab. III–5 ablesen. Tabelle V–2 schließlich macht das oben angeschnittene Schema der Verniggerung eindeutig. Die meisten Länder Westeuropas befinden sich in der zweiten Phase des Übergangs zu den peripheren Ländern zweiten Grades. An dieser Stelle muß erklärt werden, daß das Schema der Verniggerung vielmehr im gesamteuropäischen Raum gesehen werden muß. Die Konkurrenz der kapitalistischen Länder Europas auf den Gastarbeitermärkten zwingt diejenigen von ihnen, welche erst später ihre Lücken auf dem internen Arbeitsmarkt mit Gastarbeitern zu decken begannen, auf die Gastarbeiterreservoirs der peripheren Länder zweiten Grades zurückzugreifen. Dies ist z. B. der Fall mit Österreich, z. T. auch mit Schweden und den Niederlanden. Auch im letzteren Land sind schon Ansätze des Imports von Gastarbeitern aus Marokko vorhanden. Die Zahl der marokkanischen Gastarbeiter in den Niederlanden stieg von 5,5 Tausend Ende 1965 auf 14,1 Tausend Ende 1968.[408]

Wie eingangs angedeutet, sind diese Änderungen der Ein- bzw. Auswanderungsstruktur nach Nationalitäten z. T. aus dem Grund zu erklären, daß sich die peripheren Länder ersten Grades zunehmend industrialisieren.[409] Es ist in den letzten Jahren eine steigende Tendenz des europäischen Kapitals zu beachten, sich in Ländern wie Spanien, Griechenland oder Süditalien niederzulassen. Dies geht auf

Tabelle V – 2
Prozentanteil der Gastarbeiter nach Nationalität in den Industrieländern Europas

		Insgesamt	Aus peripheren Ländern ersten Grades				Aus peripheren Ländern zweiten Grades	
			Italien	Spanien	Portugal	Griechenland	Türkei	Jugoslawien
Bundesrepublik	(1969)	100,0	21,0	9,0	2,0	13,0	17,0	19,0
Belgien	(1967)	100,0	21,0	14,0	1,0	–	4,0	–
Frankreich	(1968)	100,0	20,0	21,0	14,0	–	0,3	3,0
Niederlande	(1969)	100,0	12,0	15,0	3,0	2,0	18,0	3,0
Österreich	(1969)	100,0	1,0	0,4	–	0,6	13,0	75,0
Schweiz	(1969)	100,0	60,0	15,0	–	–	–	3,0
Schweden	(1969)	100,0	25,0	1,4	–	31,0	0,9	8,3
Luxemburg	(1967)	100,0	37,0	4,0	6,0	–	–	–

Quelle: Hommes et Migrations, Documents, Nr. 798 vom 1. 12. 1970, 21. Jg., S. 19

die Zunahme der Verwertungsschwierigkeiten des Kapitals in den Metropolen und die daraus entstehende Notwendigkeit der räumlichen Ausdehnung zurück. Die Erweiterung der EWG erfolgte aus dieser Dynamik des kapitalistischen Akkumulationsprozesses. Die südeuropäischen Länder sind nunmehr als integrierte Bestandteile des europäischen Raumes für die weiteren Entwicklungen nötig. Sie werden in dieser Phase intensiv in das europäische Wirtschaftssystem, nicht mehr als abhängige, sondern zunehmend als gleichberechtigte Bestandteile integriert. Dies ist auch die Zielsetzung der in diesen Ländern herrschenden Oligarchien, die sich nach dem Zweiten Weltkrieg die Aufgabe stellten, ihre Länder zu industrialisieren. Diesen Interessen kommen die Interessen des europäischen Kapitals entgegen. Die Assoziierungsabkommen der EWG mit Griechenland, der Türkei und die verschiedenen Handelsabkommen mit Spanien, Portugal und den afrikanischen Ländern, bringen diese Dynamik zum Ausdruck. Gerade das Assoziierungsabkommen mit der Türkei ist eindeutig für die vorhandenen Absichten und Tendenzen. Im Herbst 1972 legte darüber hinaus die EWG durch ihre Kommission ein Konzept einer „globalen Mittelmeerpolitik" vor, das die Möglichkeiten für eine engere wirtschaftliche Zusammenarbeit zwischen EWG und Mittelmeer-Ländern darlegt.[410] Auf diese Weise verlagert sich die Achse Norden-Süden südlicher. Waren früher die Alpen die Grenze zwischen entwickeltem Nord- und unterentwickeltem Südeuropa, so hat sie sich in den letzten Jahren in Richtung Nordafrika bewegt. Die Funktion des europäischen Südens wird nunmehr von Ländern wie der Türkei und Jugoslawien wahrgenommen und die zunehmende Tendenz deutet darauf hin, daß auch diese Länder von den nordafrikanischen Ländern in der Zukunft abgelöst werden. Das Abhängigkeitsverhältnis zwischen Norden und Süden artikuliert sich gerade in der Frage der Arbeitsreserven. Wenn auch die Länder, welche das Konzept des „Südens-Europas" belegen[411] (früher südeuropäische Länder, jetzt tendenziell nordafrikanische Länder) immer noch als Absatzmärkte und z. T. als Lieferanten von Rohstoffen für das europäische Kapital nötig sind, so nimmt auch ihre Bedeutung als Arbeitskräftereserven stark zu. Es ist interessant zu bemerken, wie die Eroberung dieser Länder vom europäischen Kapital raffiniert und vollständig vor sich geht. Ich habe andererorts erörtert, wie die Industrieländer Europas, insbesondere die Bundesrepublik, letztlich dazu übergehen, auch die Einrichtungen der beruflichen Ausbildung in diesen Ländern in den Griff zu bekommen, damit sie ihren Bedarf nach qualifizierten Arbeitskräften auf Kosten der Herkunftsländer decken können.[412] Wichtig ist auch hier zu bemerken, daß das europäische Kapital erst dann bereit ist, in den peripheren Ländern zu investieren, wenn die Infrastruktur entwickelt und der Markt erweitert worden ist, weil dann die Möglichkeiten für eine lukrative Ausdehnung der Tätigkeit auch in diesen Ländern bestehen. Die Art der Ausbeutung wählt das Kapital selbst. In der ersten Phase beutet es diese Länder in der Form der Ausnutzung ihrer Arbeitskräftereserven aus, die es in die Metropole importiert. Soweit die Entwicklungen in diesen Ländern Profiterwartungen günstig beeinflussen, geht das ausländische Kapital dazu über, diese Länder an Ort und Stelle auszubeuten. In diesem Falle schließt es auch diese Länder in seinen Betätigungsraum ein und deckt seinen Bedarf an Ausbeutungsmöglichkeiten in der Form von Arbeitskräften aus anderen Ländern. Die oft vertretene These des Exports von Kapital statt Import von Gastarbeitern ist deshalb aus der Luft gegriffen, da sie diese Zusammenhänge ignoriert.[413]

Die in der Presse weitgehend zu beobachtende Tendenz des deutschen Kapitals in den letzten Jahren deckt sich mit der obigen Analyse. Einmal sind es die Schwierigkeiten aus der Kostenstruktur der Produktion in der Bundesrepublik, welche das Kapital zum Export veranlassen, zum anderen nimmt das deutsche Kapital den Weg zunehmend in der letzten Zeit eben nach Ländern wie Italien, Griechenland, Spanien oder Portugal.[414] Schließlich darf auch die Konkurrenz mit dem japanischen Kapital nicht außer acht gelassen werden. Es sei darauf hingewiesen, daß sich japanisches Kapital in Ländern wie Griechenland und der Türkei letztlich zunehmend niederläßt, so daß der „Feind“ für das europäische Kapital ante portas steht. Sollte es den Japanern gelingen, in diesen Ländern unangefochten eine bedeutende Stellung einzunehmen, so wird das europäische Kapital große Marktanteile in diesen Ländern einbüßen müssen.[415] Wie sich der Prozeß der Industrialisierung in den peripheren Ländern ersten Grades abspielt und was er für Rückwirkungen auf deren Arbeitsmarkt hat, läßt sich am besten im Falle Griechenlands verfolgen.

b) Der Fall Griechenland

In den letzten Monaten hat sich in Griechenland eine heftige Diskussion entzündet, welche aus dem Vorschlag des Verbandes griechischer Industrieller hervorging, in Griechenland 10 000 Schwarzafrikaner als Hilfsarbeiter zu beschäftigen, wenn keine einheimischen Arbeitskräfte zur Verfügung stehen. In einem Memorandum im August 1972 wies der Industrieverband auf die entstandenen Engpässe hin und schlug u. a. Maßnahmen zur Abänderung der arbeitsrechtlichen Bestimmungen über die Voraussetzungen zur Gewährung von Arbeitslosen-Unterstützungen und die Anwerbung des noch unbeschäftigten Arbeitskräftepotentials vorwiegend aus den ländlichen Gebieten vor, das er auf 180 000 Landarbeiter schätzt. Arbeitskräftemängel wurden in einigen Wachstumsindustrien der Investitionsgüter und der chemischen Produktion sowie in den Branchen Textilien, Maschinenbau und Metallverarbeitung festgestellt. Davon wurden auch weitgehend die Exportzweige getroffen.[416] Auf das Problem der Engpässe auf dem Arbeitsmarkt wurde schon früh genug in Griechenland hingewiesen. Schon 1962 stellte eine empirische Untersuchung fest, daß in der Erntezeit ein Arbeitskräftemangel zu spüren war.[417] Man rechnete schon damals mit einem echten Engpaß auf dem Arbeitsmarkt Anfang der siebziger Jahre.[418] Die damals noch nicht ausreichend entwickelte Industrie konnte auf jeden Fall die in der Landwirtschaft unterbeschäftigten Arbeitskräfte nicht absorbieren, so daß, sobald die Nachfrage nach Arbeitskräften in Europa stieg, sich der Auswanderungsstrom mit Hauptrichtung Bundesrepublik anbahnte. Griechenland war immer ein Auswanderungsland gewesen. In der Nachkriegszeit wechselte jedoch der Auswanderungsstrom die Richtung, indem nicht mehr die traditionsgemäß überseeischen Einwanderungsländer USA, Kanada, Australien die Hauptabnehmer waren.[419] Im Juni 1971 betrug die Zahl der in der Bundesrepublik arbeitenden Griechen 261 592, im März 1972 226 348. Wie auch in der Rezession von 1967 geht diese Abnahme auf den letzten konjunkturellen Zyklus in der Bundesrepublik zurück. Es hat sich gezeigt in Griechenland, daß die Auswanderung allein von den konjunkturellen Entwicklungen in der Bundesrepublik abhängt.[420] Nun hat sich der Industrialisierungsprozeß in Griechenland in den sechziger Jahren verstärkt. Insbesondere nach dem Militärputsch von 1967 begann auch ausländisches Privatkapital in das Land zu fließen, so daß dadurch auch die Nachfrage nach Arbeitskräften zunahm.[421] Dies erfolgte trotz einer vorwiegend kapital-intensiven Entwicklung, welche zur Steigerung der Produktivität beitrug. Die Entwicklung der Löhne, obwohl sie eine beachtenswerte Steigerung erfahren haben, hat die Lohnunterschiede zwischen Griechenland und Westeuropa nicht nivellieren können. Trotz einer Steigerung des durchschnittlichen Stundenlohnes in der griechischen Industrie um 129 % zwischen 1961 und 1971 bleibt der Unterschied zwischen griechischem und deutschem Stundenlohn immer groß. Der durchschnittliche Stundenlohn in Griechenland betrug Anfang 1972 18,40 Drachmen, in der Bundesrepublik 58 Drachmen, Luxemburg 59,30 Drachmen, Belgien 44,30 Drachmen und Italien 31,80 Drachmen.[422] Darüber hinaus ist die sozialpolitische Stellung des Lohnarbeiters in Griechenland im Vergleich zu der in Westeuropa weitaus rückständiger. Deshalb verlangt man die Angleichung der Löhne an die in den westeuropäischen Ländern geltenden Sätze, die Einführung von wenigstens Einjahresarbeitsverträgen, die Beschaffung von Wohnungen, die Einführung von Systemen der Gewinnbeteiligung, der Mitbestimmung usw.[423] Darüber hinaus müssen Anreize für die Rückwanderung der in der Bundesrepublik und in anderen Industrieländern Europas tätigen Arbeiter geschaffen werden. Bevor man sich die Einführung von Fremdarbeitern überlegt, muß man die noch vorhandenen Möglichkeiten der existierenden Arbeitskräftereserven in der Landwirtschaft und im Dienstleistungssektor ausschöpfen.

Aus einem Bericht der Zeitung „Akropolis" über griechische Gastarbeiter in der Bundesrepublik geht hervor, daß sie folgende Bedingungen für eine Rückwanderung stellen: Die Angleichung der Löhne an die in der Bundesrepublik geltenden Lohnsätze, die Sicherung des Arbeitsplatzes für einige Jahre, die Besorgung einer Wohnung seitens des Arbeitgebers und die Zusicherung gleicher Leistungen der Sozialversicherung wie in der Bundesrepublik.[424] Auch eine empirische Untersuchung in Jugoslawien kam zu dem Ergebnis, daß die Lohnhöhe eine bedeutende Rolle bei der Rückwanderung spielt. Die jugoslawischen Gastarbeiter waren bereit, sich mit einem 44,2 % niedrigeren Lohn als dem im Ausland gezahlten zu begnügen; dieser Lohn lag aber um 45,2 % höher als das Durchschnittseinkommen, das sie im Jahre 1970 in ihrem Heimatort bezogen.[425] Nach einer Untersuchung des Marplan-Instituts in Offenbach hatten 1971 ca. 30 % der Gastarbeiter ein Monatseinkommen von über 1000.– DM.[426]

Es sei bemerkt, daß griechische Unternehmen schon seit langem türkische Gastarbeiter beschäftigen und daß Afrikaner schon als Diener und im Fremdenverkehr tätig sind. Eine Werft beschäftigt schon Arbeiter aus Somalia.[427] Ähnliche Tendenzen zeichnen sich auch in anderen Ländern ab. In Spanien werden Marokkaner und in Italien Tunesier als Gastarbeiter importiert.[428]

Die Militärregierung hat vorläufig Maßnahmen gegen die Auswanderung und zugunsten der Rückwanderung getroffen. Sie hat jedoch den Arbeitern empfohlen, keine hohen Lohnansprüche zu stellen, da dies Inflationsgefahren in sich birgt.[429]

Zusammenfassend läßt sich sagen, daß die Entwicklungen in Griechenland typisch auch für die anderen südeuropäischen Länder sind. Das weitere Wachstum und die Entwicklung der Wirtschaft werden einmal durch den Arbeitskräftemangel gehemmt; zum anderen besteht ein Widerspruch zwischen diesem Arbeitskräftemangel und der Produktivität der griechischen Industrie. Die einzige Möglichkeit für eine Lösung besteht entweder in der Rückwanderung der Gastarbeiter aus Europa und die Einstellung der Auswanderung oder/und in dem Import von Gastarbeitern aus anderen Ländern. Ersteres setzt aber eine Steigerung der Löhne mit allen negativen Wirkungen auf die Kostenstruktur der griechischen Industrie voraus. Wenn man auf der ersten Lösung besteht, wird die griechische Industrie zum Absterben verurteilt, da sie noch nicht konkurrenzfähig ist. Sie wird gezwungen sein, unterzugehen oder sich ausländischen Interessen zu verkaufen. Will man dagegen die zweite Alternative wählen und Afrikaner importieren, so wird es auf diese Weise möglich sein, die Löhne niedrig zu halten, wodurch auch die Konkurrenzfähigkeit der griechischen Industrie, soweit existent, aufrechterhalten wird. In diesem Falle aber ist anzunehmen, daß weder die in Europa tätigen griechischen Gastarbeiter rückwandern werden noch die Auswanderung aufhören wird, es sei denn, man wendet Verwaltungsmaßnahmen an, welche die Auswanderung praktisch unmöglich machen. Dies wird aber auch auf Grund des Assoziierungsabkommens mit der EWG, welches eine schrittweise Einführung der Freizügigkeit der Arbeitskräfte vorsieht, nicht mehr möglich sein. Durch das Wanderungsgesetz, wie es im vorigen Abschnitt dargelegt wurde, erleiden die peripheren Länder auf diese Weise eine Deformierung ihrer nationalen Integrität. Indem sie sich in den europäischen Wirtschaftsraum integrieren, eignen sie sich die imperialistischen Züge des Systems an und verwandeln sich in Ausbeuter billiger Arbeitskräfte aus peripheren Ländern dritten Grades.[430] Ihre eigenen Arbeitskräfte dennoch spielen immer noch die Rolle des Subproletariats in den westeuropäischen Ländern, obwohl sie finanziell besser gestellt sind als zu Hause. Hier erkennt man, welche Deformierung des nationalen Systems dieser Länder obige neue Form des Imperialismus verursacht.

Schlußwort

Unsere Untersuchungen haben zu dem eindeutigen Ergebnis geführt, daß der Gastarbeiter eine Notwendigkeit für den Spätkapitalismus ist. Nur dadurch kann der Kapitalismus in seiner jetzigen Phase die in ihm latent vorhandene Krise überwinden. Die Entwicklung der Technologie führt ständig zu einer Überakkumulation, welche die Hauptursache der latenten Krise des Kapitalismus ist. Gerade aber die Gefahr der Krise bringt den Kapitalismus dazu, immer neue Methoden zu entwickeln, die Krise zu verschieben. Dadurch aber läßt sich der jeweilige Widerspruch nicht endgültig lösen, sondern er nimmt eine andere Form an, und der Konflikt wird einer späteren Zeitperiode zur Lösung übertragen. Die Dynamik des kapitalistischen Wirtschaftsprozesses liegt gerade in diesem ständigen Versuch, die Krisenhaftigkeit des Systems aufzuheben. Der Kapitalismus ernährt sich aus der Krise, er braucht die Krise, um zu überleben.

In diesem Stadium der kapitalistischen Entwicklung in den Industrieländern Westeuropas treibt die Entwicklung der Produktivkräfte in der Form des technologischen Fortschritts den Kapitalismus zu einer Überakkumulation, welche zu einer ständig steigenden Nachfrage nach qualifizierten Arbeitskräften führt. Dies ist ein notwendiger Prozeß, welcher den Keim der Krise in sich birgt. Denn sobald keine Arbeitskräfte vorhanden sind, steht die Krise ante portas, in der Form einer weitgehenden Rezession.

In dieser Phase löst der Kapitalismus das Problem, indem er die aus einer rückgängigen Entwicklung der Bevölkerung innerhalb seiner Grenzen entstehende Krise durch den Import von Gastarbeitern aus dem Ausland beseitigt. Langfristig sind aber dieser Lösung physische Grenzen gesetzt, indem ein solches ständiges Wachstum und die Zunahme der Bevölkerungsdichte in den urbanen Zentren Umweltprobleme schaffen, die dem Kapitalismus erneut die Schlinge um den Hals legen. Indem er die Krise in ihrer jetzigen Form überwindet, schafft er so ihre nächste Erscheinungsform. Die Krise als solche überwindet er nicht.

Langfristig stehen im allgemeinen dem Kapitalismus drei Alternativen für die Lösung des Problems zur Verfügung. Entweder muß er auf weiteres Wachstum verzichten oder Planungsmethoden einführen oder zu imperialistischen Methoden verstärkt übergehen. Die erste Lösungsmöglichkeit würde das Ersticken des Kapitalismus bedeuten. Weil aber die Konzentration des Kapitals fortschreitet und die Monopolisierung der Wirtschaft zunimmt, wird es dem Kapital leichter sein, den Staatsapparat unter seine Kontrolle zu setzen und durch ihn Planungsmethoden einführen, welche den Kapitalismus in seiner ausgeprägten monopolistischen Form retten können. Da der Kapitalismus also auf Wachstum nicht verzichten kann, muß er notwendigerweise zu dirigistischen Methoden übergehen, welche aber das System grundsätzlich nicht aufheben, sondern in dem Sinne verändern, daß die

Monopole dann die Wirtschaft völlig unter Kontrolle nehmen, und die von ihnen in ihrem jeweiligen Bereich angewandten Planungsmethoden auf die ganze Wirtschaft über den Staat ausdehnen. Der Kapitalismus kann sich auf diese Weise retten, indem er auf das Grundprinzip der Privatinitiative verzichtet. In dieser Phase bleibt kein Platz mehr für den einzelnen Unternehmer. Es ist die Zeit der Monopole, des Großkapitals.

Das endgültige Untergehen der privaten Wirtschaft in allen anderen Formen außer der der Monopole, läuft mit einer zunehmenden Anwendung von imperialistischen Methoden zusammen, wie es im Kap. V, Abschnitt 3, dargelegt wurde. Die zunehmende Internationalisierung des Kapitals ermöglicht diesen Prozeß. Der Kapitalismus integriert auf diese Weise immer mehr Teile aus seiner engeren Peripherie und deckt seinen Arbeitskräftebedarf aus Ländern, die die Rolle der Peripherie neu wahrnehmen.

Die politischen Konsequenzen dieser Entwicklungen habe ich am Ende des Abschnitts 3 b, im Kap. V., angedeutet. Die Gefahr der Faschistisierung des gesellschaftlichen Lebens ist das Damoklesschwert, das über dem Wohlstand hängt. Dagegen kann nur eine Internationalisierung der Kämpfe der Arbeiterklasse und der demokratischen Kräfte effektiv wirken. Der Kapitalismus nützt seine Möglichkeiten gut aus. Er privilegiert die einheimische Arbeiterklasse gegenüber des jeweiligen Gastarbeiters, und es gelingt ihm, auf diese Weise die Arbeiterschaft zu spalten, in Arbeiter-Aristokratien einerseits und in Subproletariat andererseits. Der Weg zum Faschismus geht gerade durch diese Spaltung der Arbeiterklasse, die wir in den westeuropäischen Ländern beobachten.

Ich habe im Vorwort erwähnt, aus welchem Grund dieses Buch den Gastarbeitern gewidmet wurde. Ich könnte aus der oben angedeuteten Perspektive sagen, daß letzten Endes dieses Buch dem Arbeiter im Kapitalismus gewidmet ist, denn es ist wahr, daß jeder Arbeiter im kapitalistischen System ein Gastarbeiter ist. Sollte es dieser Schrift gelungen sein, auch den einheimischen Arbeitern in den westeuropäischen Ländern klarzumachen, wie ihre Arbeitsplätze durch die Beschäftigung ihrer ausländischen Kollegen gesichert werden und daß sie letzten Endes demselben Schicksal ausgeliefert sind wie diese, dann könnte ich sagen, daß wir einen Schritt vorwärts gekommen sind.

Dieses Buch beschränkte sich auf die Analyse der ökonomischen Grundlagen der Gastarbeiterbeschäftigung in den westeuropäischen Ländern und insbesondere in der Bundesrepublik. Damit ist aber die ganze Problematik nicht erschöpfend angegangen worden. Eine allgemeine Theorie der Gastarbeiterbeschäftigung kann erst dann geleistet werden, wenn auch die Mechanismen der Emigration analysiert sind und darüber hinaus die Frage der sozialen Situation und der damit eng zusammenhängenden „Integration" eingehend untersucht worden ist. Dies muß jedoch Aufgabe einer anderen Untersuchung sein.

Anmerkungen

1 H. J. Rüstow: Gastarbeiter – Gewinn oder Belastung für unsere Volkswirtschaft? in „Probleme der ausländischen Arbeitskräfte in der Bundesrepublik", Beihefte der Konjunkturpolitik, Heft 13, Berlin 1966, S. 35 ff. Derselbe, unter dem gleichen Titel wie oben in „Wirtschaftsdienst", 45. Jg., Heft 12/Dezember 1965, S. 629–633, C. Föhl: Stabilisierung und Wachstum bei Einsatz von Gastarbeitern, in „Kyklos", Bd. XX/1967, S. 119–146.

2 Bundesarbeitsblatt, Nr. 4/April 1970, S. 281.

3 A. Sabel: Die arbeitsmarktpolitische Bedeutung der Beschäftigung ausländischer Arbeitnehmer, in „Magnet – Bundesrepublik, Probleme der Ausländerbeschäftigung", Köln–Bonn 1966, S. 166.

4 Werner Kanein zitiert im „Spiegel"-Report über die Gastarbeiter, Nr. 43, 19. 10. 1970, S. 54.

5 Siehe dazu M. Nikolinakos: Zur Frage der Auswanderungseffekte in den Emigrationsländern, in „Das Argument", Heft 68/Dez. 1971, S. 792 f.

6 M. Nikolinakos: Warum kommen die Gastarbeiter? in „Blick durch die Wirtschaft" (FAZ) vom 21. 1. 1971.

7 Siehe zu diesem Fragenkomplex M. Tjaden – Steinhauer/K. H. Tjaden: Zur Analyse der Sozialstruktur des deutschen Kapitalismus, und H. Jung: Zur Diskussion um den Inhalt des Begriffes „Arbeiterklasse" und zu Strukturveränderungen in der westdeutschen Arbeiterklasse, beide in „Das Argument", Heft 62/Dez. 1970, S. 662 f., 681 ff., und H. Jung: Der Marxsche Klassenbegriff – Instrument zur Analyse der kapitalistischen Gesellschaft von heute, in „Klassen und Klassenkampf heute", Marxistische Blätter, Sonderheft 2/1968, S. 116 f.

8 Zitiert von A. Wissler: „Politische Ökonomie oder ‚sachliche' Ökonomie? " Zur Geschichte der Friedrich List-Gesellschaft, in „Konjunkturpolitik", Heft 3/1957, S. 98. Vgl. auch B. S. Frey: Die ökonomische Theorie der Politik oder die neue politische Ökonomie: Eine Übersicht, in „Zeitschrift für die gesamte Staatswissenschaft", Bd. 126, Heft 1/1970, S. 1–22.

9 E. Liefmann – Keil: Einführung in die Politische Ökonomie, Freiburg 1964, S. 11.

9a) Z. Z. wird vom Verfasser eine statistisch-empirische Untersuchung der in der vorliegenden Schrift behandelten Probleme durchgeführt, die einige Punkte technischer Natur, deren Behandlung in diesem Rahmen nicht zulässig war, neu zu erforschen bezweckt und für manche der hier enthaltenen Ergebnisse und Schlußfolgerungen den aus der Bearbeitung des statistischen Materials hervorgehenden Beweis als Grundlage darlegen wird.

10 Zu diesen zwei Arten der Pufferfunktion siehe M. Nikolinakos: Economic foundations of discrimination, in „Race Today", Nov. 1971, S. 372 f., und Bingemer/Meistermann – Seeger/Neubert: Leben als Gastarbeiter, Köln und Opladen 1970, S. 112. In der Rezession von 1966/1967 ging die Zahl der ausländischen Arbeitnehmer um 30 % zurück.

11 Siehe S. Renz: Soll man immer mehr Gastarbeiter beschäftigen? in „Blick durch die Wirtschaft" (FAZ) vom 26. 11. 1972. Auch U. Harms: Wirtschaftliche Aspekte des Gastarbeiterproblems, in „Hamburger Jahrbuch für Wirtschafts- und Gesellschaftspolitik", 11. Jg./1966, S. 283, H. Rudin: Plafonierung der Zahl der ausländischen Arbeitskräfte? in „Wirtschaft und Recht", 14. Jg./1962, S. 104 ff.

12 Interessant ist diesbezüglich folgendes Zitat aus dem Protokoll der Sitzung

des Ausschusses „Ausländische Arbeitskräfte" am 10. 10. 1971: „... sowohl das Ausländergesetz als auch das Arbeitsförderungsgesetz (enthalten) Schutzbestimmungen (...), womit nachteilige Folgen der Ausländerbeschäftigung abgewendet werden können. Wenn wir die sozialen Folgelasten nicht bewältigen können, dann enthalte auch das Ausländergesetz eine Handhabe, das zu vermeiden. Zum Schutze einer Überfremdung des deutschen Arbeitsmarktes enthalte auch das moderne Arbeitsförderungsgesetz eine Priorität der deutschen Arbeitnehmer gegenüber den ausländischen Arbeitnehmern aus den Drittstaaten." – „Informationen zur Ausländerbeschäftigung" der Bundesvereinigung der Deutschen Arbeitgeberverbände, V/17, 1971, S. 13.

13 Vgl. zu dieser Trennung Chr. Rosenmöller: Volkswirtschaftliche Aspekte der Ausländerbeschäftigung, in „Bundesarbeitsblatt", Nr. 4/April 1970, S. 231 f., K. R. Rothschild: Arbeitskräfteknappheit und ausländische Arbeitskräfte, in „Gewerkschaftliche Monatshefte", 13. Jg./1962, S. 229–233.

14 Siehe dazu P. Mattick: Marx und Keynes, Frankfurt 1971, insb. S. 92 ff., 131 ff., 244 ff.

15 Dafür daß durch den Umverteilungsprozeß des Staates durch das Steuersystem und die Sozialversicherung langfristig keine gleichmäßigere Einkommensverteilung erfolgt, sprechen die Ergebnisse statistischer Untersuchungen in England, Frankreich und den USA. Siehe dazu H. Lydall: The structure of earnings, London 1970, G. Kalko: Besitz und Macht, Sozialstruktur und Einkommensverteilung in den USA, Frankfurt 1967, S. 17–37, D. Light: Income distribution: The first stage in the consideration of poverty, Occasional Papers of the Union for Radical Political Economics, Dec. 1969, S. 1–8. Eine Untersuchung in der BRD für die Umverteilungswirkungen zwischen 1955 und 1960 kam 1965 zum Ergebnis, daß nach der Umverteilung die Schichtung der Einkommen gleichmäßiger war. Siehe K. D. Schmidt – U. Schwarz – G. Thiebach: Die Umverteilung des Volkseinkommens in der Bundesrepublik Deutschland 1955 und 1966, Tübingen 1965, S. 125 ff. Durch Preiserhöhungen werden jedoch diese Umverteilungseffekte seitens des Kapitals wettgemacht, so daß der kapitalistische Entwicklungsprozeß nicht durch eine langfristig lineare Angleichung der Einkommen, sondern durch sich ablösende Phasen relativer Einkommensgleichheit und verschärfter Einkommensungleichheit gekennzeichnet wird. Siehe dazu M. Nikolinakos: Einkommensverteilung und Entwicklungsprozeß, Diss. Köln 1967, S. 211–213.

16 So Rothschild, a.a.O., S. 231. Ähnlich äußert sich Rüstow: Gastarbeiter – Gewinn oder Belastung für unsere Volkswirtschaft, in „Probleme der ausländischen Arbeitskräfte in der Bundesrepublik", a.a.O., S. 42.

17 Rothschild, a.a.O., S. 233.

18 Rosenmöller, a.a.O., S. 232 f.

19 Zöllner: Die wirtschaftliche Bedeutung der Ausländerbeschäftigung in der Bundesrepublik Deutschland aus der Sicht des Arbeitsmarktes, in „Probleme der ausländischen Arbeitskräfte in der Bundesrepublik", „Beihefte der Konjunkturpolitik", Heft 13, Berlin 1966, S. 28. Darauf weist auch hin der frühere Vorsitzende der Bundesvereinigung der Deutschen Arbeitgeberverbände, S. Balke, in seinem Referat: Die Ausländerbeschäftigung aus der Sicht der Wirtschaft, in „Magnet – Bundesrepublik, Probleme der Ausländerbeschäftigung", a.a.O., S. 173.

20 Siehe dazu C. Napoleoni: Grundzüge der modernen ökonomischen Theorien, Frankfurt 1968, S. 79–84.

21 K. Marx: Das Kapital, Bd. I, Berlin 1969, S. 657 ff.

22 Zitiert von Marx, a.a.O., S. 663.

23 Siehe auch D. Peters: Ausländische Arbeiter in der Bundesrepublik (Vervielfältigtes Manuskript), 1970, S. 1 f., 7 f.

24 Vgl. dazu Autorenkollektiv: Ökonomik der Arbeit, Berlin 1967, S. 125 ff., Autorenkollektiv: Politische Ökonomie des Sozialismus und ihre Anwendung in der DDR, Frankfurt 1970, S. 508 ff., J. Timàr: The level of employment and its equilibrium in Socialism, in „Acta Occonomica", Bd. 4 (2), 1969, S. 169–179, C. Mesa-Lago: Unemployment in a Socialist Economy, Jugoslavia, in „Industrial Relations", Febr. 1971, 10 (1), S. 49–69, S. Obradovic: Employment Trends and Problems in Yugoslavia, in „International Labour Review", Bd. 95/Heft 6, Juni 1967, S. 553–571, A. Zaubermann: Industrial Progress in Poland, Czechoslovakia, and East Germany 1937–1962, London–New York–Toronto 1964, S. 99–106, O. Sik: Plan und Markt im Sozialismus, Wien 1967, S. 157 ff., B. Levcik: Wages and Employment, Problems in the New System of Planned Management in Czechoslovakia, in „International Labour Review", Bd. 95, Heft 2, Februar 1967, S. 299–314. Zum historischen Hintergrund siehe J. Jubrzycki: Migration and the Economy of Eastern Europe, in B. Thomas (ed.): Economics of international migration, London 1958, S. 225–237.

25 Siehe vorige Fußnote. Wie eine Studie des Internationalen Arbeitsamtes feststellt, wird die Arbeitswanderung in sozialistischen Ländern nicht als Instrument zur Lösung des Arbeitskräfteüberschusses betrachtet, sondern wird mit anderen ökonomischen Zwecken gekoppelt, wie berufliche Ausbildung, technische Hilfe oder Verbreitung des technischen Fortschritts. Siehe ILO: Manpower aspects of recent economic development in Europe, Geneva 1969, S. 109.

26 Siehe dazu A. Niederer: Überfremdung und Fremdarbeiterpolitik, Wirtschaftsförderung, Gesellschaft zur Förderung der Schweizerischen Wirtschaft, Stimmen zur Staats- und Wirtschaftspolitik, Nr. 46, 1969, auch die Dokumentation derselben Gesellschaft „Fremde, Fremdarbeiter, Überfremdungsproblem", 2. Aufl. 1970.

27 W. A. Jöhr – R. Huber: Die konjunkturellen Auswirkungen der Beanspruchung ausländischer Arbeitskräfte, in „Schweizerische Zeitschrift für Volkswirtschaft und Statistik", 104. Jg./1968, Nr. 4, Dez., S. 394 (30) f. Ähnlich argumentiert auch Kindleberger, dessen Arbeit über die Rolle des Arbeitsangebots im ökonomischen Wachstum der Industrieländer Europas in der Nachkriegszeit von den deutschsprachigen Autoren weitgehend unbeachtet blieb. Kindleberger behauptet richtig, daß das Angebot von Arbeitskräften zwar einen Wachstumsprozeß fördern, nicht aber einleiten kann; darüber hinaus werden die erreichten Ebenen des Wachstums vom technischen Fortschritt und von besseren Methoden der Produktions- und Verteilungsorganisation, nicht von dem Überschuß an Arbeitskräften bestimmt. Mit anderen Worten, die Beschäftigung zusätzlicher Arbeitskräfte (hier Gastarbeiter) ist eine abhängige Variable im volkswirtschaftlichen Mechanismus. Siehe Ch. P. Kindleberger: Europe's Postwar Growth, The role of Labor Supply, Cambridge Mass. 1967, S. 4.

28 Jöhr – Huber, a.a.O., S. 395 (31), 601 (237) f. und S. 21 (267) der Nr. 1, März 1969, derselben Zeitschrift.

29 A. Kruse: Der deutsche Arbeitsmarkt und die Gastarbeiter, in „Schmollers Jahrbuch", Bd. 1966, S. 423–434.

30 Als ich Anfang 1971 die „Wirtschaftswissenschaftlichen Mitteilungen" des Wirtschaftswissenschaftlichen Instituts der Gewerkschaften (WWI) in Düsseldorf durchblätterte, fand ich nur einen Aufsatz über die Gastarbeiter, und

zwar im Heft 12 vom Dezember 1961, S. 281 ff. Meine Anfrage an das Institut, ob sich ein Referat mit dem Thema der Ausländerbeschäftigung befaßt, ergab, „daß derartige detaillierte Informationen auf dem Gebiet der Gastarbeiterfrage unter wirtschafts- und sozialpolitischen Aspekten vom WWI bisher noch nicht erarbeitet wurden". (Schriftliche Mitteilung vom 13. 1. 1971).

31 H. Salowsky: Gesamtwirtschaftliche Aspekte der Ausländerbeschäftigung, Beiträge des Deutschen Industrieinstituts, 9. Jg., Heft 10/11, 1971, S. 63, 65.

32 Nikolinakos: Zur Frage der Auswanderungseffekte in den Emigrationsländern, a.a.O.

33 Siehe „Kölner Stadt-Anzeiger" vom 3./4. 7. 1971.

34 Siehe z. B. H. Wewer: Forschungsdokumentation zur regionalen Mobilität, Berlin 1972, Arbeitshefte des Instituts für Soziologie der Technischen Universität Berlin (Photodruck), S. 98–104, auch Forschungsdokumentation zur Arbeitsmarkt- und Berufsforschung, Institut für Arbeitsmarkt- und Berufsforschung der Bundesanstalt für Arbeit, Erlangen, Auflage 2/1971, Ziffer 1–1434 bis 1–1471.

35 Vgl. Ph. van Praag: Aspects économiques à long terme des migrations internationales dans les pays de la C. E. E., in „International Migration", Bd. IX, Nr. 3/4 1971, S. 126 ff, und V. R. Glückmann: Die kontinentaleuropäischen Wanderungen von Arbeitskräften als Konjunkturphänomen, in „Berichte der Konjunkturforschungsstelle" der Schweizerischen Gesellschaft für Konjunkturforschung, Nr. 9, Sept. 1967, insbes. S. 16.

36 In den Niederlanden hat allein der industrielle Sektor Ausländer aufgenommen, in der Schweiz führen der Bau und die Industrie vor den Dienstleistungen, in der Bundesrepublik die Industrie und die Dienstleistungen vor der Bauwirtschaft. Siehe P. Grandjeat: Les migrations de travailleurs en Europe, Cahiers de l'Institut International d'Etudes Sociales, Paris 1966, S. 7, 44 f.

37 Vgl. H. Wander: On the origin and destination of recent migration in Western Europe, in Council of Europe: European Population Conference, Strasbourg, 30. 8.–6. 9. 1966, Third General Subject, 5th Sitting, S. 4, auch F. Zaccone Derrossi: On Migrations for economic Reasons in Europe, ebenda, S. 1.

38 Grandjeat, a.a.O., S. 41, Kruse, a.a.O., S. 428, und U. Mehrländer: Beschäftigung ausländischer Arbeitnehmer in der Bundesrepublik Deutschland unter spezieller Berücksichtigung von Nordrhein-Westfalen, Köln und Opladen 1969, S. 173 f.

39 Kindleberger: a.a.O., S. 2, 3. Kindleberger bezeichnet die hohen jährlichen Wachstumsraten von 6, 7 oder 8 Prozent des Pro-Kopf-Einkommens in den fünfziger Jahren als „Super-Wachstum". Das vorhandene große Angebot an Arbeitskräften geht auf hohe Wachstumsraten der Erwerbsbevölkerung (Niederlande), auf Abwanderung von Arbeitskräften aus der Landwirtschaft in die Industrie und den Dienstleistungssektor (Bundesrepublik, Frankreich, Italien), auf die Flüchtlinge (Bundesrepublik) und auf die Einwanderung von Gastarbeitern (Frankreich, Bundesrepublik, Schweiz) zurück. Länder, wie Großbritannien, Belgien oder die skandinavischen Länder, die keine Zunahme des Arbeitsangebots verzeichnen, wuchsen langsamer als die anderen. Ebenda. Wohlgemerkt sind nun auch Belgien und die skandinavischen Länder in späteren Jahren zur Beschäftigung von Arbeitskräften aus dem südeuropäischen Raum übergegangen.

40 Die Zahl der Saison- und Grenzarbeiter in Frankreich und in der Schweiz sieht folgendermaßen aus:

Zahl der neueingewanderten Arbeiter pro Jahr in Tausend

	1960	1961	1962	1963	1964	1965	1966	1967	1968	1969
Frankreich:	159	176	208	217	275	284	256	222	223	301
davon Saisonarbeiter										
	109	97	95	101	121	132	124	114	130	133
Schweiz:	295	371	402	389	403	320	288	274	273	292
davon Saisonarbeiter										
	157	196	222	224	341	216	191	176	172	190

Ten Years of Intra-European Migration (1960–69) in Statistical Supplement to „Migration News", Nov.-Dec. 1970, Nr. 77, Tab. 4.

41 Nach M. Trebous: Migration and Development, The Case of Algeria, OECD, Paris 1970, S. 72. Nach anderen Angaben betrug die Zahl der in Frankreich tätigen Algerier am 1. 7. 1970 382,5 Tausend. J. Angarde: La Migration Algerienne, „Hommes et Migrations", Nr. 116, Paris 1970, S. 7.

42 Material des Statens Invandrarverk, Stockholm, siehe Quellenangaben der Tab. III–1.

43 H. M. Hagmann: Le travailleurs étrangers, Chance et tournement de la Suisse, Lausanne 1966, S. 74–77. Zur Frage der schweizerischen Einwanderung siehe auch K. B. Mayer: Post-War Migration to Switzerland, in „International Migration", Bd. III/1965, S. 122 ff.

44 Hagmann, a.a.O., S. 77.

45 Hagmann, a.a.O., S. 58–73, und A. H. Gnehm: Ausländische Arbeitskräfte – Vor- und Nachteile für die Volkswirtschaft, Bern–Stuttgart 1966, S. 152 f.

46 Siehe V. Lutz: Foreign Workers and Domestic Wage Levels with an Illustration from the Swiss Case, in „Banca Nazionale del Lavoro, Quarterly Review", Bd. XVI/1963, März, Nr. 64, S. 60.

47 Kindleberger, a.a.O., S. 43. Vgl. auch Gnehm, a.a.O., S. 120–124, 130–137, Lutz, a.a.O., S. 56 ff.

48 Siehe dazu R. Girod: Foreign workers and social mobility in Switzerland, Symposium on Migration for Employment in Europe, Geneva, 12–15. Oct. 1965, Institut International d'Etudes Sociales (vervielfältigtes Manuskript), S. 25–31. Derselbe: Travailleurs étrangers et mobilité sociale en Suisse, in „Revue économique et sociale", 24. Jg., Nr. 2/Mai 1966, S. 149 ff.

49 Siehe X. Lannes: Regional Aspects of Immigration into France, in Thomas: Economics of International Migration, a.a.O., S. 221. Auch M.-F. Mouriaux: L'emploi en France depuis 1945, Paris 1972, insb. S. 29–75, und J. R. McDonald: Labor immigration in France, 1946–1965, in „Annals of the Association of the American Geographers", Bd. 59/1969, S. 116 f., 130–132.

50 Siehe A. Prost: L'immigration en France depuis cent ans, in „Esprit", 34. Jg., April 1966, S. 532 ff.

51 Siehe McDonald: Labor immigration in France, 1946–1965, a.a.O., S. 119–121.

52 M. Guibert: Présentation des étrangers en France, in „Esprit", 34. Jg., April 1966, S. 553.

53 P. Cinanni: Emigration und Imperialismus, München 1969, S. 110.

54 Es sei vermerkt, daß die Einwanderer in Frankreich im Jahre 1964 zu 76 % im Alter zwischen 22–45 Jahren und zu 18 % im Alter unter 22 Jahren waren. Siehe Guibert, a.a.O., S. 553. Nach anderen Schätzungen besteht der Netto-Effekt der Einwanderung in Frankreich in einer Verdoppelung der Anpassungskapazität der Zahl der Erwerbstätigen an die Bedürfnisse der Wirtschaft. M. a. W. trägt die Einwanderung im gleichen Maße wie der natürliche

Bevölkerungszuwachs zur Deckung der Lücken auf dem Arbeitsmarkt bei. Siehe G. Tapinos: L'immigration étrangère en France de 1959 à 1964, in „Population", Nr. 4/1965, S. 678.

55 Siehe die Materialien in Thomas-Morus-Akademie: Freizügigkeit in Europa: Probleme der sozialen Integration, Bensberger Protokolle Nr. 4, Bensberg 1970 (vervielfältigt).

56 Vgl. auch Cinanni, a.a.O., S. 115, Guibert, a.a.O., S. 553.

57 Tapinos, a.a.O., S. 682. Ähnlich ist die Verteilung der algerischen Gastarbeiter, die im Jahre 1968 einwanderten. Siehe Trebous, a.a.O., S. 75. Vgl. auch Monriaux: L'emploi en France depuis 1945, a.a.O., S. 159, und Codula und Stephen Castles: Immigrant workers and Class Structure in France, in „Race", Bd. 12/Jan. 1971, S. 306.

58 Nach Angaben in Angarde, a.a.O., S. 19.

59 Trebous, a.a.O., S. 81.

60 Siehe Kindleberger, a.a.O., S. 62 ff.

61 Siehe E. W. Hofstee: Netherlands, in Thomas: Economics of International Migration, a.a.O., S. 96–107, auch H. ter Heide: Labour migration from the Mediterranean area to the Benelux countries, Council of Europe, 2nd European Population Conference, Strasbourg 31. 8.–7. 9. 1971 (vervielfältigtes Manuskript), S. 1.

62 OECD: Manpower and Social Policy in the Netherlands, Paris 1967, S. 38 f.

63 13,7 ‰ gegen 7,9 ‰ für das übrige Westeuropa. Nach Kindleberger, a.a.O., S. 47. Siehe auch OECD: Manpower and Social Policy in the Netherlands, a.a.O., S. 67, 79 f.

64 Siehe dazu L. J. Hogebrinn: Ausländerpolitik der niederländischen Regierung im Kreuzfeuer der öffentlichen Meinung, in „Ausländer-Arbeit", Heft 15, Herbst 1970, S. 15–24.

65 Vgl. OECD: Manpower and Social Policy in the Netherlands, a.a.O., S. 68–71, 181–190.

66 Siehe Kindleberger, a.a.O., S. 74–76.

67 Siehe dazu OECD: Manpower Policy in Belgium, Paris 1971, S. 43–48, 120.

68 OECD: Manpower Policy in Belgium, a.a.O., S. 119–123, 130 f., 174–178.

69 Siehe dazu OECD: La politique du marche du travail en Suede, Paris 1963, S. 49 f., und G. Olsson: The Common Nordic Labor Market, The Swedish Institute Stockholm 1970, S. 13 ff.

70 Siehe Southern European Workers in Scandinavian Countries, in Statistical Supplement to „Migration News", Mai–Juni 1969, Nr. 68, Tab. 2; auch I. Gottfarb: Immigrant workers in Sweden, in „Migration News", 18. Jg., Mai–Juni 1969, Nr. 3, S. 2, und das Informationsblatt „Immigration and Immigration Policy in Sweden" in der Reihe „Fact Sheets on Sweden" des Swedish Institute for Cultural Relations with Foreign Countries", Stockholm, vom April 1972.

71 Southern European Workers in Scandinavian Countries, a.a.O., Tab. 3. Auch die Arbeiter aus den anderen skandinavischen Ländern werden in diesen Zweigen beschäftigt, was eigentlich auf die strukturelle Verschiebung in der Produktionsstruktur der schwedischen Wirtschaft hinweist. Vgl. Olsson, a.a.O., Tabelle auf S. 15–18.

72 Olsson, a.a.O., S. 6.

73 Siehe Southern European Workers in Scandinavian Countries, a.a.O., Tab. 1, 4, 5, 6.

74 Siehe OECD: Manpower Policy in the United Kingdom, Paris 1970, S. 39–42.

75 Siehe dazu C. Moindrot: Les vagues d'immigration en Grande-Bretagne, in „Population", Nr. 4/1965, S. 644 ff., und I. Isaac: Great Britain, in Thomas: Economics of International Migration, a.a.O., S. 73–76.

76 OECD: Manpower Policy in the United Kingdom, a.a.O., S. 44-46.

77 Siehe dazu W. R. Böhning: Probleme und Perspektiven der Arbeiteremigration beim Eintritt Großbritanniens in die Europäische Wirtschaftsgemeinschaft, in „Ausländer-Arbeit", Heft 15/Herbst 1970, S. 1 ff. Derselbe: Britain, the EEC and Immigration of workers, in „Community", Oct. 1971 (mir als Manuskript zur Verfügung gestellt), und den Beitrag von P. Ayrton und R. Dugdale in der Konferenz der Conference of Socialist Economists, November 1971, in London unter dem Titel „Notes on the Consequences of joining EEC for Labour" (vervielfältigt).

78 Siehe dazu K. B. Mayer: Foreign workers in Switzerland and Austria, Council of Europe, 2nd European Population Conference, Strasbourg, 31. 8.–7. 9. 1971 (vervielfältigtes Manuskript), S. 7–9, und „Statistische Nachrichten", Jg. 25, Heft 6/1970, S. 560–562.

79 Siehe die „Beschäftigung ausländischer Arbeitskräfte in Deutschland 1882 bis 1963", in „Wirtschaft und Statistik", Jg. 1965, Heft 2, S. 93. Wander gibt die Ausländerquote nach der Berufszählung von 1907 sogar mit 4,5 % an. Siehe H. Wander: Die Beschäftigung ausländischer Arbeitnehmer in der Bundesrepublik Deutschland, in „Sozialer Fortschritt", 9. Jg./1960, Heft 10, S. 244. Siehe weiterhin allgemein H. Stirn: Ausländerbeschäftigung in Deutschland in den letzten 100 Jahren, in Derselbe (Hg.): Ausländische Arbeiter im Betrieb, Frechen/Köln 1964, S. 9 ff., und V. Merx: Ausländische Arbeitskräfte im Deutschen Reich und in der Bundesrepublik, in „Wirtschaftspolitische Chronik", Bd. 1967/1968, S. 65 ff. Siehe auch zu der Rolle des ausländischen Proletariats in der Entwicklung des deutschen Kapitalismus R. Becker – G. Dörr – K. H. Tjaden: Fremdarbeiterbeschäftigung im deutschen Kapitalismus, in „Das Argument", Heft 9/10, Dezember 1971, S. 741 ff.

80 ILO: The Exploitation of Foreign Labour by Germany, Montreal 1945.

81 E. Seeber: Zwangsarbeiter in der faschistischen Kriegswirtschaft, Berlin 1964.

82 Siehe dazu H. Wander: Migration and the German Economy, in Thomas: Economics of International Migration, a.a.O., S. 197 ff.

83 Bundesanstalt für Arbeit: Ausländische Arbeitnehmer 1970, a.a.O., S. 46. Diese Publikation dient auch als Quelle für die anderen Daten, die in diesem Abschnitt erwähnt werden.

84 Ebenda, S. 5, und „Ausländische Arbeitnehmer 1969", August 1970, S. 30.

85 Die Marokkaner werden erst seit 1972 ermittelt. Amtliche Nachrichten der Bundesanstalt für Arbeit, Nr. 5, Mai 1972, S. 342.

86 Ebenda.

87 Siehe dazu B. Thomas: Migration and Economic Growth, Cambridge 1954, S. 83 ff und 155 ff.

88 Thomas, ebenda, S. 174. Interessanterweise stellt Thomas in einer anderen Untersuchung eine positive Korrelation zwischen Schwankungen der Einwanderung einerseits und Wachstumsraten des realen Pro-Kopf-Nationaleinkommens und der Investitionen andererseits fest. Im Zeitraum 1874–83 verglichen mit den Jahren 1869–78 wurde eine Zunahme der Einwanderung von 26 % von einer Steigerung der Investitionen um 75 % und des realen Pro-Kopf-Einkommens um 29 % gefolgt. Dagegen wurde eine Abnahme der Einwanderung im Zeitraum 1889–1898 im Vergleich zum Zeitraum

1884–93 von 20 % von einer Senkung der Investitionen um 8 % und einer geringen Zunahme des Pro-Kopf-Einkommens von nur 4 % begleitet. B. Thomas: The Economic Aspect, in UNESCO: The Positive Contribution by Immigrants, Paris 1955, S. 167. Ein anderer Befund ist darüber hinaus in diesem Zusammenhang interessant. Die Zahl der Patente ging in den ersten Jahren der Einwanderung steil aufwärts; in der Phase der Abnahme der Einwanderung war die Zahl der Patente für Erfindungen stationär oder nahm sehr langsam zu. Ebenda, S. 168 f.

89 W. D. Borrie: Australia, in Thomas: Economics of International Migration, a.a.O., S. 165. Siehe weiter derselbe: Australia, in UNESCO: The Positive Contribution by Immigrants, a.a.O., S. 107 ff.

90 Vgl. dazu die allgemeine Analyse der Aspekte des Wanderungsphänomens in B. Thomas: International Migration and Economic Development, Paris, UNESCO, 1961. An anderem Ort sagt Thomas, daß es falsch wäre, „to dismiss the experience of the pre-1913 period as entirely irrelevant to the contemporary scene. There is an analogy between present booms in immigration in Canada or Australia or Brazil and similar phases of rapid economic development in the nineteenth century." B. Thomas: The Economic Aspect, a.a.O., S. 184.

91 F. Jánossy: Das Ende der Wirtschaftswunder, Erscheinung und Wesen der wirtschaftlichen Entwicklung, Frankfurt 1966, S. 11 f.

92 H. C. Wallich: Triebkräfte des deutschen Wiederaufstiegs, Frankfurt 1955, S. 17. So stiegen der Index der Löhne von 134 im September 1948 (Basisjahr 1936) auf 206 im September 1950, während die Gewinne von 187 auf 386 in der gleichen Zeit zunahmen. J. Kuczynski: Die Geschichte der Lage der Arbeiter unter dem Kapitalismus, Berlin, Bd. 7a, S. 214.

93 R. Gündel: Die zyklische Entwicklung der westdeutschen Wirtschaft von 1950–57, Berlin 1961, S. 282.

94 F. Grünig – R. Krengel: Die Expansion der westdeutschen Industrie 1948 bis 1954, DIW-Sonderhefte, N. F. 34, Berlin 1955, S. 12.

95 Siehe Janossy: Das Ende der Wirtschaftswunder, a.a.O., S. 17 f., 43–60.

96 R. Krengel: Some reasons for the Rapid Economic Growth of the German Federal Republic, in „Banca Nazionale del Lavoro, Quarterly Review", Bd. XVI/1963, S. 121, 129.

97 Krengel, ebenda, S. 134 f. Vgl. derselbe: Die Investitionstätigkeit der westdeutschen Industrie seit Mitte 1948 im konjunkturellen Verlauf, in „Vierteljahreshefte für Konjunkturforschung", Bd. 1957, S. 49–68. Siehe auch weiter Derselbe: Wachstumskomponente der westdeutschen Industrie, in „Konjunkturpolitik", Jg. 5/1959, S. 20 f. Aus dieser Untersuchung geht hervor, daß bis 1957 die Zunahme des Netto-Produktionswertes auf die Steigerung der Beschäftigtenzahl zurückging.

98 Kindleberger: Europe's Postwar Growth, a.a.O., Tabelle auf S. 35.

99 W. Vogt: Makroökonomische Bestimmungsgründe des wirtschaftlichen Wachstums der Bundesrepublik Deutschland von 1950 bis 1960, Tübingen 1964, S. 158, 216 f.

100 Siehe Statistisches Jahrbuch BRD 1956, S. 121, und 1961, S. 142.

101 D. Mertens: Die Wandlungen der industriellen Branchenstruktur in der Bundesrepublik Deutschland 1950 bis 1960, Deutsches Institut für Wirtschaftsforschung, Sonderhefte Nr. 68, Berlin 1964, S. 34.

102 Vgl. auch D. Mertens: Wachstumsindustrien, Ein Beitrag zur partiellen Konjunkturbetrachtung, in „Vierteljahreshefte zur Konjunkturforschung", Jg. 1960, S. 289 und 291. Sehr eindeutig und aufschlußreich sind auch dies-

bezüglich die Ergebnisse einer anderen Untersuchung. Siehe P. Schwanse: Beschäftigungsstruktur und Wirtschaftswachstum in der Bundesrepublik Deutschland 1950 bis 1963, Sonderhefte des Deutschen Instituts für Wirtschaftsforschung, Nr. 74, Berlin 1965, S. 25 ff. und 64–68. Vgl. auch J. Chmelnizkaja: Der westdeutsche Monopolkapitalismus, Berlin 1962, Tabelle auf S. 157.

103 L. Zahn: Technischer Fortschritt und Beschäftigung in der Industrie Westdeutschlands in den Jahren 1950 bis 1960, in „Konjunktur und Krise", 6. Jg./1962, Heft 3, S. 166 ff.

104 Krengel: Some Reasons for the Rapid Economic Growth of the German Federal Republic, a.a.O., Tabelle S. 129. Siehe weiter Derselbe: Produktionsvolumen und Produktionsfaktoren der Industrie im Gebiet der Bundesrepublik Deutschland, in „Vierteljahreshefte zur Wirtschaftsforschung", Jg. 1964, S. 364 ff. Siehe auch W. Borgstede: Strukturveränderungen und Wirtschaftswachstum in der BRD, Diss., Bonn 1969, S. 58, 80, auch Tabelle auf S. 87.

105 Neelsen gibt an, daß im September 1961 knapp ein Drittel der Industriearbeiter in den Zweigen Maschinenbau, Elektrotechnik und Fahrzeugbau beschäftigt waren. Im gleichen Monat waren im Maschinenbau 45 %, in der elektrotechnischen Industrie 56 % und im Fahrzeugbau rund 81 % der Beschäftigten in Betrieben mit mehr als 1000 Menschen Belegschaft tätig. K. Neelsen: Wirtschaftsgeschichte der BRD, Berlin 1971, S. 105.

106 Vgl. dazu weiter W. Armann: Die verschärfte Ausbeutung der Industriearbeiter Westdeutschlands während der Nachkriegszeit (1950–1960), in „Konjunktur und Krise", Jg. 1962, Heft 4, S. 239 ff. Es wird von allen Autoren bestätigt, daß nur die hohe Gewinnrate, die im übrigen zwecks Reinvestierung steuerfrei bleiben konnte, es den Unternehmern ermöglichte, die Investitionen auf dem Wege der Selbstfinanzierung vorzunehmen. Da die Konsumneigung der breiten Massen der Bevölkerung in dieser Phase erwartungsgemäß hoch war, konnte der freie Kapitalmarkt bis 1955 nicht funktionieren. Dieser sozusagen Zwangssparprozeß konnte nur über den Inflationsmechanismus ermöglicht werden. Siehe Borgstede: Strukturveränderungen und Wirtschaftswachstum in der BRD, a.a.O., S. 60.

107 Statistisches Jahrbuch BRD, 1961, S. 54.

108 Siehe H. Giersch: Kontroverse Fragen der Wirtschaftspolitik, München 1971, S. 15. Vgl. auch zu den Gründen dieser Entwicklungen „Spätkapitalismus ohne Perspektive", Frankfurt 1970, S. 115 ff.

109 Hagmann: Les travailleurs étrangers, a.a.O., S. 74–77. Siehe auch Gnehm: Ausländische Arbeitskräfte, a.a.O., S. 149 ff., der den Investitionsboom in der Schweiz auf die Leichtigkeit zurückführt, mit der sich die Unternehmer zusätzliche Arbeitskräfte sichern konnten (hier S. 154).

110 Siehe B. G. Cohen – P. J. Jenner: The Employment of Immigrants: A Case Study within the Wool Industry, in „Race", Bd. X/1968–69, S. 45 f., 54.

111 Siehe S. Bullinger – P. Huber – H. Köhler – A. G. Ott – A. Wagner: Die volkswirtschaftliche Bedeutung der Beschäftigung ausländischer Arbeitnehmer in Baden-Württemberg, Gutachten im Auftrag des Arbeits- und Sozialministeriums Baden-Württemberg, Tübingen 1972, S. 326–331.

112 Über die Investitionsstruktur siehe D. Mertens – W. Kirner: Investitionsverflechtung in der Bundesrepublik Deutschland 1950 bis 1970, Berlin 1967 (Heft 1 der DIG-Beiträge zur Konjunkturforschung), insbesondere S. 37 f., und Übersichten 3, 4, 5, 6 und 7 auf S. 61–65. Auch die Anlageinvestitionen der Industrie, in „Berichte des Deutschen Industrieinstituts", Jg. 2

(z)/Nr. 3/1968, S. 2–6.

113 Für frühere Jahre und auch detailliertere Aufgliederung als in Tabelle IV–7 angegeben, siehe W. Scholten: Die Beschäftigungsstruktur der ausländischen Arbeitnehmer in der BRD, Diss. Bochum 1968, S. 28–33, und Bundesanstalt für Arbeit: Ausländische Arbeitnehmer, Erfahrungsberichte 1965, S. 6 f., und 1966, S. 11 f.

114 Bundesanstalt für Arbeit: Ausländische Arbeitnehmer 1970, a.a.O., S. 8.

115 Scholten: Die Beschäftigungsstruktur . . ., a.a.O., S. 50 ff.

116 Zu der Nationalitätenstruktur siehe Scholten: Die Beschäftigungsstruktur . . ., a.a.O., S. 109–182; Derselbe: Die sektorale Beschäftigungsstruktur der ausländischen Arbeitnehmer verschiedener Herkunftsländer, in J. Chr. Papalekas (Hg.): Strukturfragen der Ausländerbeschäftigung, Herford und Bonn 1969, S. 77 ff. Zu der Beschäftigungsstruktur der Gastarbeiterinnen siehe Bundesanstalt für Arbeit: Ausländische Arbeitnehmer 1969, a.a.O., S. 17 f., und 1970, a.a.O., S. 15–17. So machten die weiblichen ausländischen Arbeitnehmer rund 30 % der Gesamtzahl der Gastarbeiter aus und sind hauptsächlich in der verarbeitenden und der Metallindustrie wie auch im Dienstleistungssektor beschäftigt.

117 Ausländische Arbeitnehmer 1970, a.a.O., S. 8; 1968, a.a.O., S. 9; 1967, a.a.O., S. 10.

118 Ausländische Arbeitnehmer 1970, a.a.O., S. 16.

119 Siehe dazu E. Helmstädter: Die Wachstumsfaktoren im Lichte der Wachstumstheorie, in „Wirtschaftsdienst“, Nr. XII/1969, S. 685 und „Spätkapitalismus ohne Perspektive“, a.a.O., S. 119 f.

120 „Spätkapitalismus ohne Perspektive“, a.a.O., S. 120.

121 Sachverständigenrat: Stabiles Geld – stetiges Wachstum, Jahresgutachten 1964/65, Stuttgart–Mainz 1965, S. 25.

122 Volkswirtschaftliche Gesamtrechnungen, Reihe 1, Konten und Standorttabellen 1970, S. 13, 111.

123 Siehe „Spätkapitalismus ohne Perspektive“, a.a.O., S. 121; OECD: Germany, Paris Juni 1971, S. 12. Siehe auch Sachverständigenrat: Im Sog des Booms, Jahresgutachten 1969/70, Stuttgart–Mainz 1969, S. 51.

124 „Spätkapitalismus ohne Perspektive“, a.a.O., S. 121.

125 Siehe „Die Entwicklung der öffentlichen Investitionsausgaben seit 1961“, in „Monatsberichte der Deutschen Bundesbank“, 24. Jg., Nr. 4/April 1972, S. 12.

126 Siehe dazu Chmelnizkaja: Der westdeutsche Monopolkapitalismus, a.a.O., S. 123 ff., und Neelsen: Wirtschaftsgeschichte der BRD, a.a.O., S. 25 ff.

127 J. Huffschmid: Die Politik des Kapitals, Konzentration und Wirtschaftspolitik in der Bundesrepublik, Frankfurt 1969, S. 109 ff., 137 ff.

128 Huffschmid, ebenda, S. 42,44. Vgl. weiter: „Spätkapitalismus ohne Perspektive“, a.a.O., S. 85–89, und H. Tammer: Zur Konzentration und Zentralisation des Kapitals in Westdeutschland, in „DWI-Berichte“, 19. Jg./1968, S. 22 (150)–24 (152).

129 Huffschmid, ebenda, S. 46 ff., und Tammer, ebenda S. 22 (150).

130 Ausländische Arbeitnehmer 1969, a.a.O., S. 77–80. Auch in der Schweiz weisen die Statistiken auf eine Konzentration der Gastarbeiter in Großbetrieben hin. Siehe dazu Gnehm: Ausländische Arbeitskräfte, a.a.O., S. 133.

131 Aus Huffschmid, a.a.O., S. 47 und 49 und Tabelle IV–8. Siehe weiter zur Frage der Konzentration Chmelnizkaja: Der westdeutsche Monopolkapitalismus, a.a.O., S. 45 ff., 63 ff.

132 Siehe dazu Giersch: Kontroverse Fragen der Wirtschaftspolitik, a.a.O.,

S. 19 ff. W. Vogt: Die Wachstumszyklen der westdeutschen Wirtschaft, Tübingen 1968, S. 3 f. R. Hopp: Schwankungen des wirtschaftlichen Wachstums in Westdeutschland 1954–1967, Meisenheim am Glan 1969, S. 7–59. Auch Sachverständigenrat: Stabiles Geld – stetiges Wachstum, Jahresgutachten 1964/65, S. 6 ff. Für 1970/71 siehe den Geschäftsbericht der Deutschen Bundesbank für das Jahr 1971, S. 1–15.

133 Vogt: Die Wachstumszyklen . . ., a.a.O., S. 8. Giersch, a.a.O., S. 21.

134 Bullinger – Huber – u. a.: Die volkswirtschaftliche Bedeutung der Beschäftigung ausländischer Arbeitnehmer . . ., a.a.O., S. 334 ff.

135 Siehe Monatsberichte der Deutschen Bundesbank, 24. Jg., Nr. 4, April 1972, S. 65. Vgl. über die Auswirkungen der Rezession von 1966/67 auf das Arbeitskräftepotential das Sondergutachten des Sachverständigenrats vom März 1967 unter dem Titel „Zur Konjunkturlage im Frühjahr 1967", Stuttgart–Mainz 1967, S. 5 f. Auch K. Zieschang: Zur Konjunkturpolitik in der BRD, in „Marxistische Blätter", Heft 5/70, S. 37 f.

136 Der Begriff wurde meist von K. Bingemer gebraucht. Siehe Bingemer – Meistermann-Seeger – Neubert: Leben als Gastarbeiter, Köln und Opladen 1970, S. 112. Vgl. weiter H. J. Tauscher: Die ausländischen Arbeiter in der westdeutschen Wirtschaft, in „DWI-Berichte", Jg. 19/1968, S. (143), 15 f. Interessant ist in diesem Zusammenhang der Beitrag von W. Weidenbörner: Beschäftigung ausländischer Arbeitnehmer in der Bundesrepublik Deutschland, in „Bundesarbeitsblatt", Nr. 4/April 1970, S. 226 ff., wo er die Last für den Rückgang der Ausländerbeschäftigung 1966/67 auf die Schulter der Gastarbeiter zu legen versucht, indem er ihn aus deren Auswanderungsmotiven ableitet (S. 229).

137 F. Landwehrmann: Probleme der Beschäftigung ausländischer Arbeitskräfte unter den Bedingungen der Rezession, in J. Chr. Papalekas (Hg.): Strukturfragen der Ausländerbeschäftigung, Herford–Bonn 1969, S. 111. Siehe auch Tauscher: Die ausländischen Arbeiter in der westdeutschen Wirtschaft, a.a.O., S. 16 (144). Vgl. für die Schweiz W. Wittmann: Wachstums- und Konjunkturaspekte des Fremdarbeiterproblems, in „Wirtschaft und Recht", 14. Jg./1962, S. 285.

138 Im Metallerzbergbau und im Kohlenbergbau verursachte die Rationalisierung zwischen 1956 und 1960 einen Rückgang der Beschäftigtenzahl von 34,8 % und 15,2 %. In 14 Industriezweigen ging im gleichen Zeitraum die Beschäftigung um 172 900 Arbeiter zurück, deren Arbeitskraft durch Kapital ersetzt wurde. Daß keine Arbeitslosigkeit entstand, liegt daran, daß die Kapitalakkumulation stärker zunahm als die Freisetzung von Arbeitskräften, darüber hinaus, daß Umsetzung von Arbeitskräften stattfand. Schließlich wurden die Freisetzungen teilweise auch durch die Arbeitszeitverkürzung überkompensiert. Siehe Zahn: Technischer Fortschritt und Beschäftigung in der Industrie Westdeutschlands in den Jahren 1950 bis 1960, a.a.O., S. 174 ff. G. Friedrichs: Technischer Fortschritt und Beschäftigung, in „Gewerkschaftliche Monatshefte", 13. Jg./1962, S. 475 f., 477 f.

139 K. Marx: Das Kapital, Bd. I, Berlin 1969, S. 673.

140 Vgl. auch die Ausführungen in Kapitel II und K. Lungwitz: Beschäftigtenentwicklung und Wirtschaftswachstum in Westdeutschland, in „DWI-Berichte", 19. Jg./1968, S. 18 (210).

141 Siehe R. B. Davison: Immigration and Unemployment in the United Kingdom, 1955–1962, in „British Journal of Industrial Relations", Bd. 1/Heft 1/1963, insb. S. 50 f.

142 Siehe dazu P. L. Wright: The Coloured Worker in British Industry, Lon-

don–N. York–Toronto 1968, S. 51 ff.

143 Siehe Gnehm: Ausländische Arbeitskräfte, a.a.O., S. 111 ff., insb. Tabelle 4 auf S. 121; auch Glückmann: Die kontinental-europäischen Wanderungen von Arbeitskräften als Konjunkturphänomen, a.a.O., S. 5–9. Die Gesellschaft zur Förderung der Schweizerischen Wirtschaft spricht in diesem Zusammenhang von der Funktion der Fremdarbeiter als Konjunkturpuffer auf dem Arbeitsmarkt. „Fremde, Fremdarbeiter, Überfremdungsproblem", Februar 1970, 2. Aufl., S. 30.

144 Siehe dazu F. A. Lutz: Das konjunkturpolitische Instrumentarium der Schweiz, in „Schweizerische Zeitschrift für Volkswirtschaft und Statistik", Bd. 1963, Heft 3, S. 286–288; auch „Das Problem der ausländischen Arbeitskräfte im Rahmen der schweizerischen Konjunkturpolitik", in „Schweizerische Arbeitgeberzeitung", Nr. 23 vom 6. 6. 1963, S. 419–422, und „Mitteilungsblatt des Delegierten für Konjunkturfragen", 23. Jg., Heft 1, Mai 1967, S. 1 f.

145 „Der Arbeitgeber", Nr. 13/14 vom 20. 7. 66, S. 39, zitiert nach Lungwitz: Beschäftigtenentwicklung und Wirtschaftswachstum in Westdeutschland, a.a.O., S. (211) 19. Ähnlich wird das Einwanderungsgesetz in England gehandhabt. Siehe Überblick über Einwanderungskontrollen in Großbritannien von 1914–1971, in „Ausländer-Arbeit", Heft 16/Frühling 1972, S. 31.

146 Vgl. dazu W. Weidenbörner: Ausländische Arbeitnehmer in einer Periode wirtschaftlicher Rezession, Vortrag gehalten auf der 9. Tagung des Ausschusses der Kirchen für Fragen der ausländischen Arbeitnehmer in Westeuropa in Zusammenarbeit mit dem Katholischen Komitee für Innereuropäische Wanderung zwischen dem 13. und 17. 5. 1968 (vervielfältigtes Manuskript), S. 6 ff.

147 Siehe Bullinger – Huber – u. a.: Die volkswirtschaftliche Bedeutung der Beschäftigung ausländischer Arbeitnehmer in Baden-Württemberg, a.a.O., S. 339 ff.

148 Ebenda, S. 344. Vgl. auch K. H. Hornhues: Die volkswirtschaftlichen Auswirkungen der Beschäftigung ausländischer Arbeitskräfte, Diss. Münster 1970, S. 100–102.

149 N. Abadan: La récession de 1966/67 et ses repercussions (Manuskript), S. 3, 7 ff.

150 Scholten führt das Beispiel des Steinkohlenbergbaus an, das auch für andere Tätigkeitsbereiche typisch ist. Der Anteil der beschäftigten Ausländer in diesem Zweig hat sich folgendermaßen entwickelt:

Herkunftsland	1961	1962	1963	1964	1965	1966
Italien	28,4	21,9	15,4	10,0	8,8	8,6
Griechenland	17,0	19,0	22,3	12,9	7,0	5,5
Spanien	17,6	21,1	17,8	11,2	9,4	7,4
Türkei	–	6,9	15,8	35,2	38,4	36,7

Siehe Scholten: Die Beschäftigung der ausländischen Arbeitnehmer in der BRD, a.a.O., S. 109 ff., insb. S. 143 f.

151 Vgl. dazu Sachverständigenrat: Zur Konjunkturlage im Frühjahr 1967, a.a.O., S. 7 ff. und L. Reyher: Über die Auswirkungen der beiden Konjunkturprogramme von 1967 auf das Arbeitsvolumen, in „Mitteilungen" des Instituts für Arbeitsmarkt- und Berufsforschung, Nr. 3/Juli 1968,

S. 144–147. Wie unsinnig Empfehlungen sind, die darauf hinausgehen, daß es vermieden werden muß, „in der Hochkonjunktur um jeden Preis die Produktionskapazitäten mit Hilfe von Fremdarbeitern zu erweitern“ (so Wittmann: Wachstums- und Konjunkturaspekte des Fremdarbeiterproblems, a.a.O., S. 285) habe ich schon in Kapitel II hingewiesen. Solche Empfehlungen verkennen die Gesetzmäßigkeiten des Systems und geraten in Widersprüche. Wittmann z. B. fürchtet gleichzeitig die Auswirkungen des Abbaus des Fremdarbeiterpotentials auf die Gesamtnachfrage, da der Fremdarbeiter „als Verbraucher von primärer Bedeutung“ ist (ebenda). Wachstum, keine Erweiterung der Kapazitäten und der Einwanderung von Fremdarbeitern, das sind Ziele, deren gleichzeitige Erfüllung nur in eine Sackgasse geratene bürgerliche Ökonomen verlangen können, zumal die bürgerliche Wirtschaftstheorie selbst diese Ziele als konkurrierend oder mit- und voneinander abhängig anerkennt.

152 Giersch, Kontroverse Fragen der Wirtschaftspolitik, a.a.O., S. 21 f. 59.

153 Vgl. Sachverständigenrat: Expansion und Stabilität, Jahresgutachten 1966/67, a.a.O., S. 12 ff.

154 Siehe dazu Sachverständigenrat: Im Sog des Booms, Jahresgutachten 1969/70, a.a.O., S. 7; Derselbe: Konjunktur im Umbruch, Jahresgutachten 1970/71, a.a.O., S. 46–50, und OECD: Germany, April 1970, a.a.O., S. 18. Vgl. dagegen die Entwicklungen im Jahre 1970, in OECD: Germany, June 1971, a.a.O., S. 16–19.

155 Siehe z. B. Statistisches Jahrbuch 1971, S. 280.

156 Sachverständigenrat: Stabiles Geld – stetiges Wachstum, Jahresgutachten 1964/65, a.a.O., S. 5.

157 Man darf bestimmt dieses Ergebnis nicht verallgemeinern, zumal die Zahl der beobachteten Zweige klein ist. Das Institut für Angewandte Wirtschaftsforschung in Tübingen kam aus der Untersuchung ähnlicher Beziehungen in einer Anzahl von Industriegruppen in Baden-Württemberg zu einem differenzierteren Ergebnis. Siehe weiter im Text und die Hinweise in Fußnote 158.

158 Bullinger – Huber – u. a.: Die volkswirtschaftliche Bedeutung . . ., a.a.O., S. 372, 374. Vgl. auch Mehrländer: Beschäftigung ausländischer Arbeitnehmer, a.a.O., S. 131–133.

159 Vgl. dazu E. J. Mishan – L. Needleman: Immigration, Excess Aggregate Demand and the Balance of Payments, in „Economica“, Bd. XXXIII/May 1966, S. 129 ff. Auch Bullinger – Huber – u. a.: Die volkswirtschaftliche Bedeutung . . ., a.a.O., S. 375–377. Für die Schweiz siehe Gnehm: Ausländische Arbeitskräfte, a.a.O., S. 167–169, und Jöhr-Huber: Die konjunkturellen Auswirkungen der Beanspruchung ausländischer Arbeitskräfte, a.a.O., S. 235 ff. und 267 f. Für die Bundesrepublik siehe weiterhin Mehrländer: Beschäftigung ausländischer Arbeitnehmer, a.a.O., S. 133 ff.

160 Vgl. dazu Mehrländer: Beschäftigung ausländischer Arbeitnehmer, a.a.O., S. 140.

161 Siehe OECD: L'évolution démographique de 1956 à 1976 en Europe Occidentale et aux Etats-Unis, Paris 1961, S. 15; Derselbe: L'évolution démographique de 1965 à 1980 en Europe Occidentale et en Amérique du Nord, Paris 1966, S. 13 (beide auch mit englischem Text versehen). Vgl. auch K. Kratzsch: Ausländische Arbeitnehmer in der Bundesrepublik, in „Wirtschaftswissenschaftliche Mitteilungen“, Heft 12/Dez. 1961, S. 283, und T. Bolle: Die Entwicklung der Bevölkerung in der Bundesrepublik von 1960 bis 1975 auf Grund einer neuen Vorausberechnung, in „Vierteljahreshefte

zur Wirtschaftsforschung", Jg. 1961, S. 178–189.

162 Bericht über die Entwicklung der sozialen Lage in der Gemeinschaft im Jahr 1969, Brüssel-Luxemburg 1970, S. 49 f.

163 Ich stütze mich hier auf das Manuskript von Hermann Schubnell unter dem Titel „Geburtenrückgang", das zusammen mit anderen Beiträgen 1973 bei Verlag Hanser herausgegeben wird. Siehe auch UNO: Demographic Yearbook 1969, New York 1969, S. 263 und D. Schröder: Strukturwandel, Standortwahl und regionales Wachstum, Stuttgart–Berlin–Köln–Mainz 1968, S. 84–86.

164 Siehe Monatsberichte der Deutschen Bundesbank, Jg. 8, August 1972, S. 65. In den letzten Jahren geht die Zunahme der Beschäftigung fast ausschließlich auf die Gastarbeiter zurück. So z. B. im Jahre 1970. Siehe G. Göseke: Beschäftigung und Arbeitnehmereinkommen in der Bundesrepublik im Jahre 1970, in „Vierteljahreshefte zur Wirtschaftsforschung", Nr. 2/1971, S. 105. „Noch in keiner Konjunkturanalyse der Nachkriegszeit war das Mißverhältnis zwischen verfügbaren und angeforderten Arbeitskräften so groß und die Anzahl der beschäftigten ausländischen Arbeitnehmer so hoch wie in diesem Jahr", bemerken die Sachverständigen. Sachverständigenrat: Konjunktur im Umbruch – Risiken und Chancen, Jahresgutachten 1970/71, Stuttgart–Mainz 1970, S. 15. Vgl. auch den Bericht der Deutschen Bundesbank für das Jahr 1971, a.a.O., S. 4 f., in dem aus diesem Grunde festgestellt wird, daß „das Arbeitsangebot in der Bundesrepublik (...) deshalb auch in Zukunft dem Wachstum der Wirtschaft relativ enge Grenzen setzen wird" (ebenda, S. 5). Siehe weiter Schröder: Strukturwandel, Standortwahl und regionales Wachstum, a.a.O., S. 81 f., und „Das Arbeitskräftepotential der Bundesrepublik, Bestimmungsgründe und Perspektiven", in „Berichte des Deutschen Industrieinstituts zur Sozialpolitik", Jg. 2 (s), Nr. 10/1968, S. 3–5, 11 f., 21–25, auch K. Kratzsch: Elastizität des Arbeitsmarktes bei stagnierendem Erwerbspotential, in „Wirtschaftswissenschaftliche Mitteilungen", 20. Jg., Heft 10/1967, S. 269–274. Vgl. weiter J. Isaac: International Migration and European Population Trends, in „International Labour Review", Bd. LXVI (1952), S. 185 ff.; A. Obloth: The Problem of Surplus Manpower in Europe, ebenda, Bd. LXX (1954), S. 301 ff., und „Features of Post-War European Migration", ebenda (im selben Band), S. 1 ff.

165 Siehe dazu Salowsky: Gesamtwirtschaftliche Aspekte der Ausländerbeschäftigung, a.a.O., S. 7 f.

166 OECD: Labour Force Statistics, 1957–1968, Paris 1970, S.,93. Vgl. auch „Das Arbeitskräftepotential der Bundesrepublik ...", a.a.O., S. 5–10.

167 Salowsky, a.a.O., S. 8. Vgl. Arbeitszeit und Produktionsentwicklung von 1950 bis 1960, in „Wirtschaftswissenschaftliche Mitteilungen", 14. Jg., Nr. 4/1961, S. 80–81, auch S. Katterle: Arbeitszeit und Produktivität, ebenda, Jg. 17, H. 5–6/1964, S. 188–122.

168 Bericht über die Entwicklung der sozialen Lage in der Gemeinschaft im Jahr 1969, a.a.O., S. 50.

169 Für 1957 und 1968: OECD: Labour Force Statistics 1957–1968, a.a.O., S. 95; für 1950 und 1970: Salowsky, a.a.O., S. 11.

170 Siehe „The OECD Observer", Nr. 53/August 1971, S. 37. Vgl. dazu Schwanse: Beschäftigungsstruktur und Wirtschaftswachstum in der Bundesrepublik 1950 bis 1963, a.a.O., S. 38 ff.

171 Siehe den Aufsatz Economic Consequences of a Decline in the Population of Great Britain, in J. Robinson: Collected Economic Papers, Oxford 1966,

Bd. 1, S. 129.

172 Kaldor glaubt, das Hauptmotiv für langfristiges dynamisches Wachstum in der Stärke der Anreize entdeckt zu haben, womit man aus der Expansion entstehende Begrenzungen, das Kapital oder die Arbeit betreffend, überwindet. Die Knappheit an Arbeit stimuliert das Bevölkerungswachstum durch Einwanderung, wie auch länger anhaltende Knappheit an Arbeit der Anreiz für die Erfindung und Einführung von arbeitssparenden Einrichtungen ist. Als Beispiel dafür führt Kaldor die Steigerung der Produktivität in der amerikanischen Industrie in den letzten 80 Jahren auf. N. Kaldor: Der Zusammenhang zwischen Wirtschaftswachstum und Konjunkturschwankungen (deutsche Übersetzung des in der „Economic Journal", Bd. LXIV/ März 1954, erschienen Aufsatzes The Relation of Economic Growth and Cyclical Fluctuations) in W. Weber (Hg.): Konjunktur- und Beschäftigungstheorie, Köln–Berlin 1969, S. 317 f., 323. Ich möchte auch in diesem Zusammenhang den Aufsatz von G. J. Gröbner: Geburtenrückgang und Wirtschaftswachstum, in „Bundesarbeitsblatt", 5/1971, S. 342–3, als Beispiel solcher Publikationen erwähnen, die falsche Vorstellungen im Namen der Wissenschaft verbreiten. Der Autor untersucht den Einfluß des Geburtenrückgangs in der BRD auf das Wachstum und den Wohlstand und postuliert noch abstrakte Überlegungen, daß „das Wachstum in der BRD durch die rückläufige Geburtenquote nicht gefährdet ist, könnte aber ‚unter Umständen' bei einer stärkeren Bevölkerungszunahme etwas höher sein" (S. 343)! Dabei ignoriert er völlig die Auswirkung der Gastarbeiter auf die Bevölkerungsvariablen und den Arbeitsmarkt in der BRD!

173 Statistisches Bundesamt: Bevölkerung und Kultur, Reihe I, Bevölkerungsstand und -entwicklung, 1969, S. 14.

174 Scholten: Die Beschäftigungsstruktur der ausländischen Arbeitnehmer in der BRD, a.a.O., S. 205–210.

175 Bullinger – Huber – u. a.: Die volkswirtschaftliche Bedeutung der Beschäftigung ausländischer Arbeitnehmer in Baden-Württemberg, a.a.O., S. 103–119. Einen Überblick über die regionalen Struktur- und Wachstumsunterschiede siehe in Schröder: Strukturwandel, Standortwahl und regionales Wachstum, a.a.O., S. 89–98.

176 Siehe dazu Borgstede: Strukturänderungen und Wirtschaftswachstum in der BRD, a.a.O., S. 185, 187. Vgl. auch Schröder: Strukturwandel, Standortwahl und regionales Wachstum, a.a.O., S. 136 ff. und Sachverständigenrat: Stabilisierung ohne Stagnation, Jahresgutachten 1965/66, Stuttgart–Mainz 1965, S. 169 ff. Siehe auch B. Dietrichs: Eine Analyse der Wanderungsbewegungen in der BRD unter besonderer Berücksichtigung der Infrastruktur, in R. Jochimsen – U. E. Simonis (Hg.): Theorie und Praxis der Infrastruktur, Berlin 1970, S. 514 ff.

177 Siehe dazu Borgstede, a.a.O., S. 203 und Tabelle 63 auf S. 209; Sachverständigenrat, a.a.O., S. 161 und Tabelle 67 auf S. 162.

178 a.a.O., S. 161 f.

179 V. Merx: Struktur und Flexibilität des Arbeitsmarktes der Bundesrepublik Deutschland unter dem Einfluß der Beschäftigung ausländischer Arbeitnehmer, Gutachten erstellt im Auftrage des Bundesministeriums für Wirtschaft und Finanzen, Institut für Wirtschaftspolitik an der Universität zu Köln, Köln 1972 (Manuskript), S. 87, 89. (Herrn Merx bin ich außerordentlich zu Dank verpflichtet, daß er mir freundlicherweise sein Gutachten vor der Veröffentlichung zur Verfügung gestellt hat.)

180 Ausländerbeschäftigung in West-Berlin, Niveau, Struktur, Probleme, in DIW-

Wochenbericht 24/1971 (10. 6. 71), S. 172, 173.

181 Merx: Struktur und Flexibilität des Arbeitsmarktes der Bundesrepublik Deutschland . . ., a.a.O., S. 22 f. Vgl. auch Rosenmöller: Volkswirtschaftliche Aspekte der Ausländerbeschäftigung, a.a.O., S. 230 f., und Bericht über die wirtschaftliche und soziale Lage der ausländischen Arbeitnehmer in Hamburg, o. J. (1971?), S. 5. Vgl. „Wahrscheinlich hätte manche neuerrichtete Anlage nur unzureichend und damit kostenerhöhend ausgenutzt werden können, wenn man nicht auf die nahezu unbegrenzt mobile Reserve ausländischer Arbeiter hätte zurückgreifen können". W. Steinjan: Beschäftigungskurve sollte allmählich abflachen, in „Auslandskurier", 11. Jg., Heft 5/Okt. 1970, S. 6.

182 H. J. Bodenhöfer: Arbeitsmobilität und regionales Wachstum, Berlin 1969, S. 69.

183 Zitiert nach Merx, a.a.O., S. 91.

184 Merx, a.a.O., S. 94.

185 Vgl. dazu: OECD: Wages and Labour Mobility, Paris 1965, S. 133 ff.

186 Es wird oft auf das Fehlen einer staatlichen Regionalpolitik hingewiesen. Siehe z. B. Europäische Gemeinschaft für Kohle und Stahl, Hohe Behörde: Industriebau und regionale Entwicklungspolitik in der Bundesrepublik Deutschland, Hefte für die Industrielle Umstellung, Nr. 7, Luxemburg Mai 1965, S. 23; Derselbe: Standortbestimmung und Erschließung von Industriegelände in der Bundesrepublik Deutschland, ebenda, Nr. 8, Juli 1965, S. 33. Schnitzer betont auch, daß Zuschüsse zur Förderung der Umsiedlung von Arbeitslosen in der Bundesrepublik im Vergleich zu anderen Ländern unbedeutend sind. Siehe M. Schnitzer: Regional Unemployment and the Relocation of Workers, New York–Washington–London 1970, S. 109–112. In Anbetracht der Überbeschäftigung in der BRD ist dies jedoch nicht unerklärlich.

187 Merx, a.a.O., S. 95.

188 OECD: Wages and Labour Mobility, a.a.O., S. 134 f.

189 Für diese Argumente siehe Föhl: Stabilisierung und Wachstum bei Einsatz von Gastarbeitern, a.a.O., S. 119 ff., Rüstow: Gastarbeiter – Gewinn oder Belastung für unsere Volkswirtschaft? in „Probleme der ausländischen Arbeitskräfte in der Bundesrepublik", a.a.O., S. 35 ff., D. Hiß: Ausländische Arbeitskräfte – „Belastung" oder Voraussetzung für das Gedeihen der deutschen Wirtschaft, in „Konjunkturpolitik", 11. Jg./1965, S. 11–17, Derselbe: Hereinnahme von ausländischen Arbeitskräften – eine vernünftige Maßnahme, in „Wirtschaftsdienst", Heft 12/1965, 45. Jg., S. 633–636, E. Tuchtfeld: Das Problem der ausländischen Arbeitskräfte in der Schweiz, ebenda, S. 641–645. Tuchtfeld behauptet, daß „durch die Möglichkeit, ausländische Arbeitskräfte zu importieren", „die wachstumsnotwendigen Wandlungen der Produktions-Beschäftigten und Lohnstruktur hinausgeschoben" werden. Er weist auf den Bausektor hin, bei dem die Rationalisierung „viel stärker vorangetrieben (wäre), wenn man nicht auf ‚Gastarbeiter' zurückgreifen könnte" (S. 645). Keller erkennt allerdings einen Vorteil für die schweizerische Volkswirtschaft aus dem Nachlassen der Rationalisierung kurzfristig an, behauptet jedoch, daß das „capital widening" (arbeitsintensive Methoden) langfristig von Nachteil ist. Siehe T. Keller: Volkswirtschaftliche Aspekte des Fremdarbeiterproblems, in „Außenwirtschaft", 18. Jg./1963, S. 341 ff., insbes. S. 348.

190 Tuchtfeld: Das Problem der ausländischen Arbeitskräfte, a.a.O., S. 645.

191 Hornhues: Die volkswirtschaftlichen Auswirkungen der Beschäftigung aus-

ländischer Arbeitskräfte, a.a.O., S. 89.

192 W. R. Böhning: The Self-Feeding Process of Economic Migration from Developing to Postindustrial Countries With a Liberal Capitalist Structure (Vortrag in vervielfältigter Form, den mir der Verfasser freundlicherweise zur Verfügung gestellt hat). Kade und Schiller heben in einem kurzen Aufsatz die Tatsache hervor, daß von der Verlangsamung der Rationalisierung die Kapitalisten profitieren. Siehe G. Kade – G. Schiller: Foreign Workers – Development Aid by LDCs? in „Intereconomics", Nr. 1/1972, S. 26. Dies kann aber logisch nicht als eine Kritik gegen die Kapitalisten, sondern nur als eine Kritik gegen das kapitalistische System verstanden werden. Die Kapitalisten sind dazu berechtigt, damit das System funktionieren kann. Die Logik des Systems läuft darauf hinaus, daß von den Unternehmern so viel Rationalisierung getrieben wird, wie aus den objektiven Faktoren zulässig ist, da die Investitionsentscheidungen der Unternehmer optimal sind. Abgesehen davon ignorieren auch diese Autoren den empirischen Tatbestand, daß wir in der Bundesrepublik Steigerung der Rationalisierung und der Produktivität *trotz* Gastarbeiterbeschäftigung haben. Siehe weiter im Text.

193 Gesellschaft zur Förderung der schweizerischen Wirtschaft: Fremde, Fremdarbeiter, Überfremdungsproblem, a.a.O., S. 36. Gnehm neigt zu der Auffassung, daß durch die Fremdarbeiter der Rationalisierungsprozeß in der Schweiz gehemmt wird, räumt jedoch ein, daß die negative Einwirkung der Fremdarbeiter auf diesen Prozeß „nicht mit der wünschbaren Eindeutigkeit" beantwortet werden kann. Gnehm: Ausländische Arbeitskräfte, a.a.O., S. 189.

194 Niederer führt an, daß Automation nur bei der Massenproduktion möglich ist und daß in der Schweiz wegen der Rohstoffarmut des Landes jene Zweige der Industrie entwickelt werden konnten, die eine arbeitsintensive Ausführung verlangen, wie etwa die Uhrenindustrie, die Präzisionsinstrumente, die Feinmechanik, die Konfektion, das Baugewerbe und der Fremdenverkehr. A. Niederer: Überfremdung und der Fremdenverkehr, Sonderdruck aus „Mitteilungen des Kaufmännischen Direktoriums", St. Gallen, Nr. 49/Juli 1969, S. 4 f.

195 Es wird das Beispiel der Textilindustrie erwähnt, in der die Zahl der Weber (métiers à tisser) zwischen 1956 und 1965 um 41 % zurückgegangen ist, während die Produktion um 15 bis 40 % zunahm. Die Beschäftigtenzahl in der Wollindustrie ging um 11 % zurück. In der Schokoladen-Industrie nahm die Produktion zwischen 1964 und 1967 um 8 % zu, dagegen die Beschäftigtenzahl um 30 % ab. Ligne Marxiste Révolutionnaire: Capitalisme suisse et travailleurs étrangers, a.a.O., S. 22.

196 Siehe z. B. K. Kaiser: Volkswirtschaftliche Aspekte der Beschäftigung ausländischer Arbeitnehmer, in R. Leudesdorff – H. Zilleßen (Hg.): Gastarbeiter = Mitbürger, Gelnhausen–Berlin 1971, S. 104–107.

197 Zöllner: Die wirtschaftliche Bedeutung der Ausländer-Beschäftigung in der Bundesrepublik Deutschland aus der Sicht des Arbeitsmarktes, a.a.O., S. 28.

198 Hornhues: Die volkswirtschaftlichen Auswirkungen der Beschäftigung ausländischer Arbeitskräfte, a.a.O., S. 89, 78–85. Die Definition des technischen Fortschritts stammt von A. E. Ott. Vgl. weiter Europäische Gemeinschaft für Kohle und Stahl, Hohe Behörde: Die Auswirkungen der technischen Entwicklung auf Produktivität, Löhne, Arbeitszeit und Beschäftigung, Gesamtuntersuchung, Dok. Nr. 4547/66 d, Entwicklung bis zum 1. Januar 1965, S. 5, und M. Kluge: Technischer Fortschritt und Beschäfti-

gung, in „Berichte des Deutschen Industrieinstituts zur Wirtschaftspolitik". Jg. 2/1968, Nr. 5, S. 7–9.

199 Friedrichs: Technischer Fortschritt und Beschäftigung, a.a.O., S. 477–479. Auch Zahn: Technischer Fortschritt und Beschäftigung in der Industrie Westdeutschlands in den Jahren 1950 bis 1960, a.a.O., S. 177 f. und 179 f., und Krengel: Some Reasons for the Rapid Economic Growth of the German Federal Republic, a.a.O., S. 131 f. Vgl. weiter zu einigen methodologischen Aspekten dieses Problems W. Klander: Zur Aussagekraft und Problematik von Freisetzungsrechnungen, in „Produktivität und Rationalisierung, Chancen, Wege, Forderungen", herausgegeben vom Rationalisierungs-Kuratorium der Deutschen Wirtschaft e. V., Frankfurt–Hamburg 1971, S. 86–90.

200 Helmstädter: Die Wachstumsfaktoren im Lichte der Wachstumstheorie, a.a.O., S. 685 f. (Zitat S. 686). Vgl. auch Hornhues: Die volkswirtschaftlichen Auswirkungen der Beschäftigung ausländischer Arbeitskräfte, a.a.O., S. 133–139.

201 Salowsky: Gesamtwirtschaftliche Aspekte der Ausländerbeschäftigung, a.a.O., S. 22.

202 Bullinger – Huber – u. a.: Die volkswirtschaftliche Bedeutung der Beschäftigung ausländischer Arbeitnehmer in Baden-Württemberg, a.a.O., S. 261 f.

203 Cohen und Jenner argumentieren in der gleichen Richtung im Falle der Baumwollindustrie in Yorkshire in England. „It is probable that in the absence of Pakistani immigrants there would have been a rise in the wage level of the industry but the degree of this rise is problematical and its scope would have been limited probably by the ability of employers to pass on higher costs to consumers." Dank der Pakistanis war es möglich, daß sich ein zusammenschrumpfender Zweig wie die Baumwollindustrie ohne staatliche Einmischung modernisieren konnte. Cohen – Jenner: The Employment of Immigrants: A Case Study Within the Wool Industry, a.a.O., S. 55 (auch Fußnote).

204 OECD: Germany, April 1970, S. 12 f. Vgl. auch Geschäftsbericht der Deutschen Bundesbank für das Jahr 1970, S. 1–5.

205 Geschäftsbericht der Deutschen Bundesbank für das Jahr 1971, S. 3 f.

206 Bundesanstalt für Arbeit: Ausländische Arbeitnehmer 1970, a.a.O., S. 6.

207 Bundesanstalt für Arbeit: Ausländische Arbeitnehmer 1969, S. 91.

208 „Probably the greater part of the foreign construction workers, foundry workers, textile workers, auxiliary workers, warehousemen, workers in postal services, and so on, owe their immigration to the interdependence between dirty, heavy, low-skilled and low-paid jobs and socially more desirable jobs." W. R. Böhning: The Economic Effects of the Employment of Foreign Workers: With Special Reference to the Labour Markets of Europe's Post-Industrial Countries (Draft), Februar 1972, S. 12 (Manuskript, das mir vom Verfasser freundlicherweise zur Verfügung gestellt wurde). Cohen und Jenner erwähnen in ihrer Untersuchung, daß Pakistaner als Arbeiter in den von ihnen untersuchten Betrieben der Baumwollindustrie deshalb eingestellt worden waren, weil es äußerst schwierig war, einheimische Arbeiter für unqualifizierte und wenig bezahlte Arbeitsplätze zu finden. Cohen – Jenner: The Employment of Immigrants: A Case Study Within the Wool Industry, a.a.O., S. 47.

209 Bezüglich der Begriffsverwirrung verweise ich auf die Arbeit von K. Grenzdörfer: Probleme der Produktivitätsmessung in der empirischen Wirtschaftsforschung, in „Das Argument", Heft 73/Juni 1972, S. 409–418.

210 Institut für Arbeitsmarkt- und Berufsforschung: Materialien aus der Arbeitsmarkt- und Berufsforschung, Nr. 19/1970, S. 2. Es wird vorausgeschätzt, daß auch in den siebziger Jahren das Wachstum insbesondere durch Steigerung der Arbeitsproduktivität erzielt sein wird. Ebenda, S. 3 f.

211 Siehe z. B. Mertens: Wachstumsindustrien, a.a.O., S. 292–294, insb. Tabellen 6 und 7. Derselbe: Die Wandlungen der industriellen Branchenstruktur in der Bundesrepublik Deutschland 1950 bis 1960, a.a.O., S. 42–45. Schwanse: Beschäftigungsstruktur und Wirtschaftswachstum in der Bundesrepublik Deutschland 1950 bis 1963, a.a.O., S. 17–21, 49–59. Siehe auch die Arbeit von R. Krengel: Die Kapitalproduktivität von 21 Industriezweigen im Gebiet der Bundesrepublik Deutschland von 1950 bis 1975, Brüssel 1968, und eine Erweiterung der Untersuchung von Schwanse bis 1965 in K. Krumholz: Beschäftigungsstruktur und Wirtschaftswachstum 1960 bis 1965, in „Vierteljahreshefte zur Wirtschaftsforschung", Heft 1, Bd. 1966, S. 58 ff.

212 Hornhues: Die volkswirtschaftlichen Auswirkungen der Beschäftigung ausländischer Arbeitskräfte, a.a.O., S. 150–156. Vgl. Mehrländer: Beschäftigung ausländischer Arbeitnehmer in der Bundesrepublik Deutschland . . ., a.a.O., S. 150, 159, und OECD: Croissance Economique 1960–1970, Paris 1960, S. 33 und Tabelle auf S. 32.

213 Salowsky: Gesamtwirtschaftliche Aspekte der Ausländerbeschäftigung, a.a.O., S. 25. Siehe weiter Kluge: Technischer Fortschritt und Beschäftigung, a.a.O., S. 9 f.

214 Sachverständigenrat: Im Sog des Booms, Jahresgutachten 1969/70, a.a.O., S. 16.

215 Ebenda, S. 16 f.

216 Geschäftsbericht der Deutschen Bundesbank für das Jahr 1971, a.a.O., S. 5.

217 Bullinger – Huber – u. a.: Die volkswirtschaftliche Bedeutung . . ., a.a.O., S. 262. Vgl. auch für die Schweiz Gnehm: Ausländische Arbeitskräfte, a.a.O., S. 183 f. Obwohl die Arbeitsproduktivität auch in der Schweiz parallel zu der Zahl der Arbeitskräfte zunahm (S. 179), kommt Gnehm deduktiv zum Ergebnis, daß die Gastarbeiter negativ auf die Arbeitsproduktivität einwirken, dadurch daß sie, zumal zu großem Prozentanteil als ungelernte Arbeitskräfte tätig, die durchschnittliche Qualität des Produktionsfaktors Arbeit negativ beeinflussen (S. 185 f.). Ähnlich argumentiert auch das Tübinger Institut für Angewandte Wirtschaftsforschung (a.a.O., S. 378). Daß man aus solchen modelltheoretischen Überlegungen zu solchen Ergebnissen kommt, ist zweifelhaft und unbegründet. Einmal kann man diesen negativen Einfluß nicht empirisch feststellen und zum anderen tragen die Gastarbeiter, wie im Text angeführt wurde, dazu bei, den notwendigen Bedarf an unqualifizierten Arbeitskräften der Wirtschaft zu decken. (Vgl. oben Fußn. 208.)

218 Ebenda, S. 379, auch S. 265.

219 Siehe dazu Grenzdörfer: Probleme der Produktivitätsmessung in der empirischen Wirtschaftsforschung, a.a.O., S. 439 ff.

220 P. und P. Calame: Les travailleurs étrangers en France, Paris 1972, S. 52–54.

221 Ebenda, S. 53 f.

222 Vgl. Marx: Das Kapital, Bd. I, a.a.O., S. 650–657.

223 Siehe dazu J. Huffschmid: Die Politik des Kapitals, Konzentration und Wirtschaftspolitik in der Bundesrepublik, Frankfurt 1969, S. 36 ff.

224 Siehe L. Männer: Grenzen des Lohnanteils am Sozialprodukt einer optimal

wachsenden Wirtschaft, Göttingen 1969, S. 219.

225 W. Krelle: Verteilungstheorie, Tübingen 1962, S. 250 f. Auch neuerdings im während der Jubiläumstagung des Vereins für Sozialpolitik unter dem Titel „Macht und ökonomisches Gesetz in der Verteilung" am 5. 9. 72 in Bonn gehaltenen Vortrag. Die Berechnungen Krelles zeigen, daß eine durch aggressive Lohnpolitik erzielte Steigerung der Löhne in einer Periode von 2 Jahren wieder wettgemacht würde. Die Verteilung würde in dieser Zeit wieder auf die Normalwerte zurückkommen. Diese Starrheit der Verteilungsstruktur wird auch im Modell von Kaldor erklärt. Siehe N. Kaldor: Alternative Theories of Distribution, in „Review of Economic Studies", Bd. 23/1955–56, S. 83–100. Diese Starrheit soll relativ verstanden werden. Sie bedeutet nicht, daß sich langfristig der Lebensstandard absolut nicht ändert. Siehe weiter im Text. Vgl. weiter W. G. Hoffmann: Zur Struktur der Kapitalintensität, der Arbeitsproduktivität und der relativen Löhne in den wachsenden Industriestaaten, in „Kyklos", Bd. XXI/1968, S. 440 ff.

226 Dobb meint, daß diese Grenze für Reallohnsteigerungen sogar niedriger liegt. Als Grund dafür gibt er die Konsumgewohnheiten der Kapitalistenklassen an. Siehe M. Dobb: Der Lohn, Frankfurt 1970, S. 129 f.

227 Siehe C. Kerr: The Balkanization of Labour Markets, in „Labour Mobility an Economic Opportuniy", New York–London 1954, S. 92 ff.

228 Vgl.: Der Arbeitsmarkt ist „keineswegs ein Markt mit auch nur halbwegs vollständiger Konkurrenz der Anbieter (d. h. der Arbeitnehmer) und der Nachfrager (d. h. der Arbeitgeber) . . ., sondern eher ein Markt, auf dem sich geschlossene Gruppen als Marktparteien gegenüberstehen . . ." Geschäftsbericht der Deutschen Bundesbank für das Jahr 1971, a.a.O., S. 15.

229 Gnehm: Ausländische Arbeitskräfte, a.a.O., S. 184.

230 Bundesanstalt für Arbeit: Ausländische Arbeitnehmer 1969, a.a.O., S. 84, Ausländische Arbeitnehmer, Erfahrungsbericht 1967, S. 17, auch Erfahrungsbericht 1968, S. 19.

231 A. Gorz: Immigrant Labour, in „New Left Review", Nr. 61/May–June 1970, S. 30.

232 Siehe dazu Ausländische Arbeitnehmer 1969, a.a.O., S. 48–51; Ausländische Arbeitnehmer 1970, a.a.O., S. 8.

233 Vgl. Hornhues: Die volkswirtschaftlichen Auswirkungen . . ., a.a.O., S. 121–123.

234 Vgl. dazu den theoretischen Ansatz in J. R. Hicks: The Theory of Wages, (paperback) New York 1966, S. 136 ff., und K. W. Rothschild: Lohntheorie, Berlin–Frankfurt 1963, S. 102 ff. Es wird weiterhin argumentiert, daß unter der Annahme, die Gastarbeiter konkurrieren mit den einheimischen Arbeitnehmern, die Gewerkschaften Lohnerhöhungen als Arbeitszeitverkürzungen anstreben und durchsetzen. Siehe Hornhues: Die volkswirtschaftlichen Auswirkungen . . ., a.a.O., S. 40–45 und 111–113.

235 Vgl. den ähnlichen Mechanismus in der Schweiz in D. Maillat: Structure des salaires et immigration, Neuchâtel–Paris 1968, S. 92. Man spricht von der „immigrazione selettiva" (selective immigration) in diesem Zusammenhang. V. Lutz: Manodopera straniera e livelli salariali interni con particolare referimento alla situazione della Svizzera, in „Moneta e Credito", Bd. XVI/1963, Nr. 64, S. 510 ff. (Auch unter dem Titel Foreign Workers and Domestic Wage Levels with an Illustration from the Suiss Case, in „Banca Nazionale del Lavoro – Quarterly Review", Bd. XVI/1963, Nr. 64, S. 3–68 erschienen.) Die Verweise beziehen sich auf die Veröffentlichung in italienischer Sprache.

236 Siehe Ausländische Arbeitnehmer 1969, a.a.O., S. 80 f. Ich habe andernorts darauf hingewiesen, wie die Bundesanstalt den Eindruck günstig zu gestalten versucht, indem sie die Ergebnisse nicht nach den Ober-, sondern nach den Untergrenzen der Lohneinstufung angibt. Darüber hinaus möchte ich an dieser Stelle noch einmal betonen, daß die Befunde der Repräsentationsuntersuchung nichts aussagen, solange man sie nicht der entsprechenden Einstufung der deutschen Arbeitnehmer gegenüberstellt. Vgl. M. Nikolinakos: Economic Foundations of Discrimination in the Federal Republic of Germany, in H. van Houte – W. Melgert (Hg.): Foreigners in Our Community, Amsterdam–Antwerpen 1972, S. 87 f.

237 Mehrländer: Beschäftigung ausländischer Arbeitnehmer . . ., a.a.O., S. 106, 107 f.

238 Eine solche Untersuchung kann nicht von modelltheoretischen Überlegungen mangels statistischer Information derart ergänzt werden, wie es in der zitierten Untersuchung des Tübinger Instituts für Angewandte Wirtschaftsforschung versucht wird. Professor Ott nimmt im Gegensatz zu den empirischen Daten an, daß die Beschäftigung von Gastarbeitern ein Absinken der volkswirtschaftlichen Arbeitsproduktivität hervorbringt (Bullinger – Huber – u. a.: Die volkswirtschaftliche Bedeutung . . ., a.a.O., S. 314 ff.). Wie durch solche abstrakten Modelle Ideologie produziert wird, habe ich schon in Kapitel II dargelegt.

239 Lutz bestätigt dies für die Schweiz. Lutz: Manodopera Straniera . . ., a.a.O., S. 563 f.

240 Siehe U. Bahral: The Effect of Mass Immigration on Wages in Israel, Jerusalem 1965, S. 5 f und 32 ff.

241 Siehe dazu Maillat: Structure des salaires et immigration, a.a.O., S. 93, und Anhang II, S. 162–164. Gnehm stellt auch die Stabilität der Lohndifferenz zwischen Facharbeitern und an- und ungelernten Arbeitern zwischen 1945–64 fest und führt sie auf die Beschäftigung von Gastarbeitern zurück. Gnehm: Ausländische Arbeitskräfte, a.a.O., S. 127. Lutz liefert statistisches Material nach Wirtschaftszweigen, woraus ersichtlich wird, daß sich der angesprochene Lohnunterschied in manchen Branchen vergrößert hat. Siehe Lutz: Manodopera Straniera . . ., a.a.O., S. 549 ff. und insb. S. 563 f. Allgemein jedoch bestätigt auch diese Untersuchung die Stabilität der Lohnstruktur.

242 Siehe Salowsky: Gesamtwirtschaftliche Aspekte der Ausländerbeschäftigung, a.a.O., S. 36.

243 OECD: Wages and Labour Mobility, a.a.O., S. 33–39.

244 Gesellschaft zur Förderung der Schweizerischen Wirtschaft: Fremde, Fremdarbeiter, Überfremdungsproblem, a.a.O., S. 42.

245 Gnehm: Ausländische Arbeitskräfte, a.a.O., S. 125. Für andere Länder siehe Europäische Gemeinschaft für Kohle und Stahl, Hohe Behörde: Die Auswirkungen des technischen Fortschritts . . ., a.a.O., S. 22 f., und „Ein internationaler Vergleich der Lohnkosten in der Industrie“, in „Berichte des Deutschen Industrieinstituts zum Zeitgeschehen“, Jg. 2 (z)/Nr. 3/1968, S. 8–10.

246 Salowsky: Gesamtwirtschaftliche Aspekte der Ausländerbeschäftigung, a.a.O., S. 33 f. Siehe auch weiterhin Sachverständigenrat: Stabilität im Wachstum, Jahresgutachten 1967/68, a.a.O., S. 62 f. Derselbe: Stabiles Geld – stetiges Wachstum, Jahresgutachten 1964/65, a.a.O., S. 69.

247 Siehe Sachverständigenrat: Expansion und Stabilität, Jahresgutachten 1966/67, a.a.O., S. 64 f. Interessant ist dabei jedoch, daß die Wachstumsraten des Jahresdurchschnittseinkommens der Arbeiter zu laufenden

Preisen kleiner sind als diejenigen der Angestellten und Beamten mit Ausnahme der Jahre 1968 und 1970. Dabei ist eine Ausgleichstendenz zu beobachten. Siehe G. Göseke: Beschäftigung und Arbeitnehmereinkommen in der Bundesrepublik im Jahre 1970, in „Vierteljahreshefte zur Wirtschaftsforschung“, Nr. 2/1971, S. 120 (Tabelle). Vgl. weiterhin Industrielöhne und -gehälter in den Ländern der Bundesrepublik Deutschland, in „DIW-Wochenbericht“, 39. Jg., Nr. 33/1972, S. 294–298, und Statistisches Amt der Europäischen Gemeinschaften: Sozialstatistik, X–1970, Heft 1–1971, S. 14 ff.

248 Tomann, zitiert in Salowsky, a.a.O., S. 34; siehe auch Tabelle auf S. 35.

249 Hornhues: Die volkswirtschaftlichen Auswirkungen der . . ., a.a.O., S. 111–113. Siehe auch weiter H. Markmann: Lohn- und Produktivitätsvergleiche in den Industriebereichen seit 1949, in „Wirtschaftswissenschaftliche Mitteilungen“, 15. Jg., Heft 2–3/1962, S. 39 ff. A. Backs: Lohn-, Preis- und Produktivitätsniveau in Westdeutschland seit 1949, ebenda, Heft 1/1962, S. 17 ff. K. H. Horn: Zur Entwicklung von Arbeitsproduktivität und Lohn in Westdeutschland, in „Konjunktur und Krise“, 8. Jg., Heft 1/1964, S. 1 ff.

250 Isaac: Economics of Migration, a.a.O., S. 206.

251 Isaac, ebenda, S. 202 f.

252 Siehe dazu H. Eckert: Tariflöhne und Effektivlöhne, Beiträge des Deutschen Industrieinstituts, 4. Jg./1966, Heft 8, Köln, S. 18 f. Auch „Allgemeine Konjunkturlage“ in „Monatsberichte der Deutschen Bundesbank“, 24. Jg., Nr. 9/Sept. 1972, S. 33.

253 Vgl. dazu Salowsky: Gesamtwirtschaftliche Aspekte der Ausländerbeschäftigung, a.a.O., S. 38.

254 Bundesministerium für Wohnungswesen und Städtebau, Jahresbericht 1968, Sonderdruck aus „Jahresbericht der Bundesregierung“, S. 427, 430 f. Vgl. dazu Sachverständigenrat: Stabilität im Wachstum, Jahresgutachten 1967/68, a.a.O., S. 38.

255 Siehe dazu E. Zieris: Wohnverhältnisse von Familien ausländischer Arbeitnehmer in Nordrhein-Westfalen, Hg.: Der Minister für Arbeit, Gesundheit und Soziales des Landes Nordrhein-Westfalen, Düsseldorf 1971. Siehe auch W. A. Hollenberg: Beschäftigung und Wohnungsbedarf ausländischer Arbeitnehmer als Problem und Landesentwicklung in Nordrhein-Westfalen, Münster (Westf.) 1967, insbes. S. 141 ff.

256 Bundesministerium für Wohnungswesen und Städtebau, Jahresbericht 1968, a.a.O., S. 128.

257 Hollenberg: Beschäftigung und Wohnungsbedarf ..., a.a.O., S. 201 ff., 280. Vgl. für die ganze BRD derselbe: Der Familienwohnungsbedarf ausländischer Arbeitnehmer, in „Bundes-Bau-Blatt“, Heft 5/1965, S. 218–222.

258 Bullinger – Huber u. a.: Die volkswirtschaftliche Bedeutung ..., a.a.O., S. 149, 150.

259 Ebenda, S. 151.

260 Ebenda, S. 153.

261 Siehe: Landeshauptstadt München: Kommunalpolitische Aspekte des wachsenden ausländischen Bevölkerungsteils in München, Problemstudie, München, April 1972, S. 90.

262 Jöhr – Huber: Die konjunkturellen Auswirkungen der Beanspruchung ausländischer Arbeitskräfte, a.a.O., S. 505. Gnehm und Hagmann geben Größen für frühere Jahre zwischen 30 000 und 60 000 SFr. Siehe Gnehm: Ausländische Arbeitskräfte, a.a.O., S. 200, Hagmann: Les travailleurs étrangers,

a.a.O., S. 84.

263 Rüstow: Gastarbeiter – Gewinn oder Belastung für unsere Volkswirtschaft? , a.a.O., S. 630.

264 Bullinger – Huber u. a.: Die volkswirtschaftliche Bedeutung ..., a.a.O., S. 160 f.

265 Ebenda, S. 180, 181, 186. Wohlgemerkt tragen die Verantwortung zur Finanzierung dieser Aufgaben die Gemeinden. Wie im Bericht der Stadt Hamburg steht, sind die Arbeitsministerkonferenz und die dafür im Mai 1969 gebildete Kommission noch nicht zu endgültigen Resultaten über die Abgrenzung der finanziellen Belastung zwischen Bund einerseits und Ländern und Gemeinden andererseits gekommen. Siehe „Bericht über die wirtschaftliche und soziale Lage der ausländischen Arbeitnehmer in Hamburg", a.a.O., S. 20.

266 Gnehm: Ausländische Arbeitskräfte, a.a.O., S. 200.

267 Bullinger – Huber u. a.: Die volkswirtschaftliche Bedeutung ..., a.a.O., S. 151 f., 129. Im Bundeshaushaltsplan für 1971 sind 3 Mio. DM für 1970 und 6 Mio. DM für 1971 als Darlehen zur Förderung des Wohnungsbaus für ausländische Arbeitnehmer vorgesehen. Die gesamten vorgesehenen Ausgaben für beide Jahre betragen 9,69 und 16,28 Mio. DM entsprechend. Siehe Bundeshaushaltsplan für das Haushaltsjahr 1971, Anlage zur Drucksache VI/1100 des Deutschen Bundestages, Titel 85 201, S. 1577. Wohlgemerkt sind die Ausgaben, wie es in diesem Dokument erwähnt wird, in Höhe von 2 Mio. DM gesperrt!

268 Hollenberg: Beschäftigung und Wohnungsbedarf ausländischer Arbeitnehmer ..., a.a.O., S. 140.

269 Gnehm: Ausländische Arbeitnehmer, a.a.O., S. 200 f.

270 Siehe dazu R. Ehmke: Einkommensbesteuerung, Einkommensverteilung und Wirtschaftsablauf, Hamburg 1970, S. 93 ff., K.-D. Schmidt – U. Schwarz – G. Thiebach: Die Umverteilung des Volkseinkommens in der Bundesrepublik Deutschland 1955 und 1960, Tübingen 1965, insbes. S. 125–132, Huffschmid: Die Politik des Kapitals, a.a.O., S. 11–18.

271 Bullinger – Huber u. a.: Die volkswirtschaftliche Bedeutung ..., a.a.O., S. 170 f.

272 Tuchtfeld: Das Problem der ausländischen Arbeitskräfte in der Schweiz, a.a.O., S. 643.

273 Gnehm: Ausländische Arbeitskräfte, a.a.O., S. 201.

274 Zu den Hinweisen in den Fußnoten 120 bis 124 vgl. weiter K. Littmann: Zunehmende Staatstätigkeit und wirtschaftliche Entwicklung, Köln und Opladen 1957, insbes. S. 158 ff., und H. A. Höller: Staatliche Investitionsplanung und Wirtschaftswachstum, Köln und Opladen 1969, S. 101 ff.

275 Siehe dazu die Jahresgutachten des Sachverständigenrates von 1965/66, a.a.O., S. 13 ff., 1966/67, a.a.O., S. 33 ff., 1967/68, a.a.O., S. 38, 1969/70, a.a.O., S. 10 f.

276 Siehe „Die Entwicklung der öffentlichen Investitionsausgaben seit 1961", a.a.O., S. 15.

277 Ebenda, S. 16 f. Vgl. dazu W. Fey: Tendenzen und Merkmale des Wohnungsbaues 1969/70, in „Bundesbaublatt", 19. Jg., Heft 6/Juni 1970, S. 261 ff., und A. Klein: Die Wohnungsbaufinanzierung 1969/70, ebenda, Heft 5/Mai 1970, S. 203 ff.

278 „Die Entwicklung der öffentlichen Investitionsausgaben seit 1961", a.a.O., S. 19.

279 Für die Quelle der Aufstellung siehe Fußnote 276.

280 Als Quelle für diesen Teil der Ausführungen diente der Aufsatz von D. Schröder: Die Größenordnung der öffentlichen Ausgaben für die Infrastruktur in der Bundesrepublik Deutschland bis 1985, in R. Jochimsen – U. E. Simonis (Hg.): Theorie und Praxis der Infrastrukturpolitik, Berlin 1970, S. 449.
281 Vgl. Schröder, ebenda, S. 433, 442.
282 Niederer: Überfremdung und Fremdarbeiterpolitik, a.a.O., S. 4.
283 Gesellschaft zur Förderung der schweizerischen Wirtschaft: Fremde, Fremdarbeiter, Überfremdungsproblem, a.a.O., S. 39.
284 Gnehm: Ausländische Arbeitskräfte, a.a.O., S. 201.
285 Gesellschaft zur Förderung der schweizerischen Wirtschaft: Fremde, Fremdarbeiter, Überfremdungsproblem, a.a.O., S. 39 f.
286 Bullinger – Huber u. a.: Die volkswirtschaftliche Bedeutung ..., a.a.O., S. 199f. und Tab. 42 auf S. 198.
287 Siehe Landeshauptstadt München: Kommunalpolitische Aspekte ..., a.a.O., S. 88 f.
288 H. Salowsky: Sozialpolitische Aspekte der Ausländerbeschäftigung, in „Berichte des Deutschen Industrieinstituts zur Sozialpolitik", Jg. 6 (5)/Nr. 2/1972, S. 15.
289 Mehrländer: Beschäftigung ausländischer Arbeitnehmer, a.a.O., S. 75 ff.
290 Bullinger – Huber u. a.: Die volkswirtschaftliche Bedeutung ..., a.a.O., S. 215 f.
281 Ebenda, S. 211.
292 Mehrländer, a.a.O., S. 60.
293 Salowsky: Sozialpolitische Aspekte der Ausländerbeschäftigung, a.a.O., S. 23, und Tabelle auf S. 24 und Ausländische Arbeitnehmer 1970, a.a.O., S. 21 f.
294 Bullinger – Huber u. a.: Die volkswirtschaftliche Bedeutung ..., a.a.O., S. 213 ff., Salowsky: Sozialpolitische Aspekte ..., a.a.O., S. 42, und Mehrländer, a.a.O., S. 86–88.
295 Salowsky: Sozialpolitische Aspekte ..., a.a.O., S. 31. Siehe auch Mehrländer, a.a.O., S. 64 ff.
296 Salowsky, ebenda, S. 49.
297 Bundesanstalt für Arbeit: Ausländische Arbeitnehmer, Erfahrungsbericht 1966, a.a.O., S. 19. Siehe auch dazu Mehrländer, a.a.O., S. 84
298 Landeshauptstadt München: Kommunalpolitische Aspekte ..., a.a.O., S. 89.
299 Vgl. dazu Niederer: Überfremdung und Fremdarbeiterpolitik, a.a.O., S. 4.
300 OECD: Croissance économique 1960–1970, Paris 1966, S. 45.
301 Siehe dazu „Spätkapitalismus ohne Perspektive", a.a.O., S. 116 ff.
302 Siehe zu dem Fragenkomplex der deutschen Rüstungsindustrie F. Vilmar: Rüstung und Ausrüstung im Spätkapitalismus, Frankfurt 1967, 3. Aufl., S. 105 ff., C. Großner: Ein militärisch-industrieller Komplex in der Bundesrepublik? Nachwort zum Buch von R. J. Barnet: Der amerikanische Rüstungswahn oder Die Ökonomie des Todes, Reinbek bei Hamburg 1971, S. 128 ff., U. Albrecht – B. A. Sommer: Deutsche Waffen für die Dritte Welt, Reinbek b. Hamburg 1972, S. 47 ff.
303 „Spätkapitalismus ohne Perspektive", a.a.O., S. 119.
304 Vgl. dazu H. J. Tauscher: Die ausländischen Arbeiter in der westdeutschen Wirtschaft, in „DWI-Berichte", 19. Jg./1968, S. 140 (12) f., und L. Elsner: Fremdarbeiterpolitik in Westdeutschland, Berlin 1970, S. 19 ff.
305 Salowsky: Gesamtwirtschaftliche Aspekte, a.a.O., S. 35. Vgl. auch Geschäftsbericht der Deutschen Bundesbank für das Jahr 1971, a.a.O., S. 11,

und Tab. auf S. 12.

306 Siehe dazu OECD: Germany, April 1970, a.a.O., S. 14, OECD: Germany, June 1971, a.a.O., S. 5–8, Geschäftsbericht der Deutschen Bundesbank für das Jahr 1971, a.a.O., S. 12 f., vgl. Sachverständigenrat: Stabiles Geld – Stetiges Wachstum, Jahresgutachten 1964/65, a.a.O., S. 81–94, Derselbe: Expansion und Stabilität, Jahresgutachten 1966/67, a.a.O., S. 117, Derselbe: Stabilität im Wachstum, Jahresgutachten 1967/68, a.a.O., S. 200 ff., Derselbe: Im Sog des Booms, Jahresgutachten 1969/70, a.a.O., S. 54 f.

307 Geschäftsbericht der Deutschen Bundesbank für das Jahr 1971, Ebenda.

308 Ebenda, S. 13.

309 Vgl. dazu Sachverständigenrat: Im Sog des Booms, Jahresgutachten 1969/70, a.a.O., S. 52.

310 Siehe dazu Salowsky: Gesamtwirtschaftliche Aspekte, a.a.O., S. 29 ff., Bullinger – Huber u. a.: Die volkswirtschaftliche Bedeutung ..., a.a.O., S. 352 ff., und die dort angegebene Literatur. Alle im Text erwähnten Autoren, mit Ausnahme von Rossi und Thomas, wurden vorher in der vorliegenden Schrift zitiert, so daß ich hier darauf verzichte, sie noch einmal im einzelnen anzuführen. Siehe den Beitrag von A. A. Rossi und R. L. Thomas: Inflation in the Post-War Swiss Economy – an Econometric Study of the Interaction between Immigration and the Labour Market, in „Schweizerische Zeitschrift für Volkswirtschaft und Statistik", 107. Jg., Dez. 1971, S. 761 ff. Vgl. über die theoretischen Aspekte A. P. Lerner: Immigration, Capital Formation and Inflationary Pressure, in Thomas: Economics of International Migration, a.a.O., S. 52 ff.

311 Hornhues: Die volkswirtschaftlichen Auswirkungen ..., a.a.O., S. 139–143, Zitat auf S. 143.

312 Salowsky: Gesamtwirtschaftliche Aspekte ..., a.a.O., S. 33.

313 Bullinger – Huber u. a.: Die volkswirtschaftliche Bedeutung ..., a.a.O., S. 354.

314 Ebenda, S. 355 ff., Zitate auf S. 362.

315 Vgl. Fremde, Fremdarbeiter, Überfremdungsproblem, a.a.O., S. 40.

316 Bullinger – Huber u. a.: Die volkswirtschaftliche Bedeutung, a.a.O., S. 391.

317 Ebenda, S. 391 und 394 f.

318 Ebenda, S. 392.

319 Huffschmid: Die Politik des Kapitals, a.a.O., S. 14–15.

320 Huffschmid, Ebenda, S. 13–17.

321 Siehe dazu für England H. Lydall: The structure of earnings, London 1970, T. Stark: The distribution of personal income in the U. K., 1949–1963, Cambridge Univ. Press, 1972, für Frankreich P. Darras: Le partage des bénéfices, Expansion et inégalités en France, 1945–1965, Paris 1966, für die USA, siehe G. Kolko: Besitz und Macht, Sozialstruktur und Einkommensverteilung in den USA, Frankfurt 1967, und die Beiträge von Budd, Thurow, Lampman, Smith und Morgan in „The American Economic Review, Papers and Proceedings", Mai 1970, S. 247–299.

322 Sachverständigenrat: Stabiles Geld – Stetiges Wachstum, Jahresgutachten 1964/65, a.a.O., S. 72.

323 Sachverständigenrat: Stabilität im Wachstum, Jahresgutachten 1967/68, a.a.O., S. 56, 59. Vgl. über die Tendenzen Derselbe: Expansion und Stabilität, Jahresgutachten 1966/67, a.a.O., S. 60 ff.

324 Siehe OECD: Germany, June 1971, a.a.O., S. 12.

325 Sachverständigenrat: Stabilität im Wachstum, Jahresgutachten 1967/68, a.a.O., S. 56.

326 Bullinger – Huber u. a.: Die volkswirtschaftliche Bedeutung ..., a.a.O., S. 304, 309, 380.

327 Vgl. P. und P. Calame: Les travailleurs étrangers en France, a.a.O., S. 54–57, auch D. Hiß: Ausländische Arbeitskräfte – „Belastung" oder Voraussetzung für das Gedeihen der deutschen Wirtschaft, in „Konjunkturpolitik", 11. Jg./1965, S. 11–17.

328 Siehe dazu C. P. Kindleberger: Emigration and Economic Growth, in „Banca Nationale del Lavoro", Bd. XVIII (1965), Nr. 74 (Sept.), S. 235 ff., H. S. Ellis: Are there Preferable Alternatives to International Migration as an Aid to Economic Development? in Thomas: Economics of International Migration, a.a.O., S. 347 ff., W. A. Lewis: Theory of Economic Growth, London 1963 (6th impression), S. 357 ff., H. G. Grubel – A. S. Scott: The international Flow of Human Capital, in M. Blaug (Hg.): Economics of Education 2, Penguin 1969, S. 241 ff.

329 Siehe dazu Nikolinakos: Zur Frage der Auswanderungseffekte in den Emigrationsländern, a.a.O., S. 282 ff., Derselbe: Die systemstabilisierende Funktion der Auswanderung in den Emigrationsländern, in „Links", Nr. 36/Sept. 1972, S. 9–11, G. Schiller: Die Auswanderung von Arbeitskräften als Problem der wirtschaftlichen Entwicklung in: „Das Argument", H. 68/Dez. 1971, S. 800 ff., Derselbe: Europäische Arbeitskräftemobilität und wirtschaftliche Entwicklung der Mittelmeerländer, Darmstadt, o. J., G. Kade – G. Schiller: Gastarbeiterwanderungen – ein neues Element in der Wirtschaftspolitik der Mittelmeerländer, in „Weltwirtschaftliches Archiv", Bd. 102 (1969) I, S. 333 ff., B. Kayser: Manpower Movements and Labour Markets, OECD, Paris 1971, M. Trebous: Migration and Development, The Case of Algeria, OECD, Paris 1970, X. Zolotas: International Labor Migration and Economic Development, Athen 1966, C. Leggewie: Export von Arbeit – ein Entwicklungsfaktor? in „Die Dritte Welt", 1. Jg./Nr. 1, 1972, S. 50–77, M. de Luca: Conseguenze economiche dell' esodo dalle campagne sulle località di partenza, in „Rassegna Economica", Bd. XXIX/1965, Nr. 2/März–Aug., S. 288–302.

330 Marx: Das Kapital, Bd. I, a.a.O., S. 726 ff.

331 Siehe dazu Isaac: Economics of Migration, a.a.O., S. 144 f., Cinanni: Emigration und Kapitalismus, a.a.O., S. 65 ff., und A. Rodgers: Migration and Industrial Development: The Southern Italian Experience, in „Economic Geography", Bd. 46/H. 2/April 1970, S. 111–135. Für eine allgemeine Analyse des Wanderungsgesetzes auf internationaler Ebene siehe M. Nikolinakos: „Wanderungsprobleme" im von R. Mackensen und H. Wewer herauszugebenden Band über Bevölkerungsprobleme und Bevölkerungswissenschaft bei Hanser Verlag im Februar 1973.

332 G. Mydral: Economic Theory and Underdeveloped Regions, London 1963, insbes. Kap. 3. Vgl. weiter H. J. Bodenhöfer: The mobility of Labor and the Theory of Human Capital, in „Journal of Human Resources", Bd. II/No. 4/1967, S. 448.

333 Siehe dazu N. Scott: Towards a Framework for Analysing the Costs and Benefits of Labour Migration, in „Bulletin" of the International Institute for Labour Studies, Nr. 2/Febr. 1967, S. 50 f., S. Barkin: The economic costs and benefits and human gains and disadvantages of international migration, in „Human Resources", Bd. II/1967, Nr. 4, S. 500 ff., L. A. Sjaastad: The costs and returns of human migration, in „The Journal of Political Economy", Bd. LXX/Okt. 1962, Suppl. Nr. 5/Part 2., S. 83 ff., 91 f., T. Stark: The Economic Cost of the Migrant, in „Migration News",

15. Jg./März–April 1966, Nr. 2, S. 9 ff.

334 Siehe dazu Bodenhöfer: The Mobility of Labor and the Theory of Human Capital, a.a.O., S. 436 f., und Sjaastad: The costs and returns of human migration, a.a.O., S. 83–91.

335 M. W. Reder: The economic consequences of increased immigration, in „The Review of Economics and Statistics", Bd. XLV/Aug. 1963, Nr. 3, S. 230 (Übersetzung des Verfassers).

336 Stark: The Economic Cost of the Migrant, a.a.O., S. 8 f.

337 R. Braun: Sozio-kulturelle Probleme der Eingliederung italienischer Arbeitskräfte in der Schweiz, Zürich, 1970, S. 64. Siehe dazu UNO: The Determinants and Consequences of Population Trends, N. York 1953, S. 98, 111 ff., Isaac: Economic of Migration, a.a.O., S. 23 ff., Lewis: Theory of Economic Growth, a.a.O., S. 357 f.

338 Bodenhöfer: The Mobility of Labor and the Theory of Human Capital, a.a.O., S. 436. Sjaastad: The costs and returns of human migration, a.a.O., S. 85.

339 Dazu siehe Nikolinakos: Wanderungsprobleme, a.a.O.

340 Siehe dazu Huffschmid: Die Politik des Kapitals, a.a.O., S. 132 ff., P. A. Baran – P. M. Sweezy: Monopoly Capital, N. York 1969, S. 1–13, Le Capitalisme monopoliste d'Etat, Bd. 1, Paris 1971, S. 13–27. Vgl. dazu die Ausführungen im Abschnitt 3 a und die dort gemachten Angaben.

341 Ch. Caporale: Coûts et profits des migrations internationales, in „Revue de l'Action Populaire", Jan. 1965, S. 49.

342 Siehe dazu Thomas: Migration and Economic Growth, a.a.O., S. 30 und 83 ff.

343 Thomas, Ebenda, S. 226–228, 190 ff., und E. Rubin: United States, in Thomas: Economics of International Migration, a.a.O., S. 140.

344 Siehe Kindleberger: Europe's Postwar Growth, a.a.O., S. 24 ff., Gnehm: Ausländische Arbeitskräfte, a.a.O., S. 170 ff., Hagmann: Les travailleurs étrangers, a.a.O., S. 37 f, Salowsky: Gesamtwirtschaftliche Aspekte der Ausländerbeschäftigung, a.a.O., A. Sabel: Die arbeitsmarktpolitische Bedeutung der Beschäftigung ausländischer Arbeitnehmer, in „Magnet – Bundesrepublik, Probleme der Ausländerbeschäftigung", a.a.O., S. 167, Hornhues formuliert es zutreffend, wenn er sagt, „daß von dem höheren Wachstum ohne Gastarbeiter nicht viel mehr bleibt, als die modell-theoretische Möglichkeit". Hornhues: Die volkswirtschaftlichen Auswirkungen ..., a.a.O., S. 94–96 (Zitat S. 96).

345 Vgl. z. B. B. J. Sasaki: The Contribution of Japanese Immigrants to the Brazilian Economy, in „Migration News", 15. Jg./März–April 1966/Nr. 2, S. 1–8, und W. M. Besterman: Immigration as a means of obtaining needed skills and stimulating economic and social advancement, in UNO: World Population Conference 1965, Bd. IV, New York 1967, S. 196–198 (erschienen auch in „International Migration", Bd. III/1965, S. 204–206).

346 Siehe dazu OECD: Wages and Labour Mobility, a.a.O., S. 41 ff.

347 Maillat: Structure des salaires et immigration, a.a.O., S. 131.

348 Siehe den Artikel „Les ouvriers fuient les chantiers", in „Le Monde" vom 18. 1. 1972, S. 16.

349 Siehe Sabel: Die arbeitsmarktpolitische Bedeutung ..., a.a.O., S. 164 f., Ausländische Arbeitnehmer 1969, a.a.O., S. 70 f., Für die Schweiz siehe Braun: Sozio-kulturelle Probleme ..., a.a.O., S. 117 f., Siehe weiter Battelle-Institut: Quantitative und qualitative Vorausschau auf dem Arbeitsmarkt der Bundesrepublik Deutschland mit Hilfe eines Strukturmodells, Bericht für

das Bundesministerium für Arbeit und Sozialordnung, Frankfurt 1969, S. A–10 f., Anhang III, sowie Derselbe: Ergänzungsbericht unter demselben Titel, Frankfurt 1970. Vgl. allgemein G. Gruppe: Was kostet der Wirtschaft die Fluktuation der Arbeitskräfte? in „Kostenrechnungspraxis", Jg. 1958/März, Heft 3, S. 135 f., und I. Goss: Fluktuation von Arbeitskräften, in „Stahl und Eisen", Nr. 24 vom 23. 11. 1961, S. 1696–1698. Auch OECD: Wages and Labour Mobility, a.a.O., S. 49 ff.

350 Siehe dazu Zöllner: Die wirtschaftliche Bedeutung der Ausländerbeschäftigung ..., a.a.O., S. 25, Böhning: The self-feeding process of economic migration ..., a.a.O.

351 Schmid: Foreign Workers and Labor Market Flexibility, a.a.O., S. 253 (Übersetzung des Verfassers).

352 Sjaastad: The Costs and Returns of Human Migration, a.a.O., insbes. S. 92.

353 Isaac: Economics of Migration, a.a.O., S. 228 f.

354 Siehe G. Abraham – Frois: Capital humain et Migrations Internationales, in „Revue d'Economic Politique", 74. Jg./1964, S. 545 f., und Caporale: Coûts et profits des migrations internationales, a.a.O., S. 46 f.

355 Siehe Stark: The Economic Cost of the Migrant, a.a.O., S. 13 f.

356 Cinanni: Emigration und Imperialismus, a.a.O., S. 200.

357 Siehe Fußnote 329.

358 E. Zieris: Anlernung und Ausbildung, in Papalekas: Strukturfragen der Ausländerbeschäftigung, a.a.O., S. 62, Grandjeat: Les Migrations des travailleurs en Europe, a.a.O., S. 58, Ausländische Arbeitnehmer 1969, a.a.O., S. 84, Nikolinakos: Zur Frage der Auswanderungseffekte, a.a.O., S. 788 ff.

359 Nikolinakos, Ebenda, S. 783, 787. Vgl. zu den Geldüberweisungen weiter Cinanni: Emigration und Kapitalismus, a.a.O., S. 188–192, Caporale: Coûts et profits des migrations internationales, a.a.O., S. 42, Abraham-Frois: Capital humain et migrations internationales, a.a.O., S. 539 f.

360 Abraham-Frois, Ebenda, S. 548 (Übersetzung des Verfassers).

361 E. J. Mishan – L. Needleman: Immigration: Some long term economic consequences, in „Economia Internazionale", Bd. XXI/1968, Nr. 2 und 3, S. 520–522.

362 Siehe Caporale, a.a.O., S. 49f., Abraham-Frois, a.a.O., S. 548 ff., Cinanni, a.a.O., S. 185–188, 197–207, Stark, a.a.O., S. 15 f.

363 Vgl. z. B. die Berechnungen der Ausbildungskosten der Lehrlinge in der Bundesrepublik. Eine entsprechende Analyse führte zum Ergebnis, daß die Unternehmen pro Lehrling und pro Lehrzeit (3 Jahre) nur 700 DM schließlich auszahlen. Aus Haug-Maessen: Fischer-Taschenbuch 1186, zitiert in „Juso-Lehrlings-Fibel".

364 Vgl. dazu G. Leminsky: Arbeitsmarktpolitik und technologischer Wandel, in „WWI-Mitteilungen", Heft 10/1967, 20. Jg., S. 260 ff., und M. Helfert: Wandel der Arbeitsanforderungen bei technologischer und organisatorischer Rationalisierung, ebenda, Heft 5/1969, 22. Jg., S. 156 ff.

365 Lunkwitz: Beschäftigungsentwicklung und Wirtschaftswachstum in Westdeutschland, a.a.O., S. 20 (212).

366 Siehe H. Reithofer: Arbeitsmarktpolitik – ein internationaler Vergleich, in „Das Recht der Arbeit", 13. Jg./1963, S. 358–360.

367 Vgl. Zur Vorausschätzung der westdeutschen Wirtschaftsentwicklung bis 1980 durch die Prognos AG, Basel, in „DWI-Berichte", 19. Jg./1968, S. 23 (55) ff.

368 Siehe Manpower Planning in Eastern Europe, in „International Labour Review", Bd. LXXXVI/1962, S. 95–127, Autorenkollektiv: Ökonomik der Arbeit, 4. Auf., Berlin 1967, S. 623 ff., auch H. G. Tönjes: Bevölkerungs-

entwicklung und Arbeitskräftepotential in Mitteldeutschland, in „Vierteljahreshefte zur Wirtschaftsforschung", Jg. 1959, S. 210 ff.

369 Siehe dazu J. Tinbergen: Les prévisions et le planning de l'emploi, in OECD: Prévisions de l'emploi, Paris 1962, S. 9–23, auch die Beiträge von Stenolof Döös, J. Fourastié und P. de Wolff, ebenda, R. G. Hollister: The Econimics of Manpower Forecasting, in „International Labour Review", Bd. LXXXIX/1964, S. 371 ff., J. Voizey: The Labour Market and the Manpower Forecaster – Some Problems, ebenda, S. 353 ff. (beide Aufsätze sind wiedergegeben in M. R. Sinha [Hg.]: The Economics of Manpower Planning, Bombay 1965). D. F. Hofmeijer: On anticipating the Future, in Council of Europe: European Population Conference, Strasbourg, 30. 8.–6. 9. 1966, CDE (66) C 32, S. 1–7, D. Clauss: Arbeitsmarktprognosen, Beiträge des Deutschen Industrieinstituts, 6. Jg./1968, Heft 11, H. J. Bodenhöfer: Zur Theorie der Arbeitskräftebedarfs-Schätzung für eine wachsende Wirtschaft, in „Schmollers Jahrbuch", 90. Jg./1970, Heft 2, S. 149–168, D. J. Jüttner: Arbeitspotential, Arbeitsmarktreserven und Vollbeschäftigung, in „Zeitschrift für die gesamte Staatswissenschaft", 128. Bd./1972, Heft 1, S. 22 ff., R. A. Lester: Manpower Planning in a Free Society, Princeton 1966, auch die Beiträge von G. L. Mangum, H. E. Stirner, J. E. Morton, H. L. Sheppard und I. H. Siegel, in S. A. Levitan – I. H. Siegel (Hg.): Dimensions of Manpower Policy: Programms and Research, Baltimore 1966. Siehe auch weiter Employment Forecasting and Manpower Policy in France, in „International Labour Review", Bd. LXXIX/1959, S. 189 ff., S. Okita: Manpower Policy in Japan, ebenda, Bd. XC/1964, S. 45 ff.

370 Siehe z. B. J. Burtle: Input-Output Analysis as an Aid to Manpower Policy in „International Labour Review", Bd. LXV/1952, S. 600 ff., R. Krengel – R. Stänglin – H. Wessels: Anwendung von Input-Output-Techniken in der Arbeitsmarktforschung, in „Mitteilungen des Instituts für Arbeitsmarkt- und Berufsforschung, Heft 3/Juli 1968, S. 127–143, Battelle-Institut: Quantitative und qualitative Vorausschau auf dem Arbeitsmarkt der Bundesrepublik Deutschland mit Hilfe eines Strukturmodells, a.a.O., und W. Klauder – G. Kühlewind: Zur längerfristigen Vorausschätzung des Arbeitskräfteangebots in der Bundesrepublik Deutschland, Sonderdruck aus „Mitteilungen", Institut für Arbeitsmarkt- und Berufsforschung, Dez. 1969, Nr. 10, S. 787 ff.

371 Kommission der Europäischen Gemeinschaften: Die Freizügigkeit der Arbeitskräfte und die Arbeitsmärkte in der EWG – 1969, Juni 1969, S. 7.

372 Bundeswirtschaftsministerium: Perspektiven des Wirtschaftswachstums in der Bundesrepublik Deutschland bis zum Jahre 1985, in „Vierteljahresbericht" III/1970, Tab. 2.

373 Siehe J. Isaac: International Migration and European Population Trends, in „International Labour Review", Bd. LXVI/1952, S. 197.

374 Siehe z. B. Projections of Population and Labour Force, in „International Labour Review". Bd. LXXXIII (1961), S. 378–399.

375 Siehe A. Oblath: Recent Developments and Future Prospects of Migration in Europe, paper vorgetragen während des vom Institut International d'Etudes Sociales organisierten „Symposium on Migration for Employment in Europe", zwischen 12. und 15. Oktober 1965 in Genf (vervielfältigt), S. 2 f.

376 Kommission der Europäischen Gemeinschaften: Die Freizügigkeit der Arbeitskräfte und die Arbeitsmärkte in der EWG – 1968, Februar 1968,

S. 77 ff., Derselbe: Die Freizügigkeit der Arbeitskräfte ... 1969, a.a.O., S. 27 ff.

377 P. van Praag: Aspects économiques à long terme des migrations internationales dans les pays de la C. E. E., in „International Migration", Bd. IX/1971, No. 3–4, S. 126.

378 Siehe OECD: L'évolution demographique de 1965 à 1980 en Europe Occidentale et en Amérique du Nord, Paris 1966, insb. S. 77–79.

379 T. Bolle: Bevölkerung und Arbeitskräftepotential in den Ländern der Europäischen Freihandelsvereinigung von 1965 bis 1980, in „Vierteljahreshefte zur Wirtschaftsforschung", Jg. 1968, S. 101.

380 L. Danieli: Labour scarcities and labour redundancies in Europe by 1980: An experimental study, Sonderdruck aus „The demographic and social pattern of emigration from the southern European Countries", herausgegeben vom Dipartimento Statistico-Matematico der Universität von Florenz, 1971, S. 21 ff.

381 Siehe M. Livi-Bacci – H. M. Hagmann: Report on the demographic an social pattern of migrants in Europe, especially with regard to international migrations, Council of Europe, 2nd European Population Conference, Strasbourg, 31. Aug. –7. Sept. 1971, S. 20.

382 Livi-Bacci, ebenda, S. 21.

383 Danieli: Labour scarcities ..., a.a.O. S. 46.

384 Siehe „Frankfurter Rundschau" vom 18. 3. 1972.

385 Hagmann: Les travailleurs étrangers, a.a.O., S. 111–126.

386 F. Kneschaurek: Die Zukunft des schweizerischen Arbeitsmarktes, in „Gewerbliche Rundschau", Heft 4/Dez. 1971, S. 131, 134.

387 Vgl. dazu H. Allenspach: Möglichkeiten und Grenzen der Ausschöpfung bestehender Arbeitskräftereserven, in „Gewerbliche Rundschau", Heft 4/Dez. 1971, S. 142 ff., Schweizerischer Gewerbeverband: Welche Möglichkeiten hat der gewerbliche Unternehmer angesichts der gegenwärtigen Arbeitsmarktsituation? , ebenda, S. 160 f.

388 Siehe Fußnote 372.

389 Battelle-Institut: Quantitative und qualitative Vorausschau ..., a.a.O., S. 4, 130 ff., 149 ff.

390 Schroeder: Strukturwandel, Standortwahl und regionales Wachstum, a.a.O., S. 81, 82, 84, 85 (Zitat auf S. 82). Vgl. T. Bolle: Zur künftigen Entwicklung des Arbeitskräftepotentials in der Bundesrepublik, in „Vierteljahreshefte zur Wirtschaftsforschung", Jg. 1959, S. 332 ff.

391 Das Arbeitskräftepotential der Bundesrepublik, Bestimmungsgründe und Perspektiven, in „Berichte des Deutschen Industrie-Instituts zur Sozialpolitik", Jg. 2 (S) Nr. 10/1968, S. 26 f.

392 Siehe W. Klauder – G. Kühlewind: Projektion des Angebots an inländischen Arbeitskräften in der Bundesrepublik Deutschland für die Jahre 1973, 1975 und 1980, Sonderdruck aus „Mitteilungen aus der Arbeitsmarkt- und Berufsforschung", 3. Jg./1970, Tabelle auf S. 27. Vgl. Inländische Arbeitskräfte bis 1980, in „Materialien aus der Arbeitsmarkt- und Berufsforschung", Br. 17/1970, Archiv: AA 3.

393 Erwerbstätigkeit, in „Wirtschaft und Statistik", Jg. 1964/Heft 9, S. 527.

394 Statistisches Jahrbuch 1971, a.a.O., S. 122.

395 Ausländische Arbeitnehmer 1971, Nürnberg September 1972, S. 54.

396 Das Arbeitskräftepotential der Bundesrepublik, a.a.O., S. 27.

397 Merx: Struktur und Flexibilität des Arbeitsmarktes ..., a.a.O., S. 225.

398 Die männlichen Hilfsarbeiter in der Bundesrepublik Deutschland, in „Ma-

terialien aus der Arbeitsmarkt- und Berufsforschung", Nr. 15/1970, Archiv AA 27, S. 2 f.

399 Ausländische Arbeitnehmer, a.a.O., S. 84.

400 Vgl. W. A. Hollenberg: Wie lange noch Ausländer?, in „Der Volkswirt", Nr. 34 vom 26. 8. 1966, S. 1693–1695.

401 Der schweizerische Gewerbeverband sagt z. B., daß die Zahl der Fremdarbeiter aus politischen Gründen nicht erhöht werden kann. Welche Möglichkeiten hat der gewerbliche Unternehmer ..., a.a.O., S. 160.

402 Siehe z. B. „Keine Zulus", in „Die Zeit", vom 18. 2. 1972, auch „Frankfurter Rundschau" vom 8. 2. 1972.

403 Nikolinakos: Warum kommen die Gastarbeiter?, in „Blick durch die Wirtschaft" (FAZ) vom 21. 1. 1971. Dieser Aufsatz erscheint demnächst zusammen mit anderen Beiträgen auch in einem bei der J. B. Metzlerschen Verlagsbuchhandlung, Stuttgart, herauszugebenden Sammelband.

404 Ausländische Arbeitnehmer 1971, a.a.O., S. 60, und Amtliche Nachrichten der Bundesanstalt für Arbeit, Nr. 5/Mai 1972, S. 342.

405 R. Weber: Jetzt kommen sie aus Malta und Tunesien, in „Handelsblatt" vom 18. 2. 1969.

406 Siehe „Frankfurter Allgemeine Zeitung" vom 9. 3. 1970.

407 Siehe F. Henker: Algerische Arbeiter in der Bundesrepublik, in „Zeitschrift für Kulturaustausch", 20. Jg./1970, Heft 2, S. 233–236.

408 Kommission der Europäischen Gemeinschaften: Die Freizügigkeit der Arbeitskräfte ... 1969, a.a.O., S. 63.

409 Vgl. z. B. über den Fall Italiens H. Wander: On the Origin and Destination of Recent Migration in Western Europe, Council of Europe, European Population Conference, Strasbourg, 30. Aug.–6. Sept. 1966, CDE (66) C 31, S. 8.

410 Siehe „Le Monde" vom 3. 10. 1972 und „Der Tagesspiegel" vom 30. 9. 1972, 10. 10. 1972 und 11. 10. 1972.

411 Ich schöpfe hier aus einem Vortrag unter dem Titel „The concept of the ‚European South' and the North South Problem in Europe", den ich auf Einladung des anthropologischen und soziologischen Zentrums am 26. 5. 1972 an der Universität Amsterdam hielt. Vgl. dazu J. de Menthon: La montée des travailleurs vers le nord, in „Revue Economique", Bd. 1965/No. 4, S. 572–575, und J. Cuisenier: L'ensemble économique et méditerranéen: structure, problèmes et programmes de développement, in J. Cuisenier – R. Aron: Problèmes du développement Economique dans les pays méditerranéens, Paris – La Haye, 1963, S. 13–61.

412 Nikolinakos: Zur Frage der Auswanderungseffekte in den Emigrationsländern, a.a.O., S. 792–794. Vgl. auch neueste Informationen in „Frankfurter Rundschau" vom 30. 10. 1972, S. 18.

413 Vgl. z. B. L. Winter: Fabriken exportieren ist besser, in „Volkswirtschaftliches Archiv", Okt. 1971, S. 63 ff., und H. M. Hagmann: Wanderung von Menschen oder von Kapital? (Referat, vorgetragen während der Tagung des Ausschusses der Kirchen für Fragen der Ausländischen Arbeitnehmer in Westeuropa und des Katholischen Ausschusses für innereuropäische Wanderungen vom 13.–17. Mai 1968 in der Schweiz, vervielfältigt.)

414 Siehe z. B. „Der Spiegel", Nr. 28 vom 5. 7. 1971, S. 51, Nr. 29 vom 12. 7. 1971, Nr. 23 vom 29. 5. 1972, S. 102 f., und Nr. 36 vom 28. 8. 1972, S. 98 f., Nachrichten in „Die Welt" vom 7. 6. 1971, „FAZ" vom 14. 5. 1971 und 17. 10. 1970, „Handelsblatt" vom 21. 10. 1970 sowie die Artikelserie über Griechenland, Brasilien, Portugal, Spanien und Angola

(wohlgemerkt alle faschistischen Diktaturen) in „Welt am Sonntag" vom 16. 1., 30. 1., 13. 2., 27. 2. und 12. 3. 1972. Über Portugal und Türkei siehe auch B. Heinrich: D-Mark-Imperialismus, Deutsche Industrie und Ausbeutung der Dritten Welt, Berlin 1971, S. 30 ff., 79 ff. Siehe weiter H. Scholz: Motive einer Verlagerung von Betriebsstätten in das Ausland, in „Wirtschaftsdienst", 52. Jg./4/1972, S. 196–202. I. v. Jacobi: Direktinvestitionen und Export, Hamburg 1972, insb. S. 17–19, G. Grosche – R. Lehmann – Richter: Die Gewinne aus deutschen Direktinvestitionen in Entwicklungsländern, Düsseldorf 1970, und H. Seifert: Die deutschen Direktinvestitionen im Ausland, Köln und Opladen 1967, S. 76 f.

415 Interessanterweise hat die führende Wirtschaftszeitung Griechenlands „Oikonomikos Tachydromos" (Wirtschaftskurier) zwei Sonderausgaben den griechisch-japanischen Handelsbeziehungen, einmal am 10. 7. 1971, Heft 894, unter dem Titel „Die Handelsbeziehungen Griechenlands mit Japan" und dann am 17. 8. 1972, Heft 956, unter dem Titel „Die japanische Herausforderung und Griechenland", gewidmet. Vgl. auch „Der Spiegel", Nr. 23, vom 29. 5. 1972, S. 112 f.

416 Siehe den griechischen Text des Memorandums in „Deltion" (Bulletin) des Verbandes griechischer Industrieller, H. 243, Bd. 21, vom 15. 8. 1972, S. 7–9, und eine deutsche Zusammenfassung im deutschsprachigen „Griechischer Wirtschaftsdienst" (DWD), Nr. 502/1972, vom 18. 8. 1972, S. 2.

417 Siehe A. Pepelasis – P. A. Yotopoulos. Surplus Labor in Greek Agriculture 1953–1960, Athen 1962.

418 A. A. Pepelasis: Les problèmes de la main d'oeuvre de la Grèce dans le cadre du marche commun, in Cuisenier – Aron: Problèmes du développement économique ..., a.a.O., S. 311 ff.

419 Siehe M. Nikolinakos: Materialien zur kapitalistischen Entwicklung in Griechenland, in „Das Argument", Heft 57/Mai 1970, S. 175, 189 f., und Heft 58/Aug. 1970, S. 363 f.

420 Dies bestätigt das allgemeine Ergebnis der Untersuchung von Böhning. Siehe W. R. Böhning: The Differential Strength of Demand and Wage Factors in Intra-European Labour Mobility: With Special Reference to West Germany, 1957–1968, in „International Migration", Bd. VIII/1970, Nr. 4, S. 196. Vgl. auch Features of Post-War European Migration, in „International Labour Review", Bd. LXX/1954, S. 14.

421 Vgl. dazu M. Nikolinakos: Faschismus und Kapitalismus in Griechenland, wirtschaftliche und soziale Grundlagen des griechischen Militärregimes, in D. Horster – M. Nikolinakos (Hg.): Ist die Epoche des Faschismus beendet? , Frankfurt 1971, S. 216–223.

422 „Oikonomiki Poreia" (Wirtschaftsweg) vom 15. 10. 1971, S. 747 f., und vom 1. 10. 1972, S. 822 f. Baucic gibt an, daß 1969 das Durchschnittseinkommen der Beschäftigten in Jugoslawien (Kroatien) 990 Dinar (80 US-Dollar) war, dagegen das Durchschnittseinkommen der Industriearbeiter in der Bundesrepublik etwa 255 US-Dollar, es lag damit 318 % höher als in Jugoslawien. I. Baucic: The Effects of Emigration from Yugoslavia and the Problem of Returning Emigrant Workers, The Hague, 1972, S. 8.

423 Siehe „Oikonomikos Tachydromos" (Wirtschaftskurier) vom 2. 11. 1972, S. 14, und „Oikonomiko Poreia" (Wirtschaftsweg) vom 31. 10. 1972, S. 924–928.

424 „Akropolis" vom 15. 10. 1972, S. 5.

425 Siehe I. Baucic – Z. Maravic: Vracanje i zapošljavanje vanjskih migranata iz sr Hrvatske, Zagreb 1971, S. 63 (Zusammenfassung in deutsch), auch

Baucic: The Effects of Emigration ..., a.a.O., S. 20.

426 Marplan-Forschungsgesellschaft für Markt und Verbrauch mbH.: Gastarbeiter 1972, Offenbach 1972, S. 19.

427 Siehe „Akropolis“ vom 17. 9. 1972 und „Oikonomiki Poreia“ (Wirtschaftsweg) vom August 1972, S. 700.

428 Livi;Bacci: The countries of emigration, in Livi-Bacci – Hagmann: Report on the demographic and social pattern of migrants in Europe ..., a.a.O., S. 19.

429 „Griechischer Wirtschaftsdienst“ Nr. 509 vom 6. 10. 1972, S. 1.

430 Man könnte hier von einer Form des Subimperialismus sprechen. Vgl. R. M. Marini: Brazilian Subimperialism, in „Monthly Review“, Bd. 23/Nr. 9/Febr. 1972, S. 14 ff. Ich kann hier die Analyse in dieser Hinsicht nicht weiterführen.

rororo aktuell

Herausgegeben von Freimut Duve

DETLEV ALBERS / WERNER GOLDSCHMIDT / PAUL OEHLKE Klassenkämpfe in Westeuropa. England, Frankreich, Italien [1502]

HEINRICH ALBERTZ / DIETRICH GOLDSCHMIDT [Hg.] Konsequenzen oder Thesen, Analysen und Dokumente zur Deutschlandpolitik [1280]

ULRICH ALBRECHT / BIRGIT A. SOMMER Deutsche Waffen für die Dritte Welt. Militärhilfe und Entwicklungspolitik. Vorwort von Helmut Glubrecht [1535]

MARCIO M. ALVES Brasilien – Rechtsdiktatur zwischen Armut und Revolution [1549]

GÜNTER AMENDT [Hg.] Kinderkreuzzug oder Beginnt die Revolution in den Schulen? Mit Beiträgen von Stefan Rabe, Ilan Reisin, Ezra Gerhardt, Günter Degler u. Peter Brandt [1153]

AUTORENKOLLEKTIV POLIZEI HESSEN / UNIVERSITÄT BREMEN Aufstand der Ordnungshüter oder Was wird aus der Polizei? [1596]

AUTORENKOLLEKTIV PRESSE Wie links können Journalisten sein? Pressefreiheit und Profit mit einem Vorwort von Heinrich Böll [1599]

JAMES BALDWIN Hundert Jahre Freiheit ohne Gleichberechtigung oder The Fire Next Time / Eine Warnung an die Weißen [634]

EMIL BANDHOLZ Zwischen Godesberg und Großindustrie oder Wo steht die SPD? [1459]

RICHARD J. BARNET Der amerikanische Rüstungswahn oder Die Ökonomie des Todes. Mit einem Beitrag von Claus Grossner [1450]

DIERK-ECKHARD BECKER / ELMAR WIESENDAHL Ohne Programm nach Bonn oder Die Union als Kanzlerwahl-Verein [1606]

PETER BENDER Die Ostpolitik Willy Brandts oder Die Kunst des Selbstverständlichen [1548]

BERLINER AUTORENGRUPPE [Hg.] Kinderläden. – Revolution der Erziehung oder Erziehung zur Revolution? [1340]

PHILIP BERRIGAN Christen gegen die Gesellschaft. US-Priester im Gefängnis [1498]

NORBERT BLÜM Reaktion oder Reform. Wohin geht die CDU? [1503]

JUAN BOSCH Der Pentagonismus oder Die Ablösung des Imperialismus? Mit einem Nachwort von Sven G. Papcke [1151]

G. und D. COHN-BENDIT Linksradikalismus – Gewaltkur gegen die Alterskrankheit des Kommunismus [1156]

DAVID COOPER [Hg.] Dialektik der Befreiung. Mit Texten von Carmichael, Gerassi, Goodman, Marcuse, Sweezy u. a. [1274]

JAN DELEYNE Die chinesische Wirtschaftsrevolution. Eine Analyse der sozialistischen Volkswirtschaft Pekings [1550]

BERNADETTE DEVLIN Irland: Religionskrieg oder Klassenkampf? [1182]

KLAUS ESSER Durch freie Wahlen zum Sozialismus oder Chiles Weg aus der Armut [1554]

FRANZ FABIAN [Hg.] Arbeiter übernehmen ihren Betrieb oder Der Erfolg des Modells Süßmuth [1605]

FRANTZ FANON Die Verdammten dieser Erde. Vorwort von Jean-Paul Sartre [1209]

ERNST FISCHER Die Revolution ist anders. Ernst Fischer stellt sich zehn Fragen kritischer Schüler [4158]

KARL-HERMANN FLACH / WERNER MAIHOFER / WALTER SCHEEL Die Freiburger Thesen der Liberalen [1545]

ERICH FRISTER / LUC JOCHIMSEN [Hg.] Wie links dürfen Lehrer sein? Unsere Gesellschaft vor einer Grundsatzentscheidung [1555]

J. WILLIAM FULBRIGHT Das Pentagon informiert oder Der Propaganda-Apparat einer Weltmacht. Mit einem Essay von Winfried Scharlau [1541]

NORBERT GANSEL [Hg.] Überwindet den Kapitalismus oder Was wollen die Jungsozialisten? [1499]

166/46–46a

rororo aktuell

Herausgegeben von Freimut Duve

ROGER GARAUDY Marxismus im 20. Jahrhundert [1148]
– Die ganze Wahrheit oder für einen Kommunismus ohne Dogma [1403]

GARAUDY / METZ / RAHNER Der Dialog oder Ändert sich das Verhältnis zwischen Katholizismus und Marxismus? [944]

IMANUEL GEISS / VOLKER ULLRICH [Hg.] 15 Millionen beleidigte Deutsche oder Woher kommt die CDU? Beiträge zur Kontinuität der bürgerlichen Parteien [1414]

KARIN GÜNTHER-THOMA / REGINA HENZE / LINETTE SCHÖNEGGE Kinderplanet oder Das Elend der Kinder in der Großstadt [1602]

ERNESTO CHE GUEVARA Brandstiftung oder Neuer Friede? Reden und Aufsätze. Hg. und mit einem Nachwort versehen von Sven G. Papcke [1154]

HILDEGARD HAMM-BRÜCHER Aufbruch ins Jahr 2000 oder Erziehung im technischen Zeitalter. Ein bildungspolitischer Report aus 11 Ländern [983]

ROBERT HAVEMANN Dialektik ohne Dogma? / Naturwissenschaft und Weltanschauung [683]

Helft Euch selbst! Der Release-Report gegen die Sucht. Hg. vom Autorenteam: Rolv Heuer, Herman Prigann, Thomas Witecka [1543]

ROLF HEYEN [Hg.] Die Entkrampfung Berlins oder Eine Stadt geht zur Tagesordnung über [1544]

WERNER HOFMANN Grundelemente der Wirtschaftsgesellschaft – Ein Leitfaden für Lehrende [1149]

LUC JOCHIMSEN Hinterhöfe der Nation – Die deutsche Grundschulmisere [1505]

JOACHIM KAHL Das Elend des Christentums oder Plädoyer für eine Humanität ohne Gott [1093]

REINHARD KÜHNL Formen bürgerlicher Herrschaft. Liberalismus – Faschismus [1342]

REINHARD KÜHNL [Hg.] Der bürgerliche Staat der Gegenwart. Formen bürgerlicher Herrschaft II [1536]

HILDEGARD LÜNING [Hg.] Mit Maschinengewehr und Kreuz oder Wie kann das Christentum überleben? [1448]

MAO TSE-TUNG Theorie des Guerillakrieges oder Strategie der Dritten Welt / Einleitender Essay von SEBASTIAN HAFFNER [886]

WALTER MENNINGEN [Hg.] Ungleichheit im Wohlfahrtsstaat. Der Alva-Myrdal-Report der schwedischen Sozialdemokraten [1457]

WALTER MÖLLER / FRITZ VILMAR Sozialistische Friedenspolitik für Europa. Kein Frieden ohne Gesellschaftsreform in West und Ost [1551]

ERNST RICHERT Die DDR-Elite oder Unsere Partner von morgen? [1038]

JÖRG RICHTER [Hg.] Die vertrimmte Nation oder Sport in rechter Gesellschaft [1547]

HUGO RITTER Verrat an der sozialen Marktwirtschaft? Wirtschaftspolitik zwischen Anspruch und Wirklichkeit [1608]

BERTRAND RUSSELL / JEAN-PAUL SARTRE Das Vietnam-Tribunal I oder Amerika vor Gericht [1091]
– Das Vietnam-Tribunal II oder Die Verurteilung Amerikas [1213]

UWE SCHULTZ [Hg.] Umwelt aus Beton oder Unsere unmenschlichen Städte. Mit einem Nachwort von Alexander Mitscherlich [1497]

HANS SEE Volkspartei im Klassenstaat oder Das Dilemma der innerparteilichen Demokratie. Nachwort von Wolfgang Abendroth [1576]

REINHARD STRECKER / GÜNTER BERNDT [Hg.] Polen – Ein Schauermärchen oder Gehirnwäsche für Generationen [1500]

JOACHIM WEILER / ROLF FREITAG Ausbildung statt Ausbeutung. Der Kampf der Essener Lehrlinge. Mit einem Vorwort von Günter Wallraff [1504]

Welternährungskrise oder Ist eine Hungerkatastrophe unausweichlich? Hg. von der Vereinigung Deutscher Wissenschaftler [1147]

Gesamtauflage über 3,8 Millionen Exemplare

Günter Wallraff

Industriereportagen

Als Arbeiter in deutschen Großbetrieben

Am Fließband einer Autofabrik, auf der Helling einer Werft, am Hebel einer Rohrschneidemaschine, in der Sinteranlage eines Stahlwerks hat der durch seine kritischen Reportagen von den Kehrseiten des Wirtschaftswunders bekannt gewordene Autor den Arbeitsalltag der Massen geteilt.
Wallraff hat mitangesehen, wie an Akkordarbeit Ehen zerbrachen; er hat Kollegen erlebt, die sich bei ihrer Arbeit Staublungen geholt hatten; er hat Aborte ohne Tür benutzen müssen; er hat sich von Vorgesetzten duzen lassen müssen, die mit «Sie» angeredet werden wollten; er hat bürokratische Routineschikanen erlitten. Was Wallraff als Arbeiter und Hilfsarbeiter an rücksichtsloser Ausnutzung der Arbeitskraft selbst erfahren hat, wird in seinen Industriereportagen zu einer Anklage, für die nur Fakten zählen. Die Forderungen nach der Humanisierung des Arbeitsprozesses sind noch nicht erfüllt worden, noch immer werden Arbeiter, meist aus Profitstreben, zu einem bloßen Werkzeug der Fabrikation degradiert.

rororo sachbuch 6723

625/3

rororo wissen

rowohlts deutsche enzyklopädie

Staats- und Wirtschaftswissenschaften

Clemens A. Andreae, Ökonomik der Freizeit. Zur Wirtschaftstheorie der modernen Arbeitswelt [330]

Hans Apel, Der deutsche Parlamentarismus / Unreflektierte Bejahung der Demokratie? [298]

Walter Eucken, Grundsätze der Wirtschaftspolitik [81]

J. R. Hicks, Einführung in die Volkswirtschaftslehre [155]

Hans Kellerer, Statistik im modernen Wirtschafts- und Sozialleben [103]

Börje Kragh, Konjunkturforschung in der Praxis / Prognosen und ihre Anwendung in der Konjunkturpolitik [321]

Andreas Predöhl, Das Ende der Weltwirtschaftskrise / Eine Einführung in die Probleme der Weltwirtschaft [161]

Hans Raupach, Geschichte der Sowjetwirtschaft [203]
– System der Sowjetwirtschaft / Theorie und Praxis [296]

Ralf-Bodo Schmidt unter Mitwirkung von **Jürgen Berthel,** Unternehmungsinvestitionen / Strukturen – Entscheidungen – Kalküle [338]

Günter Schmölders, Konjunkturen und Krisen [3]
– Finanz- und Steuerpsychologie. Erweiterte Neuauflage von Das irrationale in der öffentlichen Finanzwirtschaft [100]
– Geschichte der Volkswirtschaftslehre / Überblick und Leseproben [163]

Dies ist nur eine Auswahl. Ein vollständiges Verzeichnis aller lieferbaren Bände erhalten Sie direkt vom Rowohlt Taschenbuch Verlag, 2057 Reinbek bei Hamburg

136/10

Texte des Sozialismus und Anarchismus

rororo klassiker

Die russische Arbeiteropposition
Die Gewerkschaften in der Revolution. Hg.: Gottfried Mergner [291]

Michail Bakunin
Gott und der Staat und andere Schriften. Hg.: Susanne Hillmann [240]

Eduard Bernstein
Die Voraussetzungen des Sozialismus und die Aufgaben der Sozialdemokratie. Hg.: Günter Hillmann [252]

Louis-Auguste Blanqui
Schriften zur Revolution. Nationalökonomie und Sozialkritik. Hg.: Arno Münster [267]

Nikolaj Bucharin
Ökonomik der Transformationsperiode. Hg.: Günter Hillmann [261]

Die Frühsozialisten 1789–1848
II. Hg.: Dr. Michael Vester [280]

Gruppe Internationale Kommunisten Hollands
Grundprinzipien kommunistischer Produktion und Verteilung. Intelligenz im Klassenkampf und andere Schriften. Hg.: Gottfried Mergner [285]

Ferdinand Lassalle
Arbeiterlesebuch und andere Studientexte. Hg.: Wolf Schäfer [289 Sept. 1972]

Wladimir Iljitsch Lenin
Für und wider die Bürokratie. Schriften und Briefe 1917–1923. Hg.: Günter Hillmann [246]

Rosa Luxemburg
Schriften zur Theorie der Spontaneität. Hg.: Susanne Hillmann [249]
– Einführung in die Nationalökonomie. Hg.: Karl Held [268]

Pariser Kommune 1871
I Texte von Bakunin, Kropotkin und Lavrov. Hg.: Dieter Marc Schneider [286]
– II Texte von Marx, Engels, Lenin und Trotzki. Hg.: Dieter Marc Schneider [287]

Pierre-Joseph Proudhon
Bekenntnisse eines Revolutionärs, um zur Geschichtsschreibung der Februarrevolution beizutragen. Hg.: Günter Hillmann [243]

Die Rätebewegung I. u. II. Hg.: Günter Hillmann [277 u. 269]

Otto Rühle
Schriften. Perspektiven einer Revolution in hochindustrialisierten Ländern. Hg.: Gottfried Mergner [255]
– Baupläne für eine neue Gesellschaft. Hg.: Henry Jacoby [288]

Peter Kropotkin
Worte eines Rebellen. Hg.: Dieter Marc Schneider [290]

Josef W. Stalin
Schriften zur Ideologie der Bürokratisierung. Hg.: Günter Hillmann [285]

Leo Trotzki
Schriften zur revolutionären Organisation. Hg.: Hartmut Mehringer [270]
– Stalin
Eine Biographie I. und II. Hg.: Hartmut Mehringer [283 u. 284]

Wilhelm Weitling
Das Evangelium des armen Sünders / Die Menschheit, wie sie ist und wie sie sein sollte. Hg.: Wolf Schäfer [274]

548/11

rororo aktuell

Herausgegeben von Freimut Duve

Deutsche Politik

Emil Bandholz
Zwischen Godesberg und Großindustrie
oder
Wo steht die SPD? [1459]

Dierk-Eckhard Becker / Elmar Wiesendahl
Ohne Programm nach Bonn
oder die Union als Kanzlerwahl-Verein [1606]

Norbert Blüm
Reaktion oder Reform
Wohin geht die CDU? [1503]

Norbert Gansel (Hg.)
Überwindet den Kapitalismus
oder
Was wollen die Jungsozialisten? [1499]

Karl-Hermann Flach
Werner Maihofer
Walter Scheel
Die Freiburger Thesen der Liberalen [1545]

Hugo Ritter
Verrat an der sozialen Marktwirtschaft?
Wirtschaftspolitik zwischen Anspruch und Wirklichkeit
[1608]

Hans See
Volkspartei im Klassenstaat
oder
Das Dilemma der innerparteilichen Demokratie [1576]

Gesamtauflage über 3,8 Millionen Exemplare

770/2

wissen rororo

rowohlts deutsche enzyklopädie
Soziologie

Clemens A. Andreae, Ökonomik der Freizeit / Zur Wirtschaftstheorie der modernen Arbeitswelt [330]

Arnold Gehlen, Die Seele im technischen Zeitalter – Sozialpsychologische Probleme in der industriellen Gesellschaft [53]
– Anthropologische Forschung / Zur Selbstbegegnung und Selbstentdeckung des Menschen [138]

Günter Hillmann, Die Befreiung der Arbeit / Die Entwicklung kooperativer Selbstorganisation und die Auflösung bürokratisch-hierarchischer Herrschaft [342]

Joachim Israel, Der Begriff Entfremdung / Makrosoziologische Untersuchung von Marx bis zur Soziologie der Gegenwart [359]

Friedrich Jonas, Geschichte der Soziologie / Mit Quellentexten. I: Aufklärung – Liberalismus – Idealismus [302] – II: Sozialismus – Positivismus – Historismus [304] – III: Französische und italienische Soziologie [306] – IV: Deutsche und amerikanische Soziologie [308]

Gabor Kiss, Marxismus als Soziologie / Theorie und Empirie in den Sozialwissenschaften der DDR, UdSSR, Polens, der ČSSR, Ungarns, Bulgariens und Rumäniens [329]

H. J. Krysmanski, Soziologie des Konflikts / Materialien und Modelle [362]

Eugen Lemberg, Nationalismus. II: Soziologie und Pädagogik [199]

Paul Lüth, Kritische Medizin / Zur Theorie-Praxis-Problematik der Medizin und der Gesundheitssysteme [368]

Renate Mayntz, Soziologie der Organisation [166]

Elisabeth Noelle, Umfragen in der Massengesellschaft / Einführung in die Methoden der Demoskopie [177]

Karl-Dieter Opp, Methodologie der Sozialwissenschaften / Einführung in Probleme ihrer Theorienbildung [339]

José Ortega y Gasset, Der Aufstand der Massen [10]

David Riesman / Reuel Denney / Nathan Glazer, Die einsame Masse / Eine Untersuchung der Wandlungen des amerikanischen Charakters. Einführung Helmut Schelsky [72]

Zvi Rudy, Soziologie des jüdischen Volkes [217]

Adam Schaff, Marxismus und das menschliche Individuum [332]

Helmut Schelsky, Soziologie der Sexualität / Über die Beziehungen zwischen Geschlecht, Moral und Gesellschaft [2]

133/10